FIRE

FIRE

파이어

그들은 어떻게 남들보다 빨리
경제적 자유를 이뤘을까?

강환국 지음

P page2

》　강환국 저자와 나의 공통점이 있다. 39세라는 한창 나이에 잘나가던 직장을 그만두고 진짜 '내 일'을 시작했다는 점이다. 나는 증권사 퇴사 후 팟캐스트와 유튜브를 시작해 국내외 시황, 투자 전략 등을 나누면서 많은 사람이 성공적인 투자를 할 수 있도록 돕는 역할을 하고 있다. 당시에는 이런 사람들을 가리키는 말이 따로 없었지만, 결국 파이어족이었던 셈이다.

이 책에는 강환국 저자뿐 아니라 경제적 자유, '파이어'를 이룬 수많은 젊은 부자들의 소중한 노하우가 보석처럼 담겨 있다. 많은 독자 여러분이 단지 돈 때문에 일하지 않기를, 경제적 자유를 통해 스스로 행복한 일을 하면서 살기를 진심으로 바란다. 이 책이 독자 여러분이 원하는 경제적 자유와 조기 은퇴를 위한 첫걸음이 되어줄 것이라 믿는다.

김동환(김프로)

「삼프로TV」진행자, 『변화와 생존』 저자

》 쉽고 유쾌한 방법으로 퀀트 투자를 대중화시킨 저자가 이번에는 현실적인 파이어의 법칙을 매우 흥미롭게 제시한다. 사실 나는 파이어족으로 불리는 걸 꺼려한다. 경제적 자립은 이루었지만, 결코 은퇴할 생각은 없기 때문이다. 경제적 자유의 목적은 은퇴가 아니라, 자신이 하고 싶은 일을 마음껏 하며 살아가는 것이다. 이 책에서 제시하는 수많은 사례는 이 점을 더욱 분명히 해준다. '파이어'라는 단어에 가슴이 뛰는가? 이 책이 당신을 한 걸음 더 끌어당길 것이다.

사경인
공인회계사, 『사경인의 친절한 투자 과외』 저자

》 경제적 자유로 가는 길에 정답은 없다. 자신에게 맞는 방법을 찾는 것이 핵심이다. 직업도, 삶의 철학도 다른 스무 명의 파이어족이 어떻게 경제적 자유를 이뤘는지 자기만의 방법을 풀어놓은 이 책이 독자 여러분에게 맞는 방법을 찾는 데 큰 도움이 될 것이라 생각한다.

김동주(김단테)
이루다투자일임 대표, 『절대수익 투자법칙』 저자

경제적 자유를 이룬 젊은 부자들의 성공 방정식

파이어족이 되는 길은
생각보다 더 많다!

2021년, 12년간 다녔던 '신의 직장'을 그만두고 38세의 나이에 파이어족이 되었다. 파이어(FIRE)족이란 경제적으로 독립해서 빨리 은퇴하고 여생을 즐기는 사람들이라는 뜻으로, 영어 문구 'Financial Independence, Retire Early(경제적 자유, 조기 은퇴)'의 약자를 따 만들어졌다. 결국 '파이어'란 '경제적 자유'와 같은 개념이다.

나는 절약과 부업, 투자로 순자산 29억 원을 모은 후 경제적 자유를 달성했다. 입사 직후부터 꿈꾸던 퇴사라는 목표를 드디어 이룬 것이다. 그러자 다른 파이어족, 특히 나처럼 마흔 살이 채 안된 젊은 부자들은 어떻게 자산을 축적하게 됐을까 궁금해졌다. 내가 어떻게 파이어족이 되었는지는 스스로 잘 알지만, 남들은 어떻게 그 목표를 이룬 것인지, 어떤 방법이 있는지, 있다면 그 방법은 구체적으로 무엇인지 알아보고 싶었다. 그래서 곧바로 경제적 자유를 이룬 젊은 부자들을 수소문해 마침내 나 포함 20명의 파이어족을 인터뷰하게 되었다.

이 책에는 여러 '파이어 부자들'이 등장한다. 스타트업을 창업한 젊은 CEO, 월급을 아끼고 불려서 자산을 축적한 직장인, 주식이나 암호화폐로 부자가 된 투자자, 심지어 포커를 통해서 부를 축적한 사람 등 다양하다. 파이어족이 되는 길은 무궁무진하고 제각각 달랐다. 나와는 완전히 다른 방법으로 경제적 자유에 도달한 사람도 많아서 나 역시 인터뷰를 하면서 놀라움을 금치 못했다. 그들은 어떻게 지출을 하는지, 어떻게 돈을 벌었는지, 어떻게 직장생활을 했는지, 어떻게 투자했는지, 부와 행복에 대해 어떤 생각을 하는지, 파이어를 이루는 데 무엇을 중요시 여겼는지, 파이어 후에는 어떻게 사는지, 파이어 후 소득이 늘었는지, 파이어는 운인지 노력인지 등 궁금한 것이 매우 많았다. 그리고 인터뷰를 모두 마치고 난 지금은 그 답을 찾았다.

이 책은 개인적인 궁금증으로 시작되었지만 그 내용들은 여러분이 파이어족이 되는 과정에서 반드시 필요한 핵심 지식, 역량 조건, 그리고 사고방식을 알려줄 것이라 자부한다. 어떤 분야이든 성공하기 위해서는 이미 고수가 된 사람들의 얘기를 들어보고 그들의 성공 방법을 알아낸 후, 그들이 공통적으로 주장하는 부분을 찾아내 실천해야 한다. 그래서 젊은 부자들을 직접 인터뷰하면서 그들의 인생 스토리뿐 아니라 자산 축적 및 성공 방정식을 정리했다. 이 책이 경제적 자유를 이루고자 하는 여러분에게 나침반이 될 수 있기를 기원한다.

이 책이 나오기 전에 많은 분들의 도움을 받았다. 가장 먼저 정신적으로 지원해 주신 부모님께 감사를 드린다. 그리고 이 책의 주인공인 19명의 인터뷰이에게 깊은 감사를 드린다. 책을 출판해 주신 페이지2북스의 김동환 의장님, 김선준 대표님, 한보라 팀장님과 오시정 대리님께 감사 드리고, 추천사를 써주신 사경인 회계사님과 김동주 대표님에게도 감사를 드린다.

이 책을 검토해 주시고 의견을 내 주신 분들이 여럿 계신데, 특히 박지우 차장님, 이예나 과장님, 이지민 원장님, 김정환 형님과 이 프로젝트에 어시스턴트 역할을 해 주신 남다름 선생님께 깊은 감사의 말씀을 전한다.

강환국

이 책은 파이어를 이룬 사람들의 이야기이다. 이 책에서 인터뷰한 대상의 조건은 구체적이다. '40세 이하, 순자산 20억 원 또는 연 지출 25배 이상 보유'가 그것이다. 이는 곧 파이어의 조건이 이와 같다는 것이다.

왜 40세일까? 금수저가 아닌 이상 대학을 졸업한 뒤 30세까지 큰 부를 축적하기는 어렵고, 한국 기업의 구조조정이 40세 중후반부터 시작되는 것을 고려하면 50세는 '조기 은퇴'를 했다고 보기 어렵다. 그래서 이 책에서의 기준은 40세이다.

왜 20억 원일까? 일반적으로 강연을 할 때 수강생들에게 '경제적 자유'의 기준을 물으면 '20억 원'이라는 답이 가장 많았다. 또한 이 자산을 활용해서 연 5% 정도의 수익만 내도 1억 원 이상의 자본 소득이 발생하는데, 그 정도 소득이면 품위 있는 생활을 하는 데 별 문제가 없다.

왜 연 지출의 25배일까? 많은 파이어 연구자들은 '4% 룰'을 강조한다. 이는 트리니티 대학(Trinity University)의 세 교수가 1998년에 발표한 '트리니티 연구'에 기반한 것인데, 모아 놓은 자산의 4% 정도를 매년 지출하면 죽을 때까지 돈 걱정이 없을 가능성이 높다는 내용이다. 이 연구는 매우 중요하므로 뒤에서 자세히 살펴보겠다.

이 책은 세 파트로 나눠진다.

Part 1에서는 나의 파이어 스토리를 소개한다. 직장인이었던 내가 경제적 자유를 찾아가는 여정에서 독자 여러분이 공감하고 또 실천할 수 있는 포인트가 여럿 있을 것이다.

Part 2에서는 19명의 파이어족을 소개한다. 여기서 우리는 돈을 버는 방법이 생각보다 많다는 것과 돈이 되는 투자 유형이 의외로 다양하다는 것을 알 수 있다. 나 또한 인터뷰를 하면서 새로운 기법들을 많이 배웠다.

Part 3에서는 Part 1과 2에서 풀어놓은 '파이어 부자들의 비법'을 분석하고 정리했다. 그들은 각기 다른 방법으로 부를 쌓았으나, 사고방식과 행동 패턴 중에서는 비슷한 점이 상당히 많았다. 물론 이 사고방식이나 행동 패턴이 있어도 부자가 되지 못할 수도 있다. 그러나 부자가 되는 데 꼭 필요한 운을 잡을 가능성은 드라마틱하게 증가할 것이라고 확신한다. 책을 끝까지 읽어보면 여러분 각자의 상황에 적합한 방법을 찾을 수 있을 것이다.

마지막으로 내 유튜브 채널인 「할 수 있다! 알고 투자」에 파이어 관련 영상을 상당히 많이 올렸다. 책의 내용과 관련된 영상은 QR코드로 만들어 본문 맨 마지막 'QR코드 페이지'에 모아두었다(책을 읽다가 '▶'형태로 표시된 부분이 나오면 QR코드 페이지에서 해당 파트의 번호가 적힌 QR을 찍으면 된다). 관련 영상을 참고하면서 읽으면 책 내용이 더 잘 이해될 것이다.

CONTENTS

Part 1.
39세에 '신의 직장' 그만둔
강환국의 파이어 스토리

Part 2.

그들은 어떻게 남들보다 빨리
경제적 자유를 이뤘을까?

Part 3.

부자들의 공통점에서 찾은
파이어의 4단계 법칙

Part 1.
39세에 '신의 직장' 그만둔
강환국의 파이어 스토리

F   I   R   E

평범한 직장인이
경제적 자유를 이룬 8가지 방법[1]

'돈으로부터의 해방'을 꿈꾸던 고등학생

어릴 때부터 내 인생의 가장 중요한 목표는 '경제적 자유'였다. 정확히 말하면 '돈으로부터의 해방'과 '노동으로부터의 해방'이었다. 17살쯤 로버트 기요사키의 책 『부자 아빠 가난한 아빠』를 읽었는데, 이후로 이 책은 내 '인생 책'이 되었다. 어린 나이였기에 세상을 잘 몰랐지만 '이 책의 내용이 옳다!'라는 강한 믿음과 확신이 들었다.

책의 핵심을 요약하면 '경제적 자유가 중요한데, 이는 학교에서 열심히 공부하고 직장에서 열심히 일해서는 도달할 수 없다'는 것이다. 투자, 시장, 법, 회계에 대한 지식이 무엇보다 중요하다는 메시지를 담고 있다.

나는 이 책을 다섯 번 정도 읽었고, 경제적 자유를 달성한 후 한 번 더 읽었다. 경제적 자유를 달성한 사람 입장에서 보니 책에서 주장하는 내용의 99%가 옳다는 것이 놀라웠다. 아직 이 책을 읽지 않은 독자가 있다면 강력히 추천하고 싶다.

어릴 때부터 나는 누가 시키는 것을 하기 싫어했다. 돈이 없고 돈을 벌 수 있는 별다른 재주를 찾지 못해서 대학을 졸업하고 어쩔 수 없이 회사를 다니기는 했는데, 상사가 납득하기 어려운 일을 시킬 때마다 매우 괴로웠다. 사실 납득이 되는 일도 '해야 하는 일'이면 왠지 하기 싫었다. 경제적 자유에 도달하면 내가 하고 싶은 것만 하고 살 수 있다는 점이 특히 매력적이었다. 그래서 꾸준히 공부하며 경제적 자유에 도달하기 위해 노력했다.

스물 세 살부터 투자를 시작하다

초창기(2006~2017년, 만 23~34세)에는 무조건 지출을 줄여야 한다고 생각했다. 그리고 모은 돈을 불리기 위해 퀀트 투자*를 병행했다. 만 34세가 된 2017년부터는 암호화폐 트레이딩과 책, 강의

---

* 오로지 계량화할 수 있는 숫자에 기반해 투자 결정을 내리는 방식

등 콘텐츠 사업으로 인한 수입이 증가했고, 2020~2021년에는 퀀트 투자, 암호화폐 트레이딩과 비상장기업 투자로 부를 축적하고 2021년 퇴사했다.

나는 어릴 때부터 13년 정도를 독일에서 살았다. 한국에 들어와서 처음 돈을 벌게 된 것은 체스 강의를 통해서였다. 당시 공익 근무를 하면서 주말을 이용해서라도 돈을 벌고 싶다고 생각했고, "내가 할 수 있는 일 중에 돈을 벌 수 있는 게 뭐가 있을까?" 고민하다가 체스 강의를 하게 된 것이다. 체스 대회에 나가서 상금을 받고 2008년에는 한국 체스 챔피언십 공동 1위를 하기도 했다. 공익 근무 시절에는 월 10만 원 정도로 생활하고 남는 돈은 전부 주식에 투자했다. 물론 부모님 댁에 얹혀 산 덕이 가장 컸다. 거의 모든 지출을 피할 수 있었으니까.

또 『부자 아빠 가난한 아빠』의 저자 기요사키가 투자의 중요성을 강조했기 때문에 '주식은 꼭 공부해야겠다'라고 마음먹었다. 그래서 독일에 있었던 2004년부터 투자 이론을 공부하기 시작했고 대학교 졸업논문도 퀀트 투자에 대해 썼다. 그 후 이론으로 배운 것을 바탕으로 실전 투자를 했는데 2005~2007년이 대세 상승장이었던 덕에 어느 정도 수익이 났다.

이후 2008년 금융위기 때 직격탄을 맞아 25% 정도의 손실이 발생했다. 그럼에도 체스 강의로 소소한 금액을 벌고 지출을 적게 한 덕에 2009년 2월 제대할 때까지 약 2500만 원을 모았다. 지출을 통제하고 투자를 일찍 시작했기 때문에 직장인이 되기 전에 2500만 원이라는 큰돈을 모을 수 있었던 것이다.

내가 할 수 있는 일 중에
돈을 벌 수 있는 게
뭐가 있을까?

제대 후 2009년 2월, 바로 코트라(KOTRA, 대한무역투자진흥공사)라는 회사에 입사했다. 한국에서 사회생활 경험은 군복무 2년 정도가 전부였지만, 행운이 따라준 덕에 바로 입사할 수 있었다. 게다가 코트라의 체계가 마음에 들었다. 일정 기간 해외에서 근무하게 되어 있는 회사인데, 해외에 나가면 월급과 인센티브에 별도로 해외수당을 지급해 주고 거주 비용과 의료 보험까지 지원해 주었던 것이다. 싱글에게는 아주 큰 장점이었다. 가족이 있으면 배우자가 같이 해외로 나갈 경우 맞벌이가 어렵기 때문에 경제적인 메리트가 줄어들지만, 싱글인 나에게는 해당되지 않았다. 해외근무가 필수인 회사를 다니면서 지출을 최대한 줄이고 투자를 통한 수익을 극대화한 덕에 지금의 경제적 자유를 이루게 되었다. 그 12년의 과정 동안 체득했던 나만의 '돈 버는 노하우'를 8가지의 팁으로 정리해 보겠다.

> **FIRE Tip.**
> 싱글일 경우, 해외 주재원을 할 수 있는 직군이나 직장에 입사해 파견을 나가라!

일단 '회사에서 일을 열심히 해서 인정받고 출세하자'는 생각은 전혀 없었다. 직장에 대한 환상은 입사 첫날부터 갖지 않았다. 나에게 직장은 그저 경제적 자유로 가는 관문이자 종잣돈을 모으는 데 도움이 되는 수단이라고 생각했다. 따라서 필연적으로 언젠가 벗어나야 하는 곳이기도 했다.

최대한 효율적으로 일해서 필요한 일만 잘하고 정시에 퇴근하는 것이 목표였다. 그렇게 하지 못한 날에는 스스로 크게 질책하기도 했다. 일에 나를 맞추기보다 일을 내 근무시간에 맞추려고 노력했다. 정시 퇴근이라는 중요한 목표를 달성하기 위해 늘 우선순위를 정해서 정말 중요한 일은 잘하고, 그 외의 일은 완벽을 추구하기보다는 신속하게 처리하는 데 초점을 맞추는 등 업무를 조정했다.

나름대로 계산을 해보니, 두 번 정도 해외 파견을 다녀오면 만 40세가 되기 전에 약 15억 원 정도를 모아서 경제적 자유를 이루고 퇴사할 수 있을 것 같았다(어떻게 경제적 자유에 필요한 금액을 산정하는지는 Part 3에서 자세히 설명할 것이다). 코트라는 공기업이고 호봉제였기 때문에 어느 정도 계산이 가능했다. 15억 원 모으고 퇴사하기, 바로 이것이 내가 코트라에서 이루고 싶은 목표였다. 입사 첫날부터 퇴사가 목표라니 아이러니한 일이었다.

시작은 '덜 쓰는' 데 집중하는 것

동서고금을 막론하고 돈을 벌 수 있는 방법은 세 가지밖에 없다. 더 많이 벌거나, 덜 쓰거나, 남는 돈을 잘 투자하는 것이다. 나는 사회생활 초창기에는 덜 쓰고 남는 돈을 잘 투자하는 것에 집

동서고금을 막론하고
돈을 벌 수 있는 방법은
3가지밖에 없다.

더 많이 벌거나,
덜 쓰거나,
남는 돈을 잘 투자하는 것.

중했다. 사회초년생 시절에는 추가 수입을 올릴 수 있는 여력이 적기 때문에 지출 감소에 집중하는 편이 현실적이다.

가계부를 철저히 적었고, 월 지출 목표는 30만 원으로 잡았다. '이제 사회인이 되었으니 그래도 통 크게(!) 하루 1만 원 정도는 사용해야 하지 않을까' 생각했던 것이다. 그리고 일상을 철저히 지출 목표에 맞췄다. 예를 들어 오늘 3만 원어치 술을 먹으면 다음 날은 모임을 피하고(물론 선배들이 사주는 모임은 오케이!) 삼각김밥이나 편의점 샌드위치를 먹으면서 하루 1만 원, 한 달 30만 원이라는 지출 목표를 맞췄다.

FIRE Tip.
일상을 지출 목표에 맞춰라!

그렇게 하다 보니 2009년 주식시장도 좋아서 2009년 말 자산이 5000만 원이 되었다. 내가 신입사원일 때 월급이 190만 원이었으니 연봉의 100% 이상을 모았던 셈이다.

부동산 경매로 경험의 폭을 넓히다

2010년에는 회사 동기를 따라서 부동산 경매에 입문했다. 경매 사부님을 따라 전국 방방곡곡을 돌아다니며 임장을 했고, 결국 충남 예산군에 있는 아파트 3채를 낙찰받았다. 경매 과정에서 골치 아픈 일들이 있었지만 사부님과 가족의 도움으로 잘 해결했다. 그때 낙찰받은 집 3채는 2011년에 모두 처분했다. 고생하긴 했지만,

수익률은 상당히 높았다. 낙찰받은 아파트는 지방에서도 읍내와 조금 떨어진 나홀로 아파트였는데 그 아파트도 필요로 하는 사람들이 다 있었다.

그런데 경매는 평일에 자리를 비워야 하는 일이 꽤 있어서 직장인 신분으로 일과 병행하기가 힘들었다. 성격상 밖에서 집을 보며 돌아다니는 것이 잘 맞지 않기도 했다. 세입자 상대하는 것은 더 어려웠다. 그래서 좋은 경험을 남기고 나의 경매 커리어는 거기서 끝났다.

> **FIRE Tip.**
> 나에게 잘 맞는 투자,
> 안 맞는 투자가 있다.
> 잘 맞는 것을 찾아라!

부의 첫 단계, 1억 원에 도달하다

나는 사회생활 1년차부터 투자 수익으로 생활비 등 모든 지출을 커버하는 것을 중요한 목표 중 하나로 삼았다. 즉, 투자 수익으로 생활하고 월급의 100%를 저축했던 것이다. 2009~2010년은 퀀트 투자 수익이 좋았고, 2011년에는 주식의 수익은 부진했으나 경매를 통한 수익으로 지출을 충당할 수 있었다. 그래서 3년 연속 순자산은 연봉 이상 증가했다.

> **FIRE Tip.**
> 처음 1억 원을 모을 때까지가 가장 어렵지, 1억 원에서 10억 원으로 가는 길은 훨씬 쉽다!

그러던 중 2012년에 발령을 받고 2012년 8월부터 2016년 7월까지 독일 프랑크푸르트에서 4년간 근무하게 되었다. 독일 도착 직전 순자산을 확인해 보니 1억 3000만 원이 되어 있었다. 비법은 지출 30만 원 유지, 경매와 주식으로 번 투자 수익이었다. 마침내 이로써 부의 첫 단계인 1억 원에 도달했다!

자산 증진 속도의 차원이 달라지다

독일에 왔으니 드디어(!) 해외수당을 받게 되었다. 해외수당과 보너스를 합쳤더니 2013년 연봉이 1억 원을 넘어섰다. 유럽에 갔으니 그래도 '여행을 좀 해야지'라는 생각으로 월 지출 목표를 500유로(약 65만 원)로 상향 조정했다. 여행 시 숙박은 코트라 유럽 지역 무역관에서 근무하는 동기 및 선후배 집에서 해결하는 '글로벌 빈대산업'을 적극적으로 활용했다.

번 돈은 계속 주식에 퀀트 투자 방식으로 투자했다. 다행히도 투자 전략의 수익이 좋아서 2012~2016년에도 자산이 연봉보다 더 증가했다. 확실히 연봉이 증가하니 자산 증진 속도의 차원이 달라졌다. 당시 목표는 독일에서 4년간 지내면서 4억 원을 모아 5억 3000만 원을 가지고 한국에 돌아오는 것이었는데, 나는 목표를 초과달성했다. 2016년 7월, 내 자산은 5억 9000만 원이 되었다.

> **FIRE Tip.**
> 원금보전의 황금법칙:
> 순자산의 3~4%만 지
> 출하라!

그리고 2015년부터 500유로 지출 상한선은 폐지했다. 사실 평균적으로 '높은 한 자릿수 이상의 투자 수익'을 내면서 순자산의 3~4% 정도를 지출하면 평생 원금을 훼손하는 경우는 거의 없다. 2015년에 5억 원에 도달하고 보니 5억 원의 3%는 1500만 원, 즉 월 100만 원 이상이라는 결론이 나왔다.

그래서 그때부터 지출 목표를 자산과 맞춰서 상향 조정했다. 물론 지출 상한선만 늘린 것이고 실제로 그렇게 많이(?) 지출하지는 않았다. 두 자릿수의 수익을 내는 노하우는 Part 3에서 다시 정리하겠다.

콘텐츠를 생산해 수입을 늘리다

독일에서의 첫 근무가 끝날 무렵인 2016년까지, 나는 계속 지출을 통제하고 종잣돈을 투자하는 방법으로만 돈을 벌었다. 앞서 말했듯 돈을 버는 3대 법칙은 지출 통제, 수입 증가, 투자 수익이다. 그래서 이때부터는 수입 증가에도 눈을 돌리기 시작했다.

2006년부터 시작한 퀀트 투자도 어느새 10년이 되었다. 그동안 재미를 쏠쏠히 보며 아주 괜찮은 투자법이라는 확신이 들었다. 그래서 2017년 한국에 돌아온 후 그 내용을 글로 정리해 『할 수 있다! 퀀트 투자』라는 책을 발간했는데 호응이 꽤 좋았다. 게다가 책을 썼더니 이곳저곳에서 강의와 강연 요청을 받게 되어서 추가 수입이 생겼다. 또 페이스북도 열심히 해서 책과 강연을 끊임없이 홍보했다. 책 – SNS – 강연의 선순환 구조를 만든 것이다.

FIRE Tip.
콘텐츠 사업의 3대 콤보인 책, 강연, SNS를 적극 활용하라!

콘텐츠 사업을 하려면 일단 써먹을 콘텐츠가 있어야 한다. 내 경우 10년 동안 투자를 공부하면서 수많은 책과 논문을 접하고 이것을 응용할 방법을 찾다 보니 자연스럽게 콘텐츠가 쌓이게 되었다.

다음으로 중요한 것은 이 콘텐츠를 가지고 매일매일 무언가를 만들어내는 것이다. 신상철(머니맨) 대표는 "시장의 90%는 애초에 우리 경쟁 상대가 아니다. 시장에서 살아남는 방법은 아주 간단하다. 매일 뭔가 꾸준히 하면서 계속 버티면 된다. 꾸준히 하는 건 그 자체로 특별한 것이고 이렇게 성실할 수 있는 사람은 전체의 10%도 안 된다"라는 말을 했다. 나는 이 말을 듣고 큰 깨달음을 얻었다. 이후 실제로 매일매일 뭔가를 생산하고 SNS에 전파하다 보니 팔로워가 늘어나기 시작했다.

콘텐츠 사업의 장점은 잘되면 대박이 날 수 있는데 잘되지 않더라도 타격이 적다는 것이다. 물론 책 쓰고 SNS 하는 데 실패하면 시간과 에너지를 날리고 힘도 빠지기는 하지만, 금전적인 손실은 거의 없다. 예를 들어

FIRE Tip.
잘되면 대박이 나고 안되어도 타격이 적은 일을 반복하라!

2018년 초 나는 『가상화폐 투자 마법 공식』이라는 책을 썼는데, 그 책이 출간될 때 암호화폐 버블이 꺼져서 판매량이 상대적으로 저조했다. 그러나 투입한 시간 말고는 딱히 손해본 것은 없다.

사업처럼 실패하면 돈을 크게 날릴 가능성이 없으므로 성공할 때까지 계속 새로운 도전을 할 수 있다. 나는 투자든 인생이든 '잘 되면 대박이 나고 안 되면 타격이 적은 일'을 될 때까지 계속 시도 하는 것이 성공의 비결이라고 생각한다. 이렇듯 저축, 강연, 주식 및 코인 투자 수익으로 인해 자산은 2018년 봄, 10억 원에 도달 했다.

투자든 인생이든
잘되면 대박이 나고
안 되면 타격이 적은 일을
될 때까지 계속 시도하는 것이
내 성공의 비결이다.

내 투자전략이 도입된 스타트업에 투자하다

2018년에는 내 강의를 들은 어떤 젊은 사업가가 나에게 오더니 "당신이 책에서 소개한 '변동성 돌파 전략'이라는 전략이 좋아 보이던데요. 제가 회사를 차려서 이 전략을 자동으로 거래할 수 있는 앱을 만들 겁니다!"라고 말했다. 그 전략은 공교롭게 별로 많이 팔리지 않은 책 『가상화폐 투자 마법 공식』에서 소개한 내용이었다.

당시에는 그의 말을 크게 귀담아듣지 않았으나 몇 달 후 실제로 그는 기업과 애플리케이션(이하 '앱')을 만들어냈다. 그 젊은 사업가의 이름은 이충엽 대표이고 스타트업의 이름은 '헤이비트'다 (그 또한 Part 2의 인터뷰에 등장한다).

나는 그의 아이디어가 재미있었고, 내가 쓴 책의 투자전략을 앱으로 구체화한다는 사실에 매료되어 적은 돈을 투자하고 그 회사의 주주가 되었다. 스타트업 투자 또한 전형적인 '잘 되면 대박이 나고 안 되더라도 투자한 작은 금액 정도만 날리는' 일이기 때문에, 당연히 '고'를 선택했다. 스타트업이 자리를 잡기 시작하던 초창기에는 전략 관련 자문을 하기도 했고, 헤이비트가 만든 앱을 테스트해보기 위해 앱으로 내 자금을 투자하기도 했다.[2]

코로나 시대, 위기를 기회로 삼다

2018년 5월경, 나는 갈등에 빠졌다. 당시 책도 잘 팔리고 강연료도 월급 정도는 되어서 퇴사하기 일보직전까지 갔는데, 인사팀에서 다시 한번 3년 동안 독일 주재원으로 파견을 가라는 제안이 들어왔기 때문이다.

고민 끝에 마지막으로 독일 생활을 즐기기로 마음먹었다. 3년 동안 유럽 여행을 신나게 다니고, 그 기간 동안의 연봉을 퇴직금으로 삼아 2021년에 퇴사할 계획을 짰다. 그리고 3년 동안 독일에 있으면 왠지 사람들이 나를 다 잊어버릴 것 같아서 2018년 말 할 수 있다! 알고 투자」라는 유튜브도 시작했다. 모토는 신상철 대표의 말을 따라서 "1~2일에 하나씩 영상을 꾸준히 올리자!"였다. 참고로 지금도 약 이틀에 하나씩 영상을 올리고 있다.

그 후 2020년 초, 코로나19가 발발했다. 유럽 여행 계획은 상당 부분 무산되었지만, 4월부터 모든 자산이 미친 듯이 상승하기 시작했다. 퀀트 투자 방식으로 투자한 주식과 암호화폐도 많이 올랐고, 헤이비트는 내 전략보다 더 강력한 퀀트 전략을 개발해서 기존 전략보다 수익률을 더 높였다. 그때 헤이비트에 추가 자금을 투입한 것이 신의 한 수였다.

일이든 사람이든 투자든, 잘 안 되면 빨리 손절하는 것이 중요하지만, 잘 되는 일은 추가로 자본, 시간, 에너지를 투입해서 노를 열심히 젓는 것이 부를 거머쥐는 길이다. 나는 헤이비트의 새 전략이 잘 통하는 것을 보고 수 차례 증액을 해 수익을 극대화할 수 있었다. 헤이비트는 우수한 전략을 탑재한 것뿐만 아니라 여러 차례 벤처캐피털(VC)*을 통해 투자도 받아서 나의 지분 가치도 증가했다.

> **FIRE Tip.**
> 안 되면 빨리 손절하고, 잘되면 열심히 노를 저어라!

이렇게 2021년 2월 순자산은 20억 원에 도달했고, 퇴사한 7월

---

* 고도의 기술력과 장래성은 있으나 경영기반이 약해 일반 금융기관으로부터 융자받기 어려운 벤처기업에 무담보 주식투자 형태로 투자하는 기업

말에는 29억 원까지 증가했다. 그뿐 아니라 열심히 영상을 올리다 보니 3년 동안 약 670개의 영상을 업로드하게 되었고, 이를 통해 구독자 14만 명을 얻었다. 유튜브 자체 수익은 아직 크지 않지만 이를 플랫폼 삼아서 책이나 강의 등의 추가 수익을 만들고 있다.

나는 독일 주재원 임기가 끝남과 동시에 회사에 사표를 던지고 자유인이 되었다.▶³ 입사 첫 해에 세웠던 '두 번 해외 다녀오면 자산이 15억 원 정도 되어서 경제적 자유를 얻는다'라는 계획을 결국 달성한 것이다. 게다가 순자산은 확실히 초과달성했다. 가장 놀라웠던 점은 입사 첫해에 세운 자산 목표가 15억 원이었는데, 퇴사 후 반년도 안 되는 짧은 시간에 자산이 그 이상 증가했다는 점이다! 복리 효과의 놀라움과 함께 돈이 한번 모이기 시작하면 폭발적으로 증가할 수 있다는 사실을 체험하게 되었다.

"35세에 가난하다면
그건 당신 책임이다"

수입, 지출, 투자의 삼박자

경제적 자유는 수입, 지출, 투자의 삼박자가 어우러져야 한다. 처음 1억 원을 모으기가 가장 어려운데, 이때는 지출을 줄이고 최대한 많은 돈을 저축하는 것이 제일 중요하다. 월급의 70% 이상을 5년 동안 저축하면 아무리 '흙수저'라도 인생이 완전히 달라질 수 있다고 장담한다. 상황이 어렵다면 50%는 저축해야 한다.

또한 저축을 하면서 투자를 꼭 병행해야 한다. 모든 일이 똑같지만, 유능한 투자자가 될 때까지는 시간과 경험이 필요하다. 그리고 100세 시대에 이 경험은 최대한 빨리 쌓는 것이 좋다.

사회초년생 때는 아는 것도, 경험도 많이 없어서 팔 수 있는 자원이 없기 때문에 소득이 다 고만고만하다. 그러나 어느 정도 세상을 볼 수 있는 눈이 생기면 추가로 수입을 낼 수 있는 기회가 보인다. 특히 요즘처럼 온라인의 영향력이 큰 시대에는 소규모 자본으로도 기회를 찾기 쉽다. 알리바바 창업자인 마윈은 "35세에 가난하다면 그건 당신 책임이다"라는 말을 했는데, 나는 이 말에 전적으로 공감한다.

아래는 수입, 지출, 투자의 삼박자를 만들기 위해 내가 사용했던 작은 팁들이다. 이 중 여러분의 경우에도 적용할 수 있는 방법이 있기를 바란다(더 많은 방법은 Part 3에서 확인할 수 있다).

수입을 높이는 방법

★ 다시 한번 강조하지만 해외 주재원은 싱글에게 메리트가 많다. 취업하는 목적은 여러 가지가 있겠지만, 경제적 자유가 주 목적이라면 해외 주재가 가능한 직군 또는 기업을 강력히 추천한다.

★ '잘 풀리면 대박이 날 수 있고 잘 안 되더라도 큰 타격이 없는' 일을 해라. 전형적인 예시로 콘텐츠 사업이 있다.

★ 콘텐츠 사업 말고도 요즘은 부업을 통해 부수입을 올릴 기회가 정말 많다. 유튜브에도 부업으로 돈을 번 사람들이 자신의 노하우를 공개한 영상이 많으니 참고하자. "어차피 안 될 거야"라

고 생각하기보다는 "그 사람은 어떻게 했지?"라고 생각을 바꿔서 일단 배우고 따라 해보려는 자세가 중요하다. 그러다 보면 점점 노하우가 쌓여서 자신에게 맞는 부업을 개발할 수 있을 것이다.

지출을 줄이는 법

★ 가계부를 작성하라. 3개월 정도 작성해 보면 어떤 지출이 필요했는지, 어떤 지출이 불필요했는지 금방 알 수 있다. 이를 반영해 지출 목표를 설정하고 내 일상을 그 지출 목표에 맞추자.

★ 충분한 돈을 모으기 전에는 부모님 댁에서 사는 것이 돈을 아끼는 가장 좋은 방법이다. 부모님 용돈은 최소한으로 드리자. 일단 지금은 모으고, 나중에 크게 드린다고 생각해야 한다.

★ 자동차는 돈을 엄청나게 잡아먹는다. 대중교통을 이용하자.

★ 사회 초년생들이 기계적으로 가입하는 연금상품, 청약, 보험은 경제적 자유 달성에 전혀 도움이 안 된다. 이미 가입했다면 진지하게 해지를 고려하자.

★ 해외여행은 당신의 인생을 바꾸지 않는다. 대신 공원을 산책하면서 힐링하자.

★ 친구들은 한 달에 한 번 이상 만나봤자 별다른 효용이 없다.

★ 당신이 명품을 들고 다니는지 아닌지 아무도 관심 없다. 어차피 남들은 당신에게 관심이 없다.

★ 자기계발을 하고 싶다면 이 세상 모든 교육 콘텐츠는 유튜브에 있다는 점을 기억하자. 게다가 무료다.

★ 돈이 드는 취미생활을 즐기고 있다면, 서서히 돈이 안 드는 분야로 바꾸자.

투자를 잘하는 법

투자에서 가장 중요한 룰은 다음 세 가지다.

룰 1. 철저히 검증된 전략에만 투자하라.

룰 2. 전략을 실행하는 중에는 절대로 전략을 바꾸면 안 된다.

룰 3. 자산의 5% 정도는 '모 아니면 도'에 투자하는 것도 좋다.

룰 1　　나는 퀀트 투자를 15년 넘게 해왔는데, 퀀트 투자는 어떤 요소를 지닌 주식을 언제 사고파는지 명확하게 규정한 '규칙 기반 투자'이다. 모든 규칙은 계량화되어 있어서 이 전략으로 과거에 투자했다면 어느 정도의 수익을 벌 수 있었는지, 최악의 순간에는 어느 정도의 손실을 입었는지, 그 손실을 극복하는 데 어느 정도의 시간이 걸렸는지 등을 시뮬레이션해 볼 수 있다(이러한 시뮬레이션을 '백테스트'라고 한다). 물론 과거와 미래는 다르겠지만, 백테스트를 통해 특정 전략이 어떻게 움직일 것인지 대체로 가늠해

볼 수 있다. 수 차례의 백테스트로 검증한 전략에만 투자한다.

룰 2 이렇게 좋은 전략을 만들었더라도 투자자가 중간에 개입해서 전략을 실행하지 않는 경우가 비일비재하다. 대부분 투자 전략은 길면 2~3년 동안 잘 안 통하는(수익이 나지 않거나 손실이 나는) 구간이 존재한다. 이때 투자자 대부분은 전략에 주관적으로 개입하거나 전략을 아예 포기하게 된다. 좋은 투자 전략이라도 필연적으로 손실이 나는 구간이 있기 때문에 인내심을 갖고 계속 버티는 것이 중요하다!

룰 3 스타트업 투자를 통해 설명해보겠다. 앞서 언급했듯 나는 내 전략을 차용해 앱을 개발한 헤이비트라는 회사에 500만 원을 투자했다. 헤이비트가 성공하면 대박이 날 수 있고, 헤이비트가 잘 안 되었을 경우에는 500만 원만 잃었을 것이다. 당시 총 자산이 8억 원 정도였으니 최악의 경우는 자산의 0.6% 정도를 날리는 것이다. 스타트업, 알트코인*, 옵션** 등 '모 아니면 도' 상품은 대박을 치면 수백 배의 수익을 안겨줄 수도 있고 전액을 날릴 수도 있는데 이런 투자를 총 자산의 5% 미만으로 하면 엄청난 수익을 노릴 수 있는 동시에 결과가 좋지 않더라도 큰 타격이 없다.

---

* 비트코인을 제외한 모든 암호화폐, 이더리움, 리플 등이 있다.
** 고수익 고위험 파생상품. 수백 배를 벌 수도 있으나 원금 전체를 날릴 수도 있다.

경제적 자유 달성 후,
무엇이 달라졌을까?

경제적 자유 도달과 퇴사의 조건

앞서 말했듯 내가 생각하는 경제적 자유 달성의 기준은 '연 지출의 25배, 혹은 20억 원'이라는 금액이다. 2012~2016년에는 주재원으로 일하느라 회사에서 주거비를 내줬기 때문에 정확한 지출을 측정할 수 없었고, 2016년 이후부터 살펴보니 보통 월 150~200만 원 정도 사용했다. 2400만 원에 25를 곱하면 6억 원인데, 그 수준에는 2016년 말에 도달했다. 따라서 경제적 자유를 달성한 것은 2016년이라고 볼 수 있다. 또한 순자산이 20억 원에 도달한 것은 2021년 1월이었는데, 2022년 3월 현재 자산은 50억 원 이상으로 증가했다.

2016년에 경제적 자유를 달성한 이후 2021년까지는 회사에 계속 다녔다. 전보다 확실히 마음 편하게 다닐 수 있다는 점이 신기했다. '잘려도 평생 먹고 살 수 있다'라는 확신이 드니 소신대로(?) 회사에서도 마음 편하게 행동할 수 있었다. 그런데 희한하게 그러고 나니 성과도 더 좋아지고 상사와 동료들과의 관계도 더 좋아진 것 같았다(혹시 나만 그렇게 생각했나?).

퇴사가 꿈이라면서 왜 계속 다녔냐고? 이론적으로는 6억 원으로 경제적 자유에 도달했으나 그 금액으로는 조금 불안했기 때문이다. 그래서 처음 세운 목표대로 15억 원이 모일 때까지 다니기로 결심했다.

돈 되는 천직을 찾다

앞서 말했듯 투자를 연구하다가 책을 썼는데, 그 책이 예상보다 잘 팔려서 강연을 다니며 상당한 부수입을 벌기 시작했다. 이 일은 돈도 되었지만 무엇보다 너무 재미있었다. 퇴사를 해도 할 수 있는 일, '천직'을 찾아낸 것이다!

독일에 와서 시작한 유튜브도 별 기대 없이 시작했으나 아주 재미있었다. 따라서 퇴사를 한 2021년 8월부터는 회사에 다니지 않으면서 전업 투자, 온·오프라인 투자 강의, 집필 활동, 유튜브 활동으로 시간을 보내고 있다. 자유롭게 하고 싶은 일만 해서 정말 좋다.

직장인들에게 꼭 하나 이야기하고 싶은 것이 있다. 회사를 '때려치우기' 전에는 다음의 세 가지 조건 중 최소한 하나는 충족해야 한다는 것이다.

1. 이직하는 기업을 확정지었거나
2. 연 지출의 최소 25배를 벌었거나
3. 부업으로 실제로 돈을 벌었을 때

그전에 퇴사하는 것은 위험천만하다. 특히 '나는 이 부업으로 돈을 벌 수 있을 거야'라는 마음가짐은 위험하다.

싫은 사람을 보지 않아도 되는 자유

경제적 자유를 달성하는 데 기여한 비중은 내 경우 수입 30%, 지출 30%, 투자 40% 정도이다. 그동안 걸어온 길을 보면 투자가 90%처럼 보일 수 있지만, 그렇지 않다. 수입이 너무 적어서 저축하는 돈이 거의 없다면 투자를 아무리 잘해도 총 자산은 커질 수 없다. 10년 연속 복리 50%의 수익을 낼 수 있는 천재라도 밑천이 100만 원이면 10년 후 자산은 5766만 원에 불과하다. 해외 주재원으로 수입이 비교적 높았다는 점이 종잣돈을 모으는 데 큰 도움이 되었다. 지출도 그와 비교할 수 있을 만큼 중요한데, 소득이 상당히 높으면서도 지출이 많아서 정작 가진 자산은 별로 없는 사람들도 의외로 많다.

총 자산 5~10억 원 수준까지는 본업으로 번 돈을 아껴서 만든 자산 비중이 압도적으로 높았고, 그 수준이 넘어선 후에야 투자 수익이 본업 소득을 넘어섰다.

현재는 투자에서 스타트업, 주식, 암호화폐 비중이 가장 크다. 스타트업 투자가 생각보다 잘 풀려서 자산의 꽤 큰 부분을 차지하게 되었다. 나머지 자산 중에서는 절반 정도가 암호화폐, 절반 정도가 금융자산인데, 이 중 절반은 동적자산배분*으로, 절반은 국내 개별주 퀀트 전략으로 운영하고 있다.

나는 경제적 자유를 '내가 하고 싶은 일만 하는 것'과 '내가 만나고 싶은 사람만 만나는 것'이라고 정의한다. 직장 다닐 때와 다르게 매일매일 내가 관심이 있는 분야에만 집중할 수 있는 요즘 경제적 자유를 이뤘다고 느낀다. 회사에서는 별로 마음에 들지 않는 상사와 동료를 수시로 마주치게 되는데 요즘은 기분 나쁜 사람은 그냥 연락을 끊어버린다. 이럴 때도 경제적 자유를 실감한다.

나는 지금 하는 것들(전업투자, 금융교육, 집필, 유튜브 등)을 일이라

＊　최근 많이 오른 자산 비중을 높이고 부진한 자산을 파는 전략

고 여기지 않는다. 내가 하고 싶어서 하는 것이기 때문이다. 아마 지금 하는 일을 통해 수익을 내지 못하더라도 이 일을 할 것이다. 매슬로의 인간 욕구 5단계 이론(Maslow's hierarchy of needs)˙에서처럼 사람은 하위 욕구가 채워지면 인정 욕구나 보람 있는 일을 하고 싶은 욕구 등이 생기는데, 나는 지금 하는 일로 이런 욕구를 채우는 것 같다.

파이어 후 강환국의 다음 목표▶4

나는 매월 핵심 목표를 정리한다. 목표는 매월 조금씩 변한다. 이 책을 쓰거나, 새로운 온라인 강좌를 만드는 등 1년 내 달성이 가능한 단기적인 목표도 있다. 지금 가장 중요한 중장기 목표는 10년 안에 자산을 10배 불리는 것이다. 이제 경제적 자유에 도달했으니 '부'에 도달하고 싶어졌다. 이를 위해서는 투자 실력을 키우는 것이 가장 중요하다.

또한 영향력을 넓히고 싶다는 마음도 생겼다. 2022년 3월 기준 유튜브 채널 구독자가 14만 명 정도 되는데, 2022년 말까지 25만 명으로 확대하고 싶고, 매년 책을 두 권 정도 써서 지속적으로 베

˙ 사람은 5가지 욕구를 만족하려 하되 우선순위에 있어서 가장 기초적인 욕구부터 차례로 만족하려 한다는 것. 5가지 욕구는 차례로 생리적 욕구-안전 욕구-소속과 애정의 욕구-존경 욕구-자아실현 욕구 순이다.

스트셀러를 내고 싶다.

추후 나의 콘텐츠를 찾는 사람이 적어지면 10대들을 위한 '트레이딩 아카데미'를 설립하는 것과 내 이름을 단 체스와 바둑대회를 후원하고 싶다는 꿈도 있다. 아래는 2022년 1월 나의 목표다.

강환국의 2022년 1월 목표

1. 재정적 목표
- 2023년 100억 원, 2025년 200억 원, 2028년 300~400억 원, 2032년 600억 원
- 자산이 500억 원이 넘어가면 10대를 위한 트레이딩 아카데미 설립

2. 책 쓰기
- 2022년 3월 『파이어』, 2022년 중 『퀀트 투자 무작정 따라하기』 출간
- 2023년부터 5권 정도의 집필 아이디어

3. 유튜브
- 2022년 말 구독자 25만 명, 2023년 50만 명
- 2022년 2월부터 삼프로tv MC로 활동

4. 자기계발(2022년)
- 젠포트, 제나, 코인젠포트 등 퀀트 백테스트 도구 숙달
- 체스 레이딩 2400(글로벌 상위 1%) 도전

입사 첫날부터 퇴사가 꿈이었지만, 결론적으로 12년간의 직장 생활은 좋은 경험이었다. 같이 살거나 같이 일해야만 그 사람의 본성을 진짜로 알 수 있다고 생각하는데, 사회생활을 통해 별의 별 사람들을 다 만나보고 그들과 어떻게 커뮤니케이션을 해야 하는지, 특정 유형에는 어떻게 대처해야 하는지를 배웠기 때문이다. 또한 아무것도 몰랐던 테마에 대해 하루 만에 멋진(?) 보고서를 쓸 수 있는 기술도 갖추게 되었다. 어린 나이에 주재원으로 파견되어 '중간 매니저'인 관리직 역할을 하며 리더십 스킬도 배웠다. 사실 이런 능력을 배운 것뿐만 아니라 오히려 돈까지 받았으니 매우 고맙다고 할 수 있겠다.

그러나 한 직장에서 정년까지 일하고 그 과정에서 모은 자산으로 평생 먹고살 수 있는 시대는 지났다. 당장 다니던 직장이 사라져도 수입을 만들 수 있는 능력을 개발해야 한다. 100세 시대에 투자의 중요성은 더욱 커진다. 아무리 오랫동안 노동을 해도 최대 노동 가능 연령은 60~70세가 한계일 것이다. 그런데 2050년 후에는 국민연금을 기대할 수 없으므로 은퇴 후 30~40년 동안 모은 자산으로 먹고 살아야 한다. 자산을 모으는 방법, 그리고 모은 자산을 굴리는 방법이 바로 투자다. 젊을 때 최대한 빨리 이 기술을 익히는 것이 당신의 생존을 좌지우지할 것이다.

나는 경제적 자유를 이렇게 정의한다.
'내가 하고 싶은 일만 하는 것'
그리고

'내가 만나고 싶은 사람만 만나는 것'

Part 2.
그들은 어떻게 남들보다 빨리
경제적 자유를 이뤘을까?

F   I   R   E

순자산 20억 원, 연지출의 25배,
그리고 경제적 자유

파이어의 기준

Part 2에서는 직접 인터뷰한 젊은 부자 19명의 이야기를 공유한다. 가지각색의 스토리를 살펴보면 돈을 버는 방법은 무궁무진하다는 사실을 알게 될 것이다. 그에 앞서서 "왜 파이어의 기준을 순자산 20억 원 또는 연 지출 25배로 잡았는가?"를 자세히 분석해 보자.

강의를 하면서 여러 사람들에게 "경제적 자유에 도달하려면 얼마가 필요할까요?"라고 물었을 때 가장 많았던 답변이 월 수익 500만 원과 순자산 20억 원이었다.

사실 매월 수익 500만 원이 생긴다면, 그리고 이 금액이 물가 상승률 정도로 증가한다면 먹고사는 데 큰 걱정이 없다는 것에 대해서는 대부분이 동의할 것이다. 물론 럭셔리한 생활을 할 수는 없을지 모르지만, 우리가 논하는 금액은 '경제적 자유'이지 '부'는 아니다.

순자산 20억 원이 경제적 자유를 의미하는 이유

그렇다면 순자산 20억 원이 있다면 어떻게 월 500만 원 또는 연 6000만 원을 쓸 수 있을까? 20억 원을 가지고 6% 정도의 투자 수익을 내면 수익금은 1억 2000만 원 정도이다. 그중 6000만 원을 소비하고 나머지 6000만 원을 원금에 추가한다면 이 생활은 영원히 지속 가능하다.

그런데 왜 1억 2000만 원을 다 소비하지 않고 6000만 원을 다시 원금에 추가하는 것일까? 인플레이션을 고려해야 하기 때문이다. 순자산 20억 원에서 발생하는 투자 수익을 다 써버리게 되면 순자산의 명목 금액은 20억 원으로 유지될 수 있겠지만, 그 20억 원의 실질 가치는 시간이 지나면서 계속 하락한다. 그래서 장기 인플레이션을 3%로 가정했을 경우에는 순자산, 즉 투자 원금도 최소한 3%는 같이 상승해야 하는 것이다.

다음으로는 순자산 20억 원을 가지고 어떻게 연평균 6%의 수익률을 낼 수 있느냐가 관건이 된다. 이를 위해 일반인도 쉽게 따라 할 수 있는 자산배분 전략을 분석해 보겠다. 자산배분이란 상관성이 낮은 자산에 투자금을 나누어 투자하는 방식이다. 안정적이고, 누구나 쉽게 따라 할 수 있다는 점이 자산배분의 장점이다. 이제 자산배분 전략이 과거에 어느 정도의 수익을 달성했는지 분석해 보자. 미래 수익이 과거와 완전히 같을 수는 없지만, 이는 우리가 할 수 있는 가장 구체적인 가정이다.

수많은 자산배분 전략 중 영구 포트폴리오(Permanent Portfolio)를 분석해 보겠다.[1] 이 포트폴리오는 미국 주식(SPY라는 ETF*에 투자), 미국 장기국채(TLT라는 ETF에 투자), 금(GLD라는 ETF에 투자), 현금에 자산의 각 25%를 투자하고 일 년에 한 번 비중을 다시 맞추는 아주 간단한 포트폴리오이다.

최근 50년간 이렇게 투자를 했다면 어떤 결과가 나오는지 살펴보자.

1970.1~2021.12 영구 포트폴리오 주요 지표

포트폴리오	초기자산 (달러)	최종자산 (달러)	연복리수익률 (%)	MDD (%)
영구 포트폴리오	10,000	782,314	8.7	-12.7

* Exchange Traded Fund. 주식처럼 거래가 가능하고, 특정 지수의 움직임에 따라 수익률이 결정되는 상품

저 간단한 방법으로 투자했다면 연복리수익률**이 약 8.7% 정도였다. 자산이 20억 원이었다면 6% 정도의 수익률만 내면 되었는데, 영구 포트폴리오의 수익은 이보다 높다. 8.7%가 별 것 아닌 것처럼 보이지만, 50년 동안 연복리수익률 8.7%를 냈다면 원금이 74.3배 늘어났을 것이다. MDD***라는 지표는 저 포트폴리오를 50년 동안 유지했을 경우 가장 손실이 높았던 구간을 의미한다. 1970년부터 2021년까지는 오일쇼크, 블랙 먼데이, IMF, 러시아 파산, IT 버블 붕괴, 미국발 금융위기, 유럽발 재정위기, 코로나 19 등 악재가 매우 많았는데도 영구 포트폴리오는 최악의 순간에도 손실을 -12.7%로 제한했다.

결론적으로 우리에게 20억 원이라는 순자산이 있다면 영구 포트폴리오를 이용해 투자했을 때 첫 해에 평균적으로 1억 7400만 원(8.7%) 원 정도의 수익을 기대할 수 있다. 그중 연 6000만 원(월 500만 원)을 지출하고 나머지를 다시 원금에 더한다면 수익은 점점 더 늘어난다.

참고로 영구 포트폴리오보다 더 높은 수익을 낼 수 있는 투자 전략은 매우 많다. 이 책에 등장하는 부자들 중에도 복리 8.7%보

** 연복리수익률, CAGR(Compound Annual Growth Rate). 수년에 걸쳐 투자했을 때 얻게 되는 수익이다. '원금이 2배가 되는 데 걸리는 시간'이라고 생각하면 쉬운데, 72를 연복리수익률로 나누면 원금이 2배가 되는 데 걸리는 시간이 된다.

*** MDD(Maximum Drawdown), 최대 낙폭. 특정 투자 기간 동안 투자자가 겪을 수 있는 가장 큰 손실을 뜻한다.

다 훨씬 더 높은 수익률을 낸 경우가 수두룩하다. 영구 포트폴리오는 '누구나 무난히 따라 할 수 있는 자산배분'이기 때문에 소개한 것뿐이다. 더 많은 자산배분 전략은 나의 책 『거인의 포트폴리오』와 유튜브 채널 「할 수 있다! 알고 투자」를 참고하기 바란다.

지금까지 알아본 바에 따르면, 순자산 20억 원이 있다면 무난한 자산배분으로만 투자해도 월 500만 원 정도를 지출하는 경제적 자유에 도달하는 데는 별 문제가 없다는 결론이 나왔다.

지출의 25배가 있으면 경제적 자유에 도달하는 이유 [▶2]

'지출의 25배'는 어떻게 나온 수치일까? 트리니티 대학에서 근무하는 세 교수들은 "은퇴한 후 매년 자산의 몇 %를 지출하면 죽을 때까지 일하지 않고도 굶어 죽지 않을까?"라는 질문에 답하기 위해 시뮬레이션을 한 뒤 그 결과를 논문으로 공개했다. 이 논문은 '트리니티 연구'라고 불린다.

다음 표를 보자. 가로의 3%~7%는 투자자가 은퇴 후 자산의 몇 퍼센트를 매년 지출하는지를 의미한다. 표에 따라 총 5가지의 자산배분 방식이 있다. ①주식에 100% ②주식 75% · 채권 25% ③ 주식 50% · 채권 50% ④주식 25% · 채권 75% ⑤채권에 100% 투자하는 것이다. 지출 기간은 따로 수입이 없이 은퇴 후 모아둔 돈을 쓰면서 사는 시간을 말한다.

① 주식 100%로 투자 시 매년 지출 비중과 생존 가능성(단위: %)

지출 비중 지출 기간	3%	4%	5%	6%	7%
15년	100	100	100	91	79
20년	100	100	88	75	63
25년	100	100	87	70	59
30년	100	95	85	68	59

② 주식 75%, 채권 25%로 투자 시 매년 지출 비중과 생존 가능성(단위: %)

지출 비중 지출 기간	3%	4%	5%	6%	7%
15년	100	100	100	95	82
20년	100	100	90	75	61
25년	100	100	85	65	50
30년	100	98	83	68	49

③ 주식 50%, 채권 50%로 투자 시 매년 지출하는 비중과 생존 가능성(단위: %)

지출 비중 지출 기간	3%	4%	5%	6%	7%
15년	100	100	100	93	79
20년	100	100	90	75	55
25년	100	100	80	57	37
30년	100	95	76	51	17

④ 주식 25%, 채권 75%로 투자 시 매년 지출 비중과 생존 가능성(단위: %)

지출 비중 / 지출 기간	3%	4%	5%	6%	7%
15년	100	100	100	89	79
20년	100	100	82	47	31
25년	100	93	48	24	15
30년	100	71	27	20	5

⑤ 채권 100%로 투자 시 매년 지출 비중과 생존 가능성(단위: %)

지출 비중 / 지출 기간	3%	4%	5%	6%	7%
15년	100	100	100	71	39
20년	100	90	47	20	14
25년	100	46	17	15	11
30년	80	20	17	12	0

교수들은 1926~1995년 구간의 미국 주식 및 채권 데이터를 가지고 시뮬레이션을 돌렸다. 예를 들어 주식에 자산의 100%를 투자하고 포트폴리오의 3%를 매년 지출하는 사람이 30년 후 자산을 까먹지 않고 살아남을 가능성은 100%였다. 포트폴리오의 4%를 지출한다면? 생존할 가능성이 95%였다. 은퇴 자금의 100%를 채권에 투자한 사람은 매년 전체 금액의 4%를 지출한다면 20년 후 자산이 남아 있을 가능성은 90%나, 30년 후에는 20%로 급

격히 줄어든다. 시뮬레이션을 보면 결론은 아래와 같다.

- 은퇴한 시점에 자산의 50%~100%를 주식에 투자하고 나머지를 채권에 투자하고
- 총 포트폴리오의 3~4%를 지출한다면
- 30년 후 자산이 고갈될 가능성이 5% 미만이다.

이 결론 덕에 '4% 룰'이 생겼다. 매년 총 자산의 4%를 지출하면 죽을 때까지 돈 걱정을 할 가능성이 적다는 것이다! 이는 동시에 연 지출의 25배를 순자산으로 모으면 경제적 자유에 도달했다는 의미이기도 하다.

이 책에도 5억 원을 벌고 파이어를 선언한 부자들이 가끔 등장하는데, 어떻게 5억 원으로 은퇴를 할 수 있는지 의아할 수 있지만 매년 5억 원의 4%, 즉 2000만 원 미만으로 지출을 제한하면 충분히 가능하다.

심지어 더 적은 자산으로도 파이어 선언은 가능하다. 위 시뮬레이션은 은퇴자가 일을 전혀 하지 않는 상황을 가정했는데, 파이어 후 소득이 있을 경우에는 그 소득으로 필요 지출을 일부 충당할 수 있으므로 원금이 줄어드는 속도도 크게 감소한다. 그리고 Part 2를 보면 파이어 부자들 대부분은 경제적 자유를 이룬 후에도 일을 계속한다는 것을 알게 될 것이다.

인터뷰로 들어가기 전, 한 가지 공유할 것이 있다. 이 책을 쓸때 경제적 자유를 열망하는 한 청년이 어시스턴트로 함께 해주었다. '남들은 어떻게 파이어를 이뤘을까?'라는 궁금증 아래 인터뷰할 사람을 모집하던 와중 어시스턴트를 자원한 사람이다. 그는 경제적 자유를 이루고 싶은 소망이 있지만 어디서부터 시작해야 할지 몰라 혼란스럽고, 더군다나 주변에 물어볼 만한 부자가 없어서 답답하던 참에 이 프로젝트를 보고 정신이 번쩍 들어 지원했다고 한다.

그는 인터뷰 희망자 요청 문의 및 인터뷰 내용 정리 외에도 인터뷰에 참여하면서 부자에 대한 생각과 편견이 변화되는 과정을 나에게 공유해 주었다. 그가 프로젝트 전에 했던 생각이, 많은 사람들이 경제적 자유를 이룬 부자들에 대해 갖고 있는 생각과 비슷할 수도 있을 것 같아 다음과 같이 공유해본다. 모든 인터뷰를 마치고 나서 그의 생각이 어떻게 바뀌었는지는 뒤에서 함께 살펴보겠다.

자, 그럼 이제 드디어 파이어 부자들을 만나볼 시간이다!

부자에 대한 전반적인 생각
개천에서 용 나는 시대는 지났다. 부모님이 부자가 아니니 난 안 될 것이다.
자수성가를 하려면 사업이 대박 나거나, 리스크 높은 투자를 해야 한다.
한 방이 없으면 부자가 되기는 힘들 것이다.
부자들은 나와 다른 세계 사람 같다. 주변에 부자라고는 없다.
막연하지만 언젠가 부자가 되고 싶다는 마음은 있다.
경제적 자유에 도달하면 아무것도 안 하고 매일 놀 것이다.
직장생활, 커리어
월급쟁이는 부자가 될 수 없으니 전문직을 해야 한다.
특별한 능력이 있어야만 한다.
열심히 일해도 매달 받는 월급은 쥐꼬리만하다.
사업가는 폼 나게 돈 버는 것 같다.
지출
부자들은 돈이 많아서 흥청망청 쓴다.
나름대로 돈 관리를 잘하는 편이다. 스스로 내가 어디에 돈을 쓰는지 안다.
투자
부모님 말씀대로 열심히, 성실하게 일하면 적당히 누리고 살 수 있다.
투자는 위험하다.
사람들이 많이 가는 길을 따라 안전하게 투자해야 한다.
돈 버는 건 머리 아프다. 수학적 사고가 필요해 보인다.

비굴하게 살고 싶지 않으면
경제적 자유를 이뤄라

원팀장
독일계 기업 중국 지사장
#직장인파이어 #대기업보다중소기업 #절약저축 #인맥왕 #퀀트투자

첫 번째로 소개할 인물인 원팀장은 고등학교 때 알게 된 친구니, 인연을 맺은 지도 어느새 20년이 넘었다. 나는 당시 독일 고등학교에 다니고 있었는데, 독일 학교는 11학년에 1~2학기 동안 해외에서 학교에 다닐 수 있는 기회를 준다. 그 덕에 나는 전라남도에 있는 기숙사 고등학교에서 한 학기를 보내게 되었고, 그곳에서 원팀장을 알게 되었다. 어릴 때 알던 친구가 열심히 일하고 투자하면서 이렇게 훌륭한(?) 파이어족으로 성장했다는 점에 무척 놀랐다.

이 책에 등장하는 젊은 부자들에게는 모두 남다른 수입원이 있다. 원팀장은 그중 특히 '정석적인' 직장인 파이어족 코스를 밟은 경우로, 따라하기 상대적으로 쉬운 편이라 가장 처음에 소개하려고 한다.

그는 대한민국 중산층 가정에서 태어나 딱히 경제적으로 부족함 없이 자랐다. 그의 아버지는 다른 많은 아버지들처럼 새벽부터 일어나 회사로 출근해 일했고, 외벌이 월급만으로는 풍족하게 자식 둘을 입히고 가르치기는 어려웠기 때문에 어머니도 그가 어렸을 때부터 생활전선에 뛰어들었다. 부모님의 노력 덕에 그는 남들보다 조금 여유 있는 학창 시절을 보낼 수 있었다. 그가 막 고등학교를 졸업할 때쯤 그의 아버지는 대기업 임원이 되었고, 그는 '우리집에는 돈 걱정은 전혀 없을 것'이라고만 생각했다.

하지만 그가 직장생활을 시작하고 얼마 되지 않아 부모님 두 분 모두 은퇴를 하게 되었다. 그러자 불과 몇 년 차이로 상황이 바뀌었다. 이전과는 달리 씀씀이나 여러 방면에서 상대적으로 썩 여유롭지 못한 모습을 보일 수밖에 없었던 것이다. 그때 그는 이런 깨달음을 얻게 되었다.

"투자소득이 꼭 있어야겠다. 이 사실을 빨리 깨달아야 퇴직의 충격을 남들보다 편하게 겪고 넘어갈 수 있겠구나."

그 후, 그는 남들과는 조금 다른 방식으로 살아야겠다고 결심했다.

2010년 초 직장생활을 시작한 그가 경제적 자유를 달성하게 된 것은 2020년. 경제적 자유를 달성하기까지 약 10년 정도가 걸렸다. 인지도가 높은 회사는 아니었지만, 그는 운이 좋게도 인턴 기간이 끝나면 주재원으로 파견을 보내주는 파격적인 조건을 약속 받고 입사했다. 그 덕분에 다른 사람들보다 빠른 속도로 경제적 자유를 얻을 수 있었다.

해외 주재원 생활을 하면 보통 본사 근무보다 업무 강도는 낮은 편이고, 해외특별수당이나 집세 보조금 같은 혜택이 있는 경우가 많기 때문에 경제적으로 큰 도움이 된다. 나 또한 주재원으로 일하며 상당한 양의 월급을 저축했던 경험이 있기에 이러한 사실을 누구보다 잘 알고 있다.

그는 해외에서 근무하며 매달 최소한의 생활비인 100만 원 이하로만 사용했다. 나머지는 모두 저축했고, 여유 시간이 생기면 나가서 놀기보다는 중국어를 열심히 배웠다. 그렇게 2년여의 주재원 생활을 마치자 2013년까지 1억 원 정도의 종잣돈이 모였다. 그때까지는 쌓은 습관대로 무조건 아껴 썼고 '저축, 저축 그리고 저축'에만 집중했다. 투자는 하지 않았고, 은행 적금을 적극적으로 활용했다.

이후 한국에 돌아와서 잠시 직장생활을 하다 2014년에 중화권

지사 설립 계획을 가지고 있는 독일계 회사에서 지사장으로 그를 고려하고 있다는 연락을 받았다. 중국어권에서 근무한 경험이 있고 중국어도 능통했던 그가 다시 중국으로 파견되었다. 그러면서 연봉이 가파르게 상승하기 시작했다. 연봉 상승 덕에 2015년에는 약 2억 원까지 모을 수 있었다.

이때부터 퀀트 투자로 저평가 우량주를 매매하는 주식 투자를 하기 시작했다. 저축과 투자가 순조로워 그의 자산은 2017년쯤 5억 원에 도달했다. 그해부터는 암호화폐 차익거래와 퀀트 투자를 병행했다. 2018년에는 집을 하나 샀는데, 5억 원 짜리가 2021년에는 11억 원이 되었다.

2021년 말 기준으로 그의 자산은 20억 원 이상이다. 부동산으로 6억 원, 암호화폐로 6억 원, 주식으로 3억 원 정도 벌었고 나머지는 연봉으로 받는 돈 가운데 매년 약 1억 원 정도를 꾸준히 투자금으로 전환한 덕분이다.

하고 싶은 말을 할 수 있게 된다는 것

경제적 자유를 이룬 후에도 그는 다니던 회사에서 계속 일하고 있다. 사실 그는 내게 인터뷰 제안을 받기 전에는 스스로 경제적 자유에 도달했다고 생각하지 못했다고 한다. 그 이유를 물으니 이렇게 대답했다.

나는 남들과는 다른 방식으로 살아가겠다고 결심했다.

"중국에는 젊은 나이에 100억 이상을 모은 부자들이 워낙 많아서, 제가 이런 이야기를 할 자격이 있는지 사실 잘 모르겠어요. 그 친구들이 제가 돈을 모으는 데 많은 자극과 동기부여를 줬습니다."

아직 경제적 자유에 도달했다는 실감이 나지 않는다는 그에게 그래도 달라진 것이 없냐고 묻자, '회사에서 잘려도 나 혼자 먹고 사는 데 몇 년 동안은 아무 걱정 없겠군'이라고 생각한다고 대답했다. 그 덕에 회사 대표를 만나도 소신껏 할 말을 다 할 수 있다고 한다.

경제적 자유를 달성한 그의 다음 목표는 일단 빨리 50억 원을 모으는 것이다. 해외 근무를 마치면 한국에 돌아가고 싶은데, 그때 50억 원 정도는 있어야 건물을 사는 등의 방법을 통해 매달 안정적인 수익을 추구할 수 있기 때문이다. 그 후에는 전업투자를 하면서 일생을 보내는 것이 그의 꿈이다.

혹시 경제적 자유 달성을 위해 포기한 것이 있는지 물으니, 자본을 어느 정도 축적할 때까지 결혼은 포기했다고 답했다. 결혼은 50억 원을 모으면 그때 생각해 보려고 한다며 그는 멋쩍게 웃었다.

100점짜리 스킬 하나보다
60점짜리 스킬 3개를 보유하라

경제적 자유 달성 전과 후) —————————————————

언제든지 살 수 있으면 오히려 안 사게 된다

수입　　첫 회사에서 해외 주재원으로 파견되었을 때는 해외 수당을 합쳐 월급이 약 400만 원쯤 되었습니다. 현재는 지사장 직을 수행하면서 매달 1000만 원 넘게 받고 있습니다.

지출　　사회생활 초반에는 한 달에 100만 원쯤 썼는데, 홍콩이 물가가 비싸서 꽤 빡셌(?)습니다. 지금은 월 200만 원 정도, 주로 먹는 것과 레저 활동에 씁니다.

사람 만나는 일이 많아서 옷이나 신발 등의 외적인 부분을 신경 써야 하는데 모두 유니클로 같은 중저가 브랜드에서 해결합니다.

자산이 5억 원이 넘은 후에는 명품이나 차에는 관심이 없어졌습니다. 언제든지 살 수 있으니까 오히려 안 사게 되더라고요. 아이러니한 일이죠. 없는 사람은 있어 보이려고 명품과 차를 사는데, 진짜로 있는 사람은 언제든지 살 수 있으니까 오히려 사지 않아요. 지금은 필요성을 못 느끼지만 나중에 꼭 필요한 상황이 있다면 그때 사면 된다고 생각합니다.

투자   앞서 말했던 대로 부동산, 주식, 코인에 분산투자 중입니다.

기여도   경제적 자유를 달성하기 위한 비중으로 지출이 50%, 수입이 20%, 투자는 30% 정도 차지했던 것 같습니다. 수입이 아무리 높아도 지출의 비중이 높으면 결국 투자할 돈이 줄어듭니다. 그래서 수입과 투자보다는 지출이 중요하다고 생각합니다.

스펙트럼이 넓은 사람이 되어라

대기업·공기업 입사는 추천하지 않습니다. 이런 회사는 시스템이 잘 짜여 있어서 직원이 활동할 수 있는 범위가 한정되어 있기 때문입니다. 그래서 그보다 성장성이 좋은 중소기업·스타트업을 강력 추천합니다. 기업이 빠르게 커지면 승진도 빨리 되고 연봉도 급격히 늘어날 수 있거든요. 운이 좋으면 스톡옵션을 받을 수도 있겠죠. 중소기업·스타트업의 경우 본인 담당 분야 외의 다양한 업무를 할 수 있는 기회가 주어집니다. 그래서 저도 "아니, 경력도 길지 않은데 이런 건 어떻게 아세요?"라는 질문을 자주 받았고요. 그런 다양한 경험이 제가 30대 초반에 외국계 기업의 중국 지사장이 된 주요 원인인 것 같습니다.

그렇다고 아무 중소기업·스타트업이나 입사하라는 것은 아닙니다. 좋은 기업을 찾기 위해서는 일단 입사 전에 기업의 재무제표를 꼭 확인해야 합니다. 전자공시시스템(DART)이나 신용평가 사이트를 통해 법인의 재무제표를 구입해서 볼 수 있습니다. 특히 매출이 가파르게 성장하는 기업이 좋겠죠. 입사 후에는 그 회사에서 오래 일한 상사들이 어떻게 지내는지 유심히 관찰해 보십시오. 그게 당신의 미래 모

> **FIRE Tip.**
> 대기업보다 성장성이 좋은 중소기업이나 스타트업을 찾아라!

습이니까요. 간혹 본인 자산만 챙기고 직원들을 부속품 취급하는 대표도 있는데, 이런 대표는 직원 급여나 복지 등에 인색하죠. 그래서 상사들이 전반적으로 경제적 여유가 없다든가 10~15년 일을 했는데도 급여가 매우 작다면 이직해야 합니다. 성장성도 있고 대표가 직원들을 잘 챙기는 중소기업 · 스타트업으로 말이죠.

또한 한 분야에 정통한 스페셜리스트보다는 여러 분야에 대한 지식을 골고루 아는, 스펙트럼이 넓은 사람이 경제적 자유 달성에 유리하다고 생각합니다. 예를 들면 저는 중국어를 잘하는 편이지만 모국어가 아니기 때문에 당연히 중국인이나 조선족보다는 못합니다. 그런데 저는 중국어 실력 외에 회계 지식, 영업 관리, 네트워킹 능력도 어느 정도 있기 때문에 연봉이 상대적으로 높습니다.

이처럼 60점짜리 스킬 3개를 보유하는 것이 100점짜리 스킬 1개를 보유하는 것보다 훨씬 낫다고 생각합니다. 여러 개의 스킬에서 시너지가 발생하게 되거든요. 또한 특정 능력이 0점에서 60점까지 늘어나는 건 대

> **FIRE Tip.**
> 60점짜리 스킬 3개가 100점짜리 1개보다 유리하다!

부분 1~2년이면 충분하지만 0점에서 100점까지 가는 것은 몇십 년이 걸려도 힘들고, 자칫하면 평생 100점에 도달하지 못할 수도 있죠. 따라서 '가성비' 차원에서도 60점짜리 스킬 3개를 보유하는 게 훨씬 낫습니다.

'아반떼-그랜저-BMW'로 이어지는 테크트리를 피하자

경제적 자유를 달성하기 위해서, 특히 사회 초년생에게는 지출이 매우 중요합니다. 많은 직장인이 몇 백만 원이 생기면 시계를 사고, 몇 천만 원이 생기면 차를 사는 데 다 씁니다. 그리고 5년에 한번씩 그 차를 바꾸죠. 한국에서는 아반떼 – 그랜저 – BMW가 전형적인 '테크트리'인 것 같습니다. 처음 1억 원을 빨리 모으는 데 집중해야 하는데, 이렇게 하면 돈이 절대로 안 모이죠.

싱글일 경우에는 부모님과 같이 사는 것이 무조건 최고이고요, 혼자 사는 경우에는 밥을 해먹지 않고 사먹는 것을 추천합니다. 밥을 하면 요리하고 치우는 데 1~2시간씩 낭비하게 되는데 그 시간에 차라리 자기계발을 하는 편이 훨씬 낫습니다. 게다가 혼자면 재료 값 들여서 요리해도 나중에 남는 재료는 버릴 때가 많죠.

조급한 마음을 버려라

투자에서는 서두르지 않는 것이 아주 중요합니다. 저는 퀀트 투자를 처음 시작할 때 5000만 원 정도로 시작했습니다. 처음부터 전 재산을 투자하면 잦은 변동성에 하루 종일 주식 창만 확인하게 되고 심리상 견뎌내기가 매우 어렵습니다. 투자가 익숙해진 후 투자 규모를 5억 원 이상으로 키웠는데, 이때는 하루에 몇 백만 원이 오르고 떨어지더라도 단순한 변동성으로 여겨지고 심리적인 동요가 일어나지는 않았습니다.

많은 돈을 투자해서 일확천금을 꿈꾸는 것보다는 장기적이고 꾸준한 수익 실현이 중요합니다. 투자에 대해 잘 모를 때는 무조건 작은 금액만 투자해보는 것이 좋습니다. 공부를 하고 나서 투자를 하면 가장 멋진 시나리오겠지만, 일단 투자금을 투입해야 적극적으로 공부가 되더군요.

> **FIRE Tip.**
> 투자 공부를 하려면 소액으로 일단 투자를 시작해라!

나만의 팁)

다양한 인연이 다양한 기회를 만든다

다양한 사람들과의 관계를 통해서 정신적으로 안정적인 느낌을 받기에 인맥 관리에 신경 쓰는 편입니다. 자주는 아니더라도 연락은 가급적 먼저 취하는 편이고 서로 불편하지 않은 사이였다면 몇 년에 한 번이라도 만나려고 합니다. 공통적인 관심사를 찾아서 이야기를 하려고 노력하되, 경제적인 목적의 만남에는 거의 응하지 않습니다. 거래처와의 만남에서도 마찬가지인데, 꼭 필요할 때나 업무시간을 제외하고는 웬만하면 사업적인 이야기나 민감한 비즈니스 대화는 피하려고 합니다. 사적이나 공적인 만남 모두 서로 마음이 편해야 부담 없이 오랜 관계가 지속되니까요.

경제적 자유를 얻기 위해 사람들을 만난 것은 아니지만, 결과적으로 모든 일련의 관계들이 지금 경제적 자유 달성에 정말 큰 도움이 되었습니다. 군대를 막 제대한 고등학교 시절 친구와 중국 여행을 처음 다녀오고 중국에 관심이 생겼고, 중국 어학연수를 결정할 때에는 초등학교 동창이 통역을 도와주고 정보 공유를 해주었습니다. 지금 중국어는 제 직장생활에 강력한 무기로 돌아왔죠. 직장생활 중에 알게 된 미국 교포 사업가는 회사의 경영방식과 직원관리, 나아가 전체 인생관을 형성하는 데 큰 도움을 주었습니다. 이 책의 저자인 강환국 작가 역시 고등학생 때 알게 된 사이인데, 근로소득과 은행 적금이 전부였던 저를 투자의 세계로 이끌어 주었습니다. 지금도 투자의 방향을 설정하는 데 많은 영감과 지대한 도움을 줍니다.

인생을 나무로 비유하자면 매우 중요한 몇 갈래의 가지 모두가 만남에 의한 우연의 일치로 만들어진 셈입니다. 우리가 사는 복잡한 사회에는 수학 공식처럼 인풋과 아웃풋의 정확한 결과물이 있을 수 없습니다. 하지만 주변에 우상향의 방향성을 간직한 지인들이 많다면 결국 내 인생도 비슷하게 따라가는 게 당연한 이치입니다.

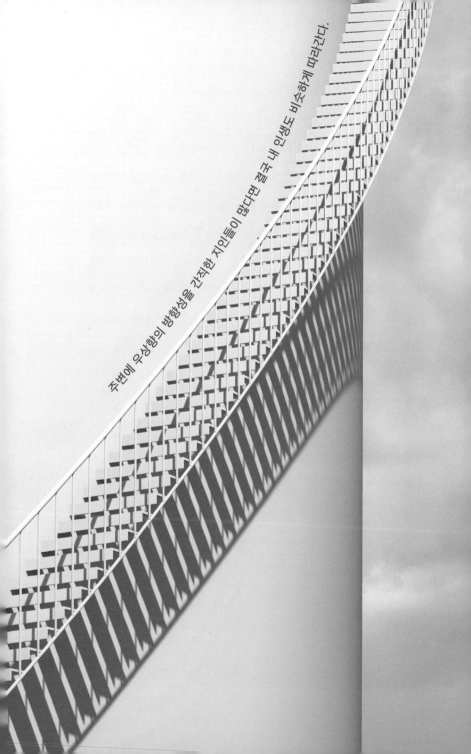

주변에 우상향의 방향성을 긴직한 지인들이 많다면 결국 내 인생도 비슷하게 따라간다.

경제적 자유가 곧 퇴사는 아니다

일단 어릴 때, 즉 20대부터 30대까지는 직장생활을 하는 것이 좋다고 봅니다. 업무 스킬만 배우는 것이 아니라 사회생활하는 방법, 사람들과 관계를 형성하는 방법을 배우고 월급까지 주니까요.

그리고 저는 경제적 자유에 도달했다고 무조건 직장을 떠나는 것을 추천하지 않습니다. 특히 직장이 안정적이면요. 계속 직장에 다닐 때도 경제적 자유, 즉 여유가 도움이 됩니다. 회사 입장에서는 20~30대 직원은 벌어들이는 것보다 나가는 비용이 적은데, 40대가 넘어가면 이야기가 달라집니다. 회사가 직원을 비용으로 인식하게 되거든요. 40대 이상의 직원은 월급과 복지가 높아져서 월등한 능력이 없는 이상 '밥값을 못하는' 경우가 많으니까요.

따라서 직장인이면 누구나 40대부터는 회사의 눈치를 보고 살아야 합니다. 이때 경제적 여유가 없으면 잘리지 않기 위해 상사에게 비굴하게 행동하는 수밖에 없는데, 그렇다고 그러한 행동을 상사나 회사가 좋게 보는 것도 아닙니다. 오히려 만만하게 보여서 더럽거나 귀찮은 일만 떠맡을 가능성이 높죠. 그래서 입장이 더 꼬이는 경우를 많이 봤습니다. 경제적 여유가 없으면 커리어도 같이 무너질 가능성이 있는 거죠.

남들이 뭐라고 하든
선택은 직접 하라

김동주
이루다투자일임 대표, 유튜버(『내일은 투자왕 - 김단테』),『절대수익 투자법칙』저자
#창업파이어 #엑시트성공 #투자덕후

김동주 대표는 내가 진행하던 투자 강의를 듣는 수강생이었다. 회사를 매각한 후 경제적 자유를 이룰 만큼의 자산이 생겼던 그는 이를 잘 굴리기 위해 여러 전문가에게 운용을 맡겼지만, 결과가 썩 좋지 않았다고 한다. '이럴 바에는 스스로 공부해서 투자를 하자'라고 생각하고 강의를 찾다 내 강의를 듣게 되었던 것이다.

하지만 누가 알았을까. 그가 투자에 이렇게 흥미를 느끼게 될 줄은! 청출어람(?)이라는 말처럼 그는 지금 자신만의 투자 유튜브 채널을 운영하고 있다. 구독자도 나보다 두 배 이상 많은 32만 명이다(곧 따라잡고 말겠어!). 이에 더해 안정적으로 자산을 굴릴 수 있는 '이루다자산운용'이라는 회사를 직접 창업하기까지 한 걸 보니, 투자 덕후가 다 되었다 싶다.

그의 인생 모토는 '인생을 재밌게 살자! 재미있는 일을 하자!' 이다. 그래서 재미있는(?) 컴퓨터공학을 전공했고, 창업도 재미있을 것 같아서 시작했다. 대기업에 근무하던 중 대학 동기들과 '로티플'이라는 기업을 창업한 것이다. 그 당시에는 쿠팡, 위메프 등이 소셜커머스를 시작했는데, 그것을 모바일로 옮겨보면 어떨까 하는 아이디어에서 시작된 회사였다. 지금은 모바일 소셜커머스가 자연스럽지만 그때는 기존 회사들이 모바일 앱을 만들 생각조차 못 하고 있던 시절이었다. 때마침 아이폰이 출시되면서 스마트폰 붐이 가속화되어서 그와 동기들은 아이폰 앱 개발을 시작했고, 일주일에 100시간 넘게 쉼 없이 일하며 회사를 키웠다.

그러던 2011년, 카카오에서 로티플을 인수하겠다는 제의가 들어왔다. 매각 대금으로 그는 현금이 아니라 카카오 주식을 받았다. 카카오는 초창기에는 돈을 전혀 못 벌던 회사였는데 '게임하기'가 출시되면서 돈을 쓸어 담기 시작했고, 이후 다음까지 인수하면서 2014년에 상장을 하게 되었다.

상장하는 날 MTS를 켜본 그는 지금까지 본 적이 없는 자릿수의 금액을 보고 깜짝 놀랐다고 한다. 회사를 카카오에 매각할 때 카카오의 밸류에이션은 2000~3000억 원 정도였는데, 3년 만에 수십 배 상승해서 그가 가진 주식 가치도 수십 배로 상승한 것이었다. 그렇게 그는 31세에 경제적인 자유를 얻게 되었다.

운의 역할이 70%, 운이 좋았다

월급날을 기다리지 않게 되자 경제적 자유를 이뤘다는 실감이 났다. 보통 직장인들은 여기저기 돈을 쓰고, 월말에 그 지출을 감당하기 위해 월급날을 기다린다. 그런데 카카오 상장 후에는 월급이 자산에 미치는 영향이 미미해져 월급이 언제 들어오는지, 들어왔는지 전혀 관심이 없어졌다. 그때 그는 '내가 경제적 자유를 이뤘구나'라는 사실을 깨달았다.

아쉬움이 있다면 옛 친구들과 조금 소원해졌다는 점이다. 아무래도 상황이 비슷해야 친하게 지낼 수 있는데, 직장인과 창업자의 공통분모는 적은 것이 사실이다. 그 대신 새로운 친구들과 지인들이 생겼다. 그러나 스타트업 대표들과 놀면서 오히려 상대적 박탈감을 느끼기도 했다. 수천억 원 규모의 부자들도 수두룩하기 때문이다.

그는 스스로 운이 좋았다고 생각한다. 경제적 자유를 달성하기 위해서는 '운칠기삼' 즉 운 70%, 노력 30%이 필요하다고 생각한다. 하지만 경제적 자유에 달성한 사람 중 미친 듯이 노력하지 않은 사람은 거의 없다. 그러니 노력은 당연하고 운이 필요하다.

이때 '좋아하는 일'이 '돈이 되는 일'과 연관이 있으면 좋다는 것이 그의 팁이다. 하고 싶은 일을 하면서 돈을 버니 노력을 덜 했다고 느낄 수 있기 때문이다.

파이어 후 세운 투자라는 새로운 목표

경제적 자유를 달성하고 얼마 지나지 않아 그는 퇴사했고, 옛 회사 동료들이나 친구들을 만나며 시간을 보냈다. 하지만 한 달이 지나자 딱히 만날 사람이 없었다. 그때부터 아침에 일어나면 할 일도 없고, 아무것도 안 해도 되는 생활이 이어졌다. 누군가는 부럽다고 할지도 모르겠지만 '재미있게 살자'가 모토였던 그에게는 목표도 없고, 열정도 없이 살아가는 일상이 공허하기만 했다.

경제적 자유를 달성한 후, 그는 자산을 굴리기 위해 자칭 전문가들에게 돈도 맡겨 보고 나름대로 투자를 했다. 하지만 P2P 사기를 당하는 등 여러 사건을 거쳐 4년간 수익률은 0%였다. 이건 아니라는 생각이 들어 스스로 제대로 공부해서 직접 투자를 하겠다고 결심했다.

투자를 본격적으로 배우기 시작하면서 그는 드디어 새로운 목표를 세우게 된다. 바로 자산을 불리는 것! 그때 마침 워런 버핏에 대한 다큐멘터리를 보게 되었는데, 버핏은 90세의 나이에도 매일 출근해 일을 했고, 책도 많이 읽고 있었다. 그는 버핏의 그런 모습에 끌렸다.

'재미있게 일하는 모습이 참 좋네! 그게 나에게는 무엇일까?'라는 고민 끝에 그가 내린 결론은 '투자'였다. 개발자로도 일해 봤지만, 그가 느끼기에 개발자는 지식을 축적하기가 어려웠다. 그가 처음 아이폰 앱을 개발했을 때 사용했던 프로그래밍 언어는 현재는 존재하지 않는다. 그럼 예전 지식은 쓸모없게 되어 새로운 언어를 처음부터 새로 배워야 하는데, 이런 일이 개발자에게는 비일비재했다. 반면 투자의 경우에는 지식과 경험이 매일 쌓이게 된다. 실력이 차곡차곡 쌓인다는 것이 매력적으로 다가왔다.

현재 그는 이루다투자일임의 대표와 투자 유튜버로 활동하고 있다. 자산배분 전략인 '올웨더 포트폴리오'를 주로 다루는 『절대수익 투자법칙』이라는 책도 썼다. 투자 공부가 곧 취미라, 그에게는 지금 하는 일이 딱히 일이라고 느껴지지 않는다고 한다. 특히 투자 잘하는 사람들 리서치, 뒷조사(?)하는 일에 관심이 많아서 아마 회사 대표나 유튜버가 아니더라도 자기는 새벽에 이 일을 하고 있을 것 같다며 웃었다.

"일이라고 느끼는 순간도 분명 있어요. 별로 가고 싶지 않은 미팅에 참여해야 할 때도 있죠. 하지만 제가 선택했으니까 주도권을 갖고 하는 거잖아요. 직장생활할 때보다 자유도가 훨씬 높죠."

회사 내에서 성공할지,
투자나 부업의 길로 갈지 빨리 정하라

경제적 자유 달성 전과 후) ⎯⎯⎯⎯⎯⎯⎯⎯⎯⎯⎯⎯⎯

파이어 후 오히려 연봉의 수십 배를 벌다

수입   2014년 경제적 자유를 달성할 때 연봉이 1억 원 정
도였는데요, 지금 연봉은 그보다 적지만 투자 수익까지 합치면 당
시의 수십 배를 법니다. 제가 만약 회사 대표가 아니었다면 강의
를 했을 것 같은데, 온라인 강의를 하면 당시 연봉의 몇 배를 벌
수 있습니다.

지출   사회 초년생 때는 연에 약 2000~3000만 원씩 썼습

니다. 경제적 자유 달성 후에는 지출이 조금 늘어서 연 4000만 원까지 쓴 적도 있죠. 그런데 지출이라는 게 한번 늘어나면 줄이기가 아주 어렵습니다. 제 공동 창업자 중에는 돈을 훨씬 더 많이 쓰는 친구들도 있어요. 저는 다행히도 지출 감소에 성공해서 지금 연 지출이 다시 2000~3000만 원으로 돌아왔습니다.

투자　　저는 자산을 공격적 자산과 수비적 자산으로 구분합니다. 레이 달리오가 속한 헤지펀드 브리지워터도 수비형 자산배분 전략인 올웨더(All-Weather)와 초과수익을 목표로 하는 공격형 퓨어 알파(Pure Alpha) 상품이 있죠. 저는 수비적 자산은 올웨더를 사용해서 안전한 투자처에 투자를 하고 있고, 공격적 자산은 암호화폐 등에 투자하고 있습니다. 개별 주식은 제가 금융회사 대표라 당장은 안 하고 있습니다.

부동산도 하나 샀는데, 투자 수익을 내기보다는 거주할 곳이 필요해서 매입한 겁니다. 집이 주는 심리적인 평화와 안정감이 크더라고요. 투자 목적이 아니었기 때문에, '크게 틀린 선택만 피하자!'라고 생각해 지금 제가 살고 있는 집을 샀습니다.

기여도　　경제적 자유 달성을 위해서는 수익, 지출, 투자 모두 중요하지만 단계별로 중요도가 조금씩 다른 것 같아요. 초창기에는 수입이 가장 중요하죠. 일단 종잣돈을 모아야 하는데, 어느 정도 벌어야 그 돈을 만들 수 있으니까요. 그다음에는 지출이 중요합니다. 모은 돈을 덜 써야 종잣돈이 생기기 때문이죠. 후반기에는 자산이 쌓이면서 투자의 중요도가 훨씬 커지게 됩니다.

수입 늘리는 법) ────────────────────

좋은 스타트업에 초기 단계부터 '얼쩡거리기'

저는 대기업이나 공기업보다 급성장하는 중소기업이나 스타트업 입사가 경제적 자유에 더 빨리 도달할 수 있게 해준다고 생각합니다. 직접 창업이 어려우면 급성장하는 스타트업에 입사를 하거나 소액주주로 초창기부터 참여하는 것이 최고입니다. '초기 스테이지부터 얼쩡거리는 것'이 매우 중요하죠. 이 경험을 어렸을 때 빨리 해야 합니다.

이런 훌륭한 스타트업을 찾을 때는 대표가 가장 중요합니다. 이 사람이 과거에 무엇을 했는가? IT기업의 경우에는 대표가 개발자인 경우가 좋습니다. 그래야 우수한 개발자들을 잘 데려올 수 있거든요. 그리고 '이 사람이 이미 한번 스타트업을 창업해본 경험이 있는가?'도 보면 좋죠. 거기에 엑시트(Exit)*까지 성공적으로

---

* 스타트업이나 중소기업이 온전한 비즈니스 모델을 완성하고, 자금력 있는 대기업이나 다른 기업에 지분을 판매해 보상을 받는 경우

했으면 베스트고요. 그리고 '전에 창업할 때 같이 일했던 사람들을 다시 데려올 수 있는가?'도 괜찮은 검증 방법이에요. 옛 동료들은 밑바닥까지 다 본 사람들인데 이 사람들이 계속 따라온다면 대표가 괜찮은 사람이라는 검증이 된 거죠.

반대로 말을 공격적으로 하거나, 본인의 업적이나 기업의 미래 비전을 너무 부풀리는 대표들은 별로 좋아하지 않습니다. 번지르르한 말보다는 실제 행동이 중요하죠.

지출 줄이는 법)

물건이 나의 주인이 되게 하지 마라

일단 차의 경우 일시불로 사도 경제적으로 전혀 문제가 없어야 사는 겁니다. 리스나 할부를 했다면 그 자체가 감당이 안 된다는 뜻이죠. 차가 사람의 주인인 경우가 많아요. 차를 애지중지하면서 매일 세차를 하는 것 자체가 '차가 사람을 소유하고 있다'는 증명이라고 봅니다. 차를 막 끌고 다녀서 여기저기 기스가 나도 아무 걱정이 되지 않을 때, 그때 차를 사는 겁니다.

명품은 열등감의 표현이라고 생각합니다. 저도 몇 개 사봐서 압니다. '그거 입고, 차고 다니면 인정을 받을 수 있을까?' 해서 사 봤는데, 인정은 개뿔! 대우는 똑같았습니다. 지금 저는 옷, 시계 등에 일절 투자하지 않고 겨울 패딩도 온도별로 2~3개 정도만 있습니다.

가끔 직장인은 명품이 필요 없지만 사업을 하는 경우에는 좋은 차나 명품이 필요하다고 주장하는 경우도 있는데 이것도 사실이 아닙니다. 사기 치려고 하는 사람은 필요합니다. 그러나 사업가는 좋은 제품을 만드는 데 집중하는 것이 가장 중요하죠. 제가 아는 성공한 스타트업 대표들, 다 추리닝에 후드 입고 다닙니다.

물론 헤지펀드 매니저 등이 호화 맨션 같은 거 사기도 합니다. 그런데 그들은 돈이 있지 않습니까? 그 맨션은 그들 자산의 1%도 안 되죠. 제발 돈을 번 후 쓰세요! 반대로 하지 마시고요. 구매력을 소중히 여기세요.

이렇게 말하면 사회 초년생 때나 지금이나 지출이 비슷하니 삶의 질도 비슷한 거 아니냐고 하는 사람들도 있습니다. 그런데 다른 게 있어요. 노후에 대한 불안, 금전적인 걱정이 사라졌습니다. 경제적 자유가 주는 편안함이라고 할 수 있죠!

투자 잘하는 법) _____

투자에 흥미를 갖고 재미있어하는 것이 중요합니다. 저 같은 경우는 딱딱한 경제용어부터 시작하는 대신 투자자들의 인생에 집중했습니다. 그러다 보니 자연스럽게 투자에 관심이 생기더라고요. 레이 달리오, 워런 버핏의 전기를 읽는 것이 너무 재밌었죠. 드라마, 소설 보는 느낌이라고 할까요?

> **FIRE Tip.**
> 투자에 흥미를 느낄 수 있는 자신만의 방법을 찾아라!

나만의 팁) _____

경제적 자유에 도달하는 데 정답은 없습니다. 돈을 버는 방법은 수만 가지가 있기 때문이죠. 그런데 "내가 가장 잘하는 것이 무엇인가?"를 알아야 합니다. 나에게는 상대적으로 쉬운 일, 다른 사람 대비 잘하고 비교우위를 선점할 수 있는 일이 분명 있습니다. 그걸 찾아야 합니다.

저는 창업의 길이 잘 맞았습니다. 컴퓨터공학을 전공했고, IT

쪽에 경험도 있었고, 친구들도 IT 계열 사람들이라 주변 환경이 창업에 적합했죠. 제가 안타깝게 생각하는 것은 이런 사람들입니다. '김동주는 창업해서 큰돈을 벌었으니 나도 해야지!'라며 남의 사례만 보고 일단 뛰어드는 사람들. 본인의 상황과 주변 환경에 대해 고민 없이 말입니다.

돈을 버는 방법은 수만 가지가 있으나, 그 분야에서 최소한 전국 1000명 안에는 들어가야 돈을 벌 수 있지 않겠습니까? 남들이 뭐라고 하든 본인의 길을 가는 것이 매우 중요합니다.

제가 02학번인데 그때만 해도 '이공계 기피 현상'이 있었어요. 특히 닷컴 버블 터지고 컴퓨터공학, IT, 소프트웨어 쪽은 3D 사업이자 취업도 제대로 안 되는 전공으로 알려졌죠. 부모님도 제가 컴퓨터공학 전공한다고 하니까 말리셨고요. LG전자에서 퇴사해서 창업한다고 할 때도 말리는 사람들이 정말 많았습니다. 왜 그 좋은 직장을 두고 창업을 하냐는 거였죠. 당시는 스타트업을 하면 무조건 망한다는 인식이 있었고, 벤처캐피털도 별로 없어서 투자받기도 어려웠습니다. 성공한 스타트업도 거의 없었고요.

카카오와 합병할 때도 반대가 많았습니다. 당시 카카오는 진짜 돈을 못 벌었고 매출도 없었거든요. 결론적으로 독립적인 결정을 한 것이 저에게는 도움이 되었습니다. 남의 말은 참고만 하시고 결정은 직접 내리세요!

> **FIRE Tip.**
> 남들이 뭐라고 하든 선택은 본인이 해라!

어정쩡한 '미드 라이프'로 살지 마라

샐러리맨을 하면서 최고, 즉 임원이 될지 아니면 꼭 필요한 일만 하고 정시 퇴근해서 투자나 부업의 길로 갈지 그 기로를 빨리 정해야 합니다. 임원이 되겠다고 결심했으면 본업에 집중해서 야근도 좀 하고, 인맥도 쌓아야 합니다. 투자나 부업에 집중하겠다고 결심했으면 본 업무는 최소화하고 경매 강의를 듣든, 투자를 하든, 창업 준비를 하든 뭔가 준비를 해야죠.

이 두 길 중 하나를 선택하지 않고 어정쩡하게 회사를 다니는 것이 최악이라고 봅니다. 포커도 하이 또는 로우로 가야 하는데, 임원의 '하이 라이프'나 투자·부업의 '로우 라이프'를 걷지 않고 어정쩡한 미드 라이프를 살게 되면 애매한 결과밖에 나오지 않습니다.

> **FIRE Tip.**
> 커리어냐 부업·투자
> 냐, 빨리 선택하라!

기로를 빨리 정해라. 두 길 중 하나를 선택하지 않고

어정쩡하게 왔다갔다 다니는 것이 최악의 선택일 수 있다.

가치투자계의 전설,
1300만 원을 50억 원으로 불리다

디피

전업투자자

#주식파이어 #가치투자자 #35세35억 #아이아빠

앞서 인터뷰한 김동주 대표가 몇 년 전부터 내게 '내가 아는 사람 중 투자를 제일 잘하는 사람은 디피다'라는 말을 수 차례 했다. 그가 어떤 사람일지 너무 궁금해서 독일에서 한국으로 건너오자마자 바로 만났는데, 한국의 워런 버핏(?)을 보는 느낌이었다.

가치투자라는 길을 19년 동안 우직하게 걸으면서 생긴 경이로운 수익과 투자에 대한 엄청난 내공과 식견! 수많은 손실을 견뎌낸 인내와 외로움의 시간! 인터뷰 내내 디피는 '투자를 빨리 시작하면 좋다'를 정말 여러 번 강조했다.

35세에 35억을 모으자!

그의 인생 목표는 딱 하나였다. '35세에 35억을 모으자!' 어렸을 때 집이 여유롭지 않아서 많은 돈을 벌고 싶었다. 나이와 금액을 똑같이 하고 싶었는데, 20대 말에 사회생활을 시작해서 30세에 30억 원을 모으는 것은 비현실적이라고 생각했고, 40세에 40억 원은 먼 미래의 일처럼 보여서 타협점(?)으로 '35세 35억 원'을 선택했다고. 다행히 '35세 35억 원' 목표는 초과달성했다.

그의 부는 거의 전부 주식, 그것도 가치투자를 통해 축적되었다. 가치투자를 본격적으로 하기 전에는 차트 투자도 해보고 시스템 트레이딩도 시도해 봤는데 실패했다고 한다. 다행히 이후 가치투자라는 잘 맞는 방법을 찾았다. 주식 투자는 대학교 1학년 때 300만 원으로 시작했다. 그리고 나중에 1000만 원을 추가로 입금했다. 그 후에는 단 한번도 투자 금액을 추가로 입금한 적이 없었는데, 그 1300만 원이 50억 원 이상으로 불어난 것이다.

시장에 잘 알려지지 않은 기회를 찾아라

투자 초창기, 즉 2000년대에는 가치투자와 차익거래*를 병행했다. 예를 들면 ELW·옵션 차익거래를 했는데, 사실 ELW와 옵션은 하나는 증권사, 하나는 개인이 발행한다는 것만 다르지 나머지는 똑같다. 그런데 이 두 상품의 가격이 완전히 달라지는 경우도 있었다. 그때 싼 상품을 매수하고 비싼 상품을 팔아서 무위험 차익거래 수익을 챙긴 것이다. 당시에는 파생상품에 투자하는 사람이 아주 적었다. 그 덕분에 이런 차익거래 기회가 존재한다는 것을 아는 사람이 거의 없었고, 그는 1년 넘게 이 기회로 수백 퍼센트의 무위험 수익을 얻었다.

그리고 M&A**를 할 경우 '주식매수선택권'이라는 것이 있다. M&A를 반대하는 주주가 그 가격으로 주식을 회사에 되팔 수 있는 권리이다. 예를 들어 1만 원에 거래되는 주식을 주식매수선택권을 통해 2만 원에 회사에 되팔 수 있는 기회가 계속 있었던 것이다. 이 또한 사람들이 잘 몰랐다. 그래서 그는 M&A 때마다 무위험으로 돈을 벌었다. 물론 완전히 무위험은 아니었다. 합병이 무산될 경우 주식매수선택권도 사라지기 때문이다. 그러나 그 정도는 리서치를 어느 정도만 해도 피해갈 수 있었다고 한다.

아쉽게도 대학교 3학년 때 법이 바뀌어서 합병 선언하는 날에 주식을 가진 사람만 주식매수선택권을 부여받는 것으로 바뀌었다. 합병 발표 후 주식을 사는 사람에게는 기회가 사라진 것이다.

---

* 동일한 상품에 대해 두 시장에서 서로 가격이 다른 경우 가격이 저렴한 시장에서 그 상품을 매입하고 가격이 비싼 시장에서는 그 상품을 매도해 이익을 얻고자 하는 거래. 리스크를 거의 부담하지 않고 돈을 버는 방법이다.
** Mergers and Acquisitions, 기업의 인수와 합병.

그날이 그에게는 매우 우울한 날이었다고 한다.

일 년에 한두 번 거래로 50억 원 이상의 부를 일구다

그 후 그는 가치투자에만 집중하게 되었다. 보통 보유하면 3~7년 보유를 하고, 일 년에 한두 번 정도 거래를 했다. 종목 수는 5~10개 정도로, 보통 절반은 미국 주식, 10~20%는 한국 주식, 나머지는 기타 글로벌 주식에 투자했다. 구체적으로 어떤 기업에 투자했는지는 밝히지 않았는데, 가치투자의 경우 판 종목에 나중에 다시 들어갈 수도 있기 때문이라고 했다. 대기업에도 투자하지만 보통은 중소기업(한국으로는 시가총액 1조 이하, 미국의 경우 시가총액 10조 이하) 주식에 투자해 왔다.

자산이 10억 원만 넘어가도 돈 걱정은 없을 것이라고 생각했는데, 그 정도 자산에는 7~8년 전에 도달했다. 자산이 10억 원이었을 때는 그래도 불안감이 좀 있었다. 자산이 30~40억 원 정도 되니 그 불안감은 사라졌고, 현재 그의 자산은 50억 원이 넘는다.

"'경제적 자유'와 '부자'를 혼동하는 분들이 많더라고요. 돈 걱정 없이 자기가 하고 싶은 일만 해도 되는 것이 경제적 자유입니다. 재산이 수조 원인 재벌과는 다른 개념이죠."

운과 노력의 비중을 묻자 그는 운이 80%, 노력이 20% 정도인 것 같다고 대답했다.

"사실 인생은 다 운입니다. 그러나 아무 노력도 하지 않으면 그 운이 따라오지 않으니, 무엇인가 하는 사람 중에서 일부만 그 운을 가져갈 수 있습니다."

현재 그는 가치투자와 사업을 병행하고 있다. 이전에는 벤처캐피털에서 5년간 일했는데, 경제적 자유 달성 후에는 그만두었다. 아무래도 계속 놀기만 하고 주식 투자만 하면 심심하다며 그는 요즘 여행 플랫폼과 게임 소프트웨어를 만드는 사업을 하고 있다. 실무는 하지 않고 큰 그림만 이끌어 나가니 시간 여유가 있으면서도 자아실현이 가능하다. 거창한 목표는 따로 없다고 했다. 회사는 자아실현을 위해 하고, 투자는 재미있어서 한다고. 하루하루 행복하게 사는 것이 그의 지금 목표이다.

가족과 함께 경제적 자유를 누리다

그는 29세의 젊은 나이에 결혼했다. 결혼 후 오히려 지출은 줄어들었지만, 아이를 낳자 다시 증가했다. 자녀교육 철학을 묻자 그는 아이가 공부를 잘하기보다는 착하고 아빠와 가까웠으면 좋겠다고 답했다. 물론 하고 싶은 공부가 있거나 다른 활동이 있다면 당연히 지원하겠지만, 억지로 시키지는 않을 생각이다.

투자도 관심이 있으면 가르쳐 주고 그렇지 않으면 가르치지 않겠다고 했다. 자산이 충분해서 아이가 평생 돈 걱정 없이 살 수 있기 때문이다. 하지만 만약 그가 돈이 넉넉하지 않았다면 투자 교육은 필수적으로 시켰을 것이라고 덧붙였다. 돈을 잘 쓰는 것과 사치에는 경계선이 있어서, 딸이 사치만은 안 했으면 좋겠다고도 이야기했다. 사치란 원금 손실이 있을 정도의 과소비를 뜻한다.

그의 하루 일과는 이렇다. 아침 9시쯤 일어나서 아이와 놀다가 10시쯤 어린이집에 데려다준다. 그 후 아침 겸 점심을 먹고 오후에는 카페에 가서 넷플릭스나 유튜브를 본다. 일주일에 한 번 정도 친구를 만나기도 한다. 6시에 저녁식사를 하고, 가족과 함께 산책을 하는 등 시간을 보내다가, 8시에 아이를 재우고 9시부터 아내와 이런저런 얘기를 하면서 논다. 그 후 또 넷플릭스를 보다가 잔다. 중간중간 투자 공부도 하는데, 넷플릭스를 보다가 지치면 투자 대상을 모색한다고. 마치 파이어의 정석 같은 일과다.

"경제적 자유를 이뤘다는 느낌이 들 때요? 다른 집은 다 엄마가 어린이집에 아이를 데려다주는데 저 혼자 아빠일 때, 아침저녁으로 출퇴근하는 사람들 볼 때 그렇죠. 그리고 저는 서울과 제주도에서 반반 살림을 합니다!"

빨리 시작하라,
투자는 남는 공부다

경제적 자유 달성 전과 후) ————————————————

주식 투자로만 연복리수익률 40%를 달성하다

수입　　경제적 자유 달성 때는 대기업 수준 정도의 연봉을 받았습니다.

지출　　사회 초년생 때 지출은 남들과 비슷한 수준이었습니다. 술을 안 좋아해서 유흥비는 그다지 안 들었죠. 지금은 지출이 많이 늘었습니다. 어느 정도 상한선은 정해두지만 가족들이 사고 싶은 것이 있다고 하면 대부분 사줍니다. 그리고 저도 사고 싶은 걸 다 사는 편입니다.

투자　　　주식에 100% 투자했습니다. 서울과 제주도에 있는 집 2채는 투자라고 보지 않습니다. 연복리수익률 40% 정도로 18년 동안 벌었죠(연복리수익률 40%이면 원금이 5년에 5.4배, 10년에 28.9배 늘고, 20년이면 836배나 늘어납니다).

현재 주식 비중은 한국이 20%, 미국이 절반, 나머지 국가가 30% 정도 됩니다. 좋은 회사를 찾아서 투자했고, 그 기업이 어떤 나라 기업인지는 상관없는데, 투자하다 보니까 이런 비중이 되었습니다.

죄근 열심히 공부하는 분야는 블록체인입니다. 아직 이해를 못해서 투자를 못 하고 있습니다. 일론 머스크나 잭 도르시 같은 세계적인 CEO들이 블록체인에 빠져 있습니다. 그들은 이해하고 저는 이해 못 하는 무언가 있을 것 같아서 열심히 공부 중입니다. 블록체인을 이해하면 주식과 코인에 투자할 가능성이 높습니다. 기회가 보이면 그때마다 새로운 산업을 공부합니다.

기여도　　　투자가 100%입니다. 월급으로 번 돈은 투자로 전환하지 않았고, 지출을 줄이고 싶지도 않았습니다. 젊을 때 너무 아끼면 나중에 후회할 것 같았거든요. 저는 젊어서도 잘 살고, 늙어서도 잘 살고 싶었습니다. 그래서 저축은 별로 하지 않았습니다.

투자를 빨리 시작하는 것이 가장 중요하다

저는 투자를 일찍 시작했습니다! 복리의 혜택을 누리려면 이것이 가장 중요합니다. 그리고 일찍 투자를 시작하면 처음에 시행착오를 거치더라도 고수의 반열에 올라서는 시기가 빠를 가능성이 높습니다. 그리고 저는 좋은 기업을 찾으면 남들보다 오래 버티고 잘 안 팝니다.

잘 알고 잘될 만한 회사에 오래 투자하는 것이 최고입니다. 결국 가치투자죠. 그런데 대부분 사람들은 그걸 못합니다. 빨리 부자가 되고 싶어서 너무 많이 거래를 합니다. 훌륭한 기업을 너무 빨리 팔아버리는 거죠.

> **FIRE Tip.**
> 투자를 빨리 시작하고,
> 오래 버텨라!

2000년대 초반부터 30대 초중반까지는 좋은 회사를 찾는 것이 취미이자 돈벌이였습니다. 회사에서 일하지 않는 시간에는 거의 이것만 했습니다. 지금은 좋은 회사 찾는 건 그냥 취미생활이고, 하루에 한두 시간 정도만 합니다.

그러나 제 수익률은 줄지 않았습니다. 가치투자를 위해 하는 공부는 휘발성 공부가 아닙니다. 차곡차곡 쌓이는 공부이고, 남는 공부입니다. 예전에 공부했던 내용이 다 도움이 되어서, 매일 새로 공부하지 않아도 실력이 어느 정도 유지됩니다.

투자를 위해
하는 공부는
휘발성 공부가
아니다.
차곡차곡 쌓이는
공부고,
남는 공부다.

그리고 앞서 말했듯 일찍 시작해서 오래 투자하는 것이 가장 중요합니다. 다들 오래 투자를 못하거든요. 수익률이 떨어지면 많은 사람들이 투자를 그만두죠.

나만의 팁) _____

자기 일에 충실하라

저는 일 못하는 사람이 파이어를 할 수 있다고 보지 않습니다. 투자도 다 일입니다. 남의 일은 못하고 내 일은 잘하는 것, 그게 가능할까요? 그리고 파이어가 계획대로 되지 않을 상황에도 대비해야 합니다! 파이어에 성공하지 못하면 본업에서라도 성공해야죠. 회사에서는 회사 일을 충실히, 퇴근 후에는 경제적 자유 달성에 필요한 일을 충실히 하는 것이 중요하다고 봅니다.

자기가 좋아하는 일을 하라

사실 돈이 많아서 가장 좋은 건 시간이 많다는 겁니다. 그런데 그 시간에 놀기만 할 수는 없습니다. 파이어를 달성한 대다수 사람들이 뭔가 자기가 좋아하는 일을 하게 되죠. 그런데 직장인이 자기가 좋아하는 일을 하면 파이어한 것과 똑같은 효과를 누릴 수 있습니다! 그래서 파이어 달성도 물론 바람직하지만 차선책으로는 자기에게 맞는 일을 찾아서 그 일을 하는 것도 추천하고 싶습니다.

> **FIRE Tip.**
> 자기가 좋아하는 일을 하면 파이어한 것과 마찬가지다!

겁 많던 예적금 마니아,
알짜배기 부동산 부자가 되다

부자언니 나나 ─────
직장인
#직장인파이어 #부동산 #가계부작성 #레버리지

부자언니 나나는 전 회사 동기의 소개로 알게 되었다. 그녀도 나와 비슷하게 직장 생활을 하고 해외 주재원 생활을 하는 중이라 많은 부분에서 교감할 수 있었다. 나는 주식과 암호화폐, 그녀는 부동산의 길을 걸었지만 도달한 파이어라는 목적지는 같았다!

어떻게 그녀는 30대에 부동산으로 부를 일굴 수 있었을까? 여성 파이어의 길은 남성과는 다를까? 이런 내용을 집중적으로 질문했고, 그녀만의 답을 들었다. 그 팁을 여러분에게 공개하려 한다.

그녀는 사회 초년생 때 돈을 관리하기 위해 『보도 섀퍼의 돈』이라는 책을 읽었다. 그 안에는 '누구나 7년이면 경제적 자유에 도달할 수 있다'라는 내용이 있었는데, 짧은 기간에 이것이 어떻게 가능한지 이해는 되지 않았지만 그 개념만은 뇌리에 깊이 박혔다.

게다가 첫 직장의 클라이언트가 LG카드였는데, 당시 LG카드 사태가 터져 하루에도 직원 수십 명이 명예퇴직을 당하는 것을 목격했다. 당시 직원들이 '평생을 바친 우리 회사에…… 저의 자산도 모두 우리 회사 주식에 있고…… 끝까지 회사와 명운을 함께하겠습니다……'라고 회사 게시판에 쓴 글들을 보면서 한 회사에 올인하면 위험하다는 것을 깨달았다.

그녀는 저축과 부동산으로 경제적 자유를 얻었다. 초기엔 무조건 열심히 모았다. 5000만 원 모으는 데 3년, 1억 원 모으는 데는 5년이 걸렸다. 28세에 1억 원을 모으는 데 성공했지만 그 후에는 어떻게 해야 할지 몰라서 무작정 계속 저축, 펀드 등을 활용해 33세에 현금을 3억 5000만 원까지 모았다. 1억 원을 모으고 나서는 자산이 불어나는 속도가 빨라졌다.

그 후에는 2014년부터 본격적으로 부동산에 투자했다. 처음에는 갭 투자로 5억 5000만 원짜리 재건축 아파트를 샀다. 3억 5000만 원은 모아 둔 현금, 2억 원은 전세 세입자를 통해 조달했다. 이미 한 달 만에 1억 원 정도가 오른 상태에서 사서 '더 빨리 살 걸' 하고 후회했는데 지금은 그때라도 사길 잘한 것 같다고 생각한다.

2016년에는 새로운 업무단지와 함께 생긴 오피스텔 단지에 투자했다. 지하철역이 가까워서 신혼부부들이 많이 보러 오고, 매매가와 전세가가 1억 원밖에 차이 나지 않아서 투자를 결정했다. 대출을 최소화해서 집을 샀다. 신도시처럼 초반에는 아무것도 없다가 현대 프리미엄 아울렛과 상업지구가 자리를 잘 잡아서 가격이 많이 올랐다. 이때 순자산이 8억 원을 넘었다. 그녀의 자산 목표액이었던 8억 원을 35세에 달성한 셈이다.

2018년에 드디어 강남에서 3번째 아파트를 샀다. 현금은 1억 원만 투입했고 나머지는 레버리지[*](은행 대출 40%, 2번째 집 전세금, 회사 새마을금고 신용대출 1억 5000만 원)를 이용했다. 본인 돈이 거의 안 들어간 덕분인지 투자 수익률이 가장 뛰어났다. 레버리지 때문에 회사를 그만둘 수는 없게 되었다. 하지만 자산이 커지면서 일하는 것이 덜 괴로웠다고 한다.

지금 현재 그녀는 순자산 40억 원 이상을 소유하고 있다. 그 중 대부분은 부동산 자산이다.

  ＊ 대출 등을 통해 타인의 자본을 지렛대처럼 이용하여 자기 자본의 이익률을 높이는 것

경제적 자유를 달성한 지금도 그녀는 계속 회사에 다니고 있다. 회사원을 대신할 직업을 모색해 봤는데 딱히 마음에 드는 길이 없었다. 또 아직 조직 내에서 일을 덜 한 것 같은 미련도 있어서 다시 회사로 돌아갔다. 이후 세 번째 집을 사기 위해 직장 신용도를 이용해 대출을 해야 했기 때문에 현재는 퇴사할 수 없는 상황이기도 하다. 재건축 중인 부동산 1호에 입주하는 시점이 파견이 끝나는 시점과 비슷해서(2~3년 후 예상) 그때 은퇴할 생각이다. 파이어 후에는 일단 해외의 좋아하는 도시에서 일 년씩 살아보고 싶고, 스타트업에서 일해 보거나 작은 창업을 해보고 싶다는 것이 그녀의 바람이다.

경제적 자유를 위해 그녀는 사회 초년생 때 지출을 극도로 줄였다. 그런데 그 후부터는 지출 통제가 습관이 되어서 특별히 뭘 포기했다는 생각은 들지 않았다. 여행, 운동, 쇼핑, 문화생활 등 하고 싶은 것은 웬만하면 다 하면서 살았다고 한다.

그녀는 스스로 부자라고 생각하지 않는다. 현금흐름 면에서는 그냥 일반 직장인과 다름없기 때문이다. 다만 그녀는 회사를 다니지 않고 휴식기간을 가질 때, 최소 지출로도 행복할 수 있다는 것을 깨달았다. 그 후로는 회사에서 하고 싶은 일, 하고 싶은 말을 하며 최대한 자기답게 살면서 스스로를 잃지 않으려고 한다.

그녀 주위에는 젊은 여성 부동산 부자가 많다. '정말 중요한 것 빼고 안 쓰는 알뜰한 언니'들이다. 옷은 하나도 안 사는데 취미는 승마인 언니, 홍콩에 가도 아무것도 안 사는데 취미는 골프인 언니들. 그들은 남의 시선보다는 본인이 중요하다고 생각하는 것에만 집중하고 그 외에는 작은 돈이라도 불필요한 지출을 절대로 하지 않는다. 40대 초반에 은퇴하고 다니던 회사에서 받은 스톡옵션을 현금화해서 좋은 지역에 빌딩을 산 여성 지인도 있다. 다른 친구는 집보다 대로변 1층 상가를 먼저 산 후 재건축 아파트를 사서 입주했다. 그 부동산 가격이 열 배 이상 올랐다고 한다.

그녀는 기본적으로는 투자에서 성별의 차이보다는 개개인의 성향 차이가 더 크다고 생각하지만, 경험상 여성 투자자에게 애로사항이 있기는 했다. 20대 때부터 부동산에 관심이 많았는데, 당시 젊은 여자애가 무슨 부동산이냐고 면박 주는 사람이 아주 많았다. 시집가면 남자 쪽에서 집 해온다며 집을 사지 말라는 이야기도 들었고, 부동산 중개사무소에 젊은 여자가 혼자 가면 무시했기 때문에 어머니와 함께 가곤 했다.

이러한 이야기를 여기저기서 듣다 보니 '이러다 혹시 내가 집을 샀는데 결혼 후에 배우자 직장이 지금 산 집이랑 멀면 어떡하지?' 등의 생각에 종잣돈을 빨리 모았는데도 불구하고 쉽게 투자를 결정하지 못했다. 결혼을 빨리 포기하고 재테크에 올인했으면 빌딩 하나는 사지 않았을까 싶다며 그녀는 아쉬움을 내비쳤다.

그리고 여성의 경우는 안타깝게도 주변에 보고 배울 멘토가 별로 없다. 그녀 주위에는 다행히 주식, 부동산 얘기 좋아하는 알뜰한 선배나 친구들이 많이 있어서 좋은 영향을 받았지만 그렇지 않은 사람들은 이런 이야기를 접할 곳이 전혀 없다는 것이다.

신입사원 때 처음 적금 들러 간 은행의 '은행원 언니'가 그녀의 귀인이라고 했다. 어쩌다 강남 쪽 모 은행 PB 센터로 가게 되어 담당 은행원을 만났다. 그 은행원은 그녀에게 이런저런 통장이 있냐고 물었고, 전부 없다고 했더니 그녀의 손을 꼭 잡으면서 이렇게 말했다고 한다.

"여자는 결혼해도, 안 해도 자기 주머니에 돈이 있어야 해요."

당시 그 은행원은 임신 중으로 배가 불러 있었다. 그래서인지 그 말이 마음에 크게 와닿았다고 한다.

좋은 사람들을 가까이해야 한다. 시기 질투하는 친구들은 멀리하고, 서로의 진솔한 발전을 칭찬해 주는 사람들과 친해져야 한다. 그녀에게는 자신을 이끌어준 많은 사람들이 있었다. 주위의 좋은 사람들을 많이 만나며, 자신도 좋은 사람이 되기 위해 노력할 수 있었다.

WE ARE
BETTER
TOGETHER

돈을 아끼면서도
하고 싶은 것을 다 할 수 있다

경제적 자유 달성 전과 후) _____

하고 싶은 것 다 하면서, 더 싸게 할 방법을 찾는다

수입　　경제적 자유 달성 전 수입은 연봉으로 세후 8000만 원 정도였습니다. 현재도 수입은 동일한 수준이지만 주재원 수당 이 추가로 나오고 한국에 있는 아파트 한 채는 월세를 주고 나와 서 금액이 50% 이상 늘었습니다.

지출　　첫 월급이 세후 160만 원 정도였는데 당시 월평균 저축액이 125만 원이었습니다. 연봉이 상승해도 지출액은 동일하게 유지하면서 저축액만 계속 늘렸기 때문에 나중에는 연봉의 90%씩 저축했습니다. 최근 월 지출은 130~140만 원 정도를 목표로 하고 있는데, 목표액을 다 쓰진 않습니다.

하고 싶은 건 다 하는 대신 더 싸게 할 방법을 찾습니다. 예를 들어 화장품은 절대 백화점에서 사지 않고 해외여행 갈 때 면세점에서 각종 적립금과 쿠폰을 이용해서 할인가로 삽니다. 또 운동을 배울 때는 학원보다는 동호회를 찾아봅니다. 스노보드, 승마, 스쿠버다이빙처럼 비싸다고 여겨지는 운동도 이런 식으로 했습니다. 여행도 얼마든지 저렴하게, 하지만 궁상맞지 않게 다닐 수 있습니다. 코로나19 전에는 해외여행도 매년 최소 두 번 이상 갔죠.

투자　　부동산이 90% 이상이고 나머지는 현금성 자산, 일부 우리사주, 연금펀드 등에 투자했습니다. 대략적인 수익률은 레버리지를 감안하지 않을 경우 평균 230% 정도, 감안하면 평균 700% 이상입니다.

항상 바쁘고 일을 많이 해서 주식처럼 변동성이 큰 자산을 관리할 시간이 없었습니다. 시험 삼아 주식 100만 원 정도를 사본 적이 있는데 까먹고 1년쯤 후에 보니까 30만 원이 되어 있더군요. 그때 매도 주문을 넣었지만 체결이 안 됐는데 또 일하느라 잊어버리고 아직도 들고 있습니다. 저는 원금 보전 성향이 강하기도 합니다. ELS로 60% 손실을 본 적이 한 번 있는데, 내가 얼마나 고생해서 모은 돈인데 싶어서 마음이 안 좋더라고요.

부동산은 어렸을 때부터 살았던 동네 위주로 보기 때문에 입지에 대해 잘 알고, 폭락하더라도 최악의 경우 나와 내 가족이 들어가서 살고 싶은 집만 사기 때문에 상대적으로 리스크가 낮습니다. 변동성도 적어서 관리하는 데 시간이 적게 들어 직장인에게 적합하다고 생각합니다.

최근에는 해외 부동산에 관심을 가지고 있습니다. 도시에 따라 다르지만 꽤 큰돈을 대출할 수 있는 곳이 많습니다. "대출이 있는 곳에 나의 집이 있다"는 명언이 있어요. 세금이나 각종 규제도 한국보다 덜하고 수익률도 높은 곳들을 알아보고 있습니다.

> **FIRE Tip.**
> 해외 부동산에도 관심을 가져보자!

기여도   수입 20%, 지출 40%, 투자 40% 정도입니다.

수입 늘리는 법) ────────────────────

일을 열심히 하면 따라오는 것들

이직은 여러 번 했지만 수입보다는 하고 싶은 일을 찾는 방향으로 이직했기 때문에 사실상 수입을 높이는 방법에 대해서는 조언하기가 어렵네요. 다만 현직에 있을 때 열심히 일해서 좋은 경력을 쌓아 이직할 때마다 원하는 곳으로 옮겼고, 주재원으로도 선발되어서 추가 수익+주거비 절약+월세 수익을 동시에 노렸습니다. 굳이 임원이 목표가 아니더라도 열심히 일하면 장점이 있습니다.

경제적 자유를 달성하긴 했지만, 직장인이니 회사에서 열심히 일하고 있습니다. 딱히 임원이 되겠다는 생각은 없습니다. 실력이 좋다고 승진되는 것도 아니고요. 임원이 되려면 개인 생활을 희생해야 하는데 나를 희생하면서까지 승진할 생각은 없습니다.

처음에는 회사에서 하는 만큼만 하고 남는 시간에 개인적인 재테크를 하자는 전략을 세웠는데, 최선을 다하지 않으니까 찜찜했습니다. 대충 만족하고 넘어가는 게 성격상 안 맞았던 거죠. 윗사람을 위해 일하는 것이 아니라 저에게 주어진 임무를 완수하고 제가 원하는 결과를 성취하는 과정 속에서 즐거움을 느낍니다.

지출 줄이는 법)

10만 원 챌린지로 풍족함을 깨닫다

사회 초년생일 때 짠돌이 카페라는 온라인 카페에 가입해서 '10만 원으로 한 달 살기' 챌린지를 따라 해 본 적이 있어요. 부모님과 함께 살고 있었고, 회사의 다이어터들과 함께 도시락을 싸가지고 다녔더니 10만 원으로 한 달 살기가 가능했습니다. 그렇게 몇 달 하다가 다시 원래 지출액인 40만 원으로 돌아오니 그 돈이 엄청 풍족하게 느껴지더라고요. 꿀팁입니다.

그리고 지출을 줄이기 위해 가계부를 쓰라고들 하는데, 주위의 경우를 보니 가계부를 쓰는 것만으로는 절대 지출이 줄지 않습니다. 정기적인 결산 및 복기가 중요합니다. 또 카드를 사용하지 말라고들 하는데 저는 거의 카드로만 지출합니다. 대신 마일리지가 적립되는 연회비 없는 카드 하나만 주로 사용하고 있죠. 카드도 잘 쓰면 현금과 다를 바 없고 혜택도 많습니다.

사회생활 초기에는 수입의 몇 % 저축보다는 최소 생활비 외에는 전부 저축하는 편이 낫습니다. 그래야 소득이 늘어도 소비가 덩달아 늘지 않습니다. 정해둔 금액 외에는 수입이 얼마인지 상관없이 다 저축해야죠!

저는 대학생 때도 과외를 통해 생활비를 충당했습니다. 부모님께 따로 받은 건 없었습니다. 평범한 직장인도 열심히 하면 이 정도는 무난히 모을 수 있습니다. 그렇다고 해서 궁상맞게 산 적은 없습니다. 저는 여행, 배우고 싶은 것, 하고 싶은 것 다 했습니다. 하고 싶은 것 다 하면서도 자산을 모을 수 있다는 것은 이야기하고 싶습니다.

> **FIRE Tip.**
> 돈을 아낀다 = 하고 싶은 것 못 하는 것은 아니다!

차를 살까 생각해 본 적이 있는데, 계산해 보면 차 유지비가 적어도 한 달에 30만 원은 나갑니다. 아무 때나 택시를 타도 한 달에 30만 원까지는 안 쓰게 됩니다. 매일 택시를 탄 적도 있습니다. 기사 딸린 차가 택시잖아요? 차가 없어서 불편한 적은 없습니다.

투자 잘하는 법) _____

마실 나가듯 좋아 보이는 동네를 보라

저는 주로 잘 아는 동네 위주로 투자합니다. 임장*도 일부러 다니기보다는 제가 사는 동네나 친구가 사는 동네를 보고, 어디 놀러 갔을 때 괜찮다 싶으면 부동산에 들러 보는 식으로 생활 속에서 찾는 편입니다. 부동산은 입지가 정말 중요한데 내가 살고 싶은 곳이 남들도 살고 싶어하는 곳이고, 그런 곳이 오릅니다.

단, 입지는 복잡하면서도 섬세해서 안목이 중요합니다. 여성 중에 부동산 투자로 성공한 사람이 많은 이유가 이 때문이 아닐까 싶은데요. 물론 제가 투자를 시작할 때가 부동산 상승기여서 운이 좋았지만, 경험상 입지 좋은 곳은 하락기가 오더라도 이후에 언젠가 다시 오르더라고요.

* 부동산을 사려고 할 때 직접 해당 지역에 가서 탐방하는 것

그리고 처음 부동산을 매입할 때는 빚이 있으면 큰일 나는 줄 알고 부채 없이 매입하고 작은 부채도 빨리 갚아버렸는데, 부동산 투자에서 레버리지는 필수입니다. 직장은 좋은 회사 이름을 통한 신용도를 만들어 대출을 받기 위해 필요한 것이지, 월급으로 부채를 갚는 게 아니라는 걸 저도 너무 늦게 깨달았네요!

나만의 팁) ─────────────────

대출 받기를 두려워하지 마라

주변에 재테크를 잘하고, 숨 쉬듯이 돈에 관심 있는 언니나 친구들이 많습니다. 반면 전혀 관심이 없는 지인들도 많습니다. 그런 친구들은 자기가 얼마를 벌고 얼마를 쓰는지 모릅니다. 가계부를 쓰는데도 같이 보면서 정리를 해주면 본인이 이렇게 돈을 많이 쓰는지 몰랐다고 합니다. 가계부 분석을 하나도 안 한 거죠.

저는 가계부를 매일 쓰진 않고, 일주일에 한 번씩 항목을 4개로 분류했습니다. 먹기, 놀기, 사기, 기타로 분류하면 한 달 가계부가 노트 한 페이지에 정리됩니다. 한 달이 지났을 때 결산해서 그중 줄일 수 있던 부분은 색연필로 동그라미를 쳤습니다. 모아놓으면 불필요한 지출이 생각보다 많아서 다음 달에 줄였습니다. 혹은 너무 안 써서 생활이 피폐한 영역은 예산을 늘리기도 했습니다. 지출 내역을 한눈에 보는 것이 중요합니다. 몇 년 작업하고 나니 이제는 따로 가계부는 안 씁니다. 안 써도 저절로 소비 패턴에 맞춰서 살게 되더라고요.

돈을 못 모으는 친구들은 크게 사치하진 않는데, 모래가 손가락 사이로 빠져나가듯이 자기가 모르는 소비가 있습니다. 예를 들어 약속에 늦으면 택시를 타는데 1~2만 원씩이 아니라 4000~5000원씩 매일 타는 등 자잘한 돈을 많이 씁니다.

본인의 소비 성향과 포기하지 못하는 지출은 뭔지 주기적으로 피드백하면서 선택과 집중을 해야 합니다. 전반적인 자산 운용에 있어서 주기적인 분석은 필수입니다!

> **FIRE Tip.**
> 가계부를 쓰는 것에 그치지 않고 주기적으로 분석하라!

이렇게 종잣돈을 모았다면 과감하게 투자 결정을 할 차례입니다. 2008년 리먼브라더스 사태 때도 기회가 있었습니다. 6억 원이었던 강남 아파트가 갑자기 4억 원이 되었죠. 주변에 결혼하는 친구들에게 지금 마지막 기회라고 말했지만 아무도 안 샀습니다. 1년 후에 그 아파트 값은 7억 원이 되었습니다. 저도 '다음에 이런 기회가 오면 사야지' 또 마음먹었죠.

2010년부터 다시 부동산 가격이 확 빠졌습니다. 그때 집을 보러 많이 다녔습니다. 투자자산보다는 주거로 봐서 선택 폭이 좁았고 괜찮은 물건을 골라놓고도 막상 결정을 내리지 못했습니다. 평생 모은 돈을 다 투입하는 것이 걱정스러웠고, 레버리지를 쓸 생각도 못 해서 결국 집을 안 샀어요. 그런데 나중에 보니 그 집들이 다 올랐더라고요. 그래서 내 눈을 믿는 것이 중요하다고 생각했습니다. 반포 재건축 아파트가 2013년에는 제가 살 수 있는 금액 언저리였는데 지금은 30억 원 이상입니다. 대출 규제도 없었을 때 대출을 최대한 받아서 부동산을 샀어야 하는데……. 내일이라도 회사를 그만둘 각오가 있는데 빚이 있으면 자유를 뺏기는 것 같아서 초반에는 대출을 못 했습니다. 그때 소극적인 투자를 했던 점이 후회가 됩니다. 대출을 하면 빌린 사람은 사실 이자만 갚지, 대출 자체는 집이 갚아주는 겁니다.

> **FIRE Tip.**
> 부동산 투자에서는 레버리지 활용을 주저하지 마라. 대출은 내가 갚는 것이 아니라 집이 갚아준다!

직장인들에게 전하는 말) ────────────────

인생은 스스로 책임지는 것이다

저의 전 직장은 모두 이직이 잦은 곳이었는데 지금은 네 번째 회사인 대기업에 근무 중입니다. 이전 회사를 다닐 때 하루도 제 미래를 걱정하지 않은 날이 없었습니다. 현재 회사에 오고 나서 처음으로 느껴보는 안정감이 사실 너무 놀라웠습니다. 우리 선배들은 다 이런 안정감 속에서 평생 직장생활을 했을 것이라고 생각하니 부러웠지만, 한편으로는 안일하다 싶기도 했어요. 이러한 안정감 때문에 많은 사람들이 공기업이나 대기업에 다니고 싶어 하는 것 같습니다.

문제는 이 안정감도 우리 세대의 은퇴 시기가 다가올수록 더 빨리 사라지고 있다는 것입니다. 회사에 따라 다르겠지만 아무리 안정적인 직장이라도 진정한 의미의 안정감을 누린 세대는 우리 직전 세대가 마지막인 것 같습니다. 우리 세대부터는 각자가 자기 인생을 책임져야 합니다.

남들과 똑같이 생각하고 살면서
부자가 될 수는 없다

이창민

러닝스푼즈 대표

#창업파이어 #교육의길 #역발상

이창민 대표를 만난 건 2017년이었다. 그는 당시 교육 스타트업 '러닝스푼즈'를 창업한 후 강사를 찾고 있었다. 나는 러닝스푼즈의 첫 강사가 되었으며, 지금도 그곳에서 투자 강의를 하고 있다.

이창민 대표는 삶의 굴곡과 에피소드가 굉장히 많은 사람이다. 그가 지금까지 경험한 사건들을 자세히 나열하면 책 한 권 분량은 될 정도다. 어머니를 간호하느라 병원에서 시험공부를 하던 이야기, 면접 전날 본사 건물 앞에서 직원들에게 음료수를 나눠준 이야기, 혈혈단신으로 필리핀에 건너가 전화영어 사업을 성공시킨 이야기, 또다시 맨땅에서 회사를 세운 이야기까지. 듣는 이를 단숨에 매료시킬 만한 특별한 경험들이 그를 더욱 단단하고 확신에 찬 사람으로 만들었을 것이다.

어머니의 투병으로 돈의 중요성을 깨닫다

그가 24살일 때부터 그의 어머니는 투병생활을 했다. 그때부터 그는 현실적인 고민을 하게 되었고, 돈의 중요성을 느꼈다. 그리고 인생에 어떤 일이 일어날지 모르니 무조건 성공해서 돈을 많이 벌어야겠다고 결심했다. 그때 돈이 많았다면 어머니께 더 비싼 약을 사드리고, 더 좋은 치료를 해드렸을 수 있었을 거라고 말하는 그에게서 큰 아쉬움이 묻어났다.

어머니의 투병 당시 대학교 3학년이었던 그는 병원을 오가며 시험공부를 했음에도 좋은 성적을 받아서 장학금을 받으며 학교를 다녔다. 심지어 병원 휴게실에서 쓴 자기소개서로 대신증권과 SK증권에 합격하기도 했다.

"저는 인생에서 돈이 별로 필요 없다는 사람들의 말에 전혀 동의하지 못합니다. 그 사람들은 돈이 없는 절박함을 겪어보지 못한 겁니다. 돈은 인생에서 굉장히 중요한 부분입니다."

돈이 없으면 인생의 선택지는 많이 줄어든다. 결국 돈이라는 것은 인생에 있어서 기회와 시간을 사는 것이기 때문이다.

그는 사업과 투자, 2개의 축으로 35세인 현재 어느 정도의 경제적 자유를 달성했다. 자본시장의 핵심을 다루고 싶었던 그는 대학을 졸업하고 증권사에 입사했다. 그곳에는 주식 투자를 정말 잘해서 월 2~3억 원을 버는 사람들도 있었지만, 대부분은 평범한 근로소득으로 살아가는 직장인이었다.

직장인이면 어느 정도의 자산은 모을 수 있지만, 100억 원 이상은 사회에 '임팩트'를 줄 수 있어야 성취할 수 있는 금액이라는 것이 그의 생각이었다. 좀 더 큰돈을 벌 수 있는 사업을 하기 위해 그는 증권사를 그만두고 27세의 나이에 무작정 필리핀으로 가서 전화영어 사업을 시작했다. 당시 그는 현지인 마을에서 혼자 외국인으로 살며 공립 고등학교에 찾아가 교감을 설득해 사업을 같이 했다. 사업은 꽤 성공적이어서 3년 후에는 하루에 10분 정도만 일해도 월 300만 원 정도의 수입이 생겼다.

그 사업의 가장 큰 장점은 저렴한 서비스였다. 다른 업체들은 국제전화를 사용한 반면 그들은 스카이프 앱을 사용해서 비용을 절감했고, 덕분에 저렴한 서비스를 선보일 수 있었다. 그런데 한국에도 가격이 저렴한 새로운 전화영어 앱이 등장했다. 그때 그 업체들과 경쟁해서 기존 사업을 계속 할지, 한국에 들어가서 새로운 사업에 도전할지 고민하던 그는 결국 한국으로 돌아왔다.

새로운 사업을 준비하기 위해서 그는 업계에서 가장 잘하는 기업에서 일해보는 것이 최고라고 여겼다. 책상에서 고민만 하는 것보다는 그 일에 뛰어들어서 직접 해보는 것이 낫다는 생각이다. 당시 패스트캠퍼스라는 회사가 성인 교육 분야에서 가장 뛰어난 기업이었기 때문에 그는 그곳으로 가서 경험을 쌓고 나왔다.

이후 그는 500만 원의 자본금으로 러닝스푼즈를 창업했다. 현재 러닝스푼즈는 월 3억 원 정도의 매출을 기록하고 있고, 2021년 기업가치 100억 원을 인정받아 투자유치를 받기도 했다. 그는 회사 지분의 60% 정도를 보유하고 있는데, 아직은 실현하지 못한 이익금이다. 그 외에도 암호화폐로 돈을 벌어서 산 부동산이 있다.

자본소득으로만 먹고살 수 있으려면

그는 M&A나 상장 등으로 엑시트하기 전이므로 아직 스스로 경제적 자유에 도달했다고 생각하지는 않는다고 했다. 또한 진정한 의미의 경제적 자유는 단순히 20억 원, 100억 원처럼 수치상의 숫자가 아닌, 일을 하지 않아도 꾸준히 돈을 벌 수 있는 사업체나 배당 소득을 가지는 것이라고 생각한다고 이야기했다.

그에 따르면 진정한 소득은 자본소득이다. 특히 직장인의 경우 몸이 한 개고 아무리 일을 열심히 해도 벌 수 있는 돈은 정해져 있다. 여기서 탈피해서 자본소득으로만 먹고살 수 있는 순간이 와야 진정한 경제적 자유를 달성한 것이라는 게 그의 생각이다.

본인이 없어도 매출이 발생하고 무럭무럭 잘 성장하고 있는 회사를 보면서 어느 정도의 경제적 자유를 느끼기는 한다고 이야기했다. 현재 그의 목표는 러닝스푼즈를 최대한 키우는 것이다. 만약 러닝스푼즈를 떠나게 되어도 사업은 계속할 생각이라고 한다. 다음 사업을 한다면 글로벌화가 가능한 아이템을 시도할 생각을 하고 있다.

"공부를 잘했거나 대기업에 다니는 친구들은 함부로 리스크를 지지 않는 경향이 강해요. 그런데 저는 연봉을 포기하는 리스크보다 사업의 리턴이 더 크다고 생각했어요. 계속 다니는 게 내 역량을 포기하는 일인 것 같았죠."

노력과 운으로 투자를 유치하다

운과 노력의 비중이 어느 정도인 것 같냐고 질문하자, 그는 운이 굉장히 중요한 것 같기는 하다고 답했다. 러닝스푼즈를 시작하자마자 첫 투자를 받았기 때문이다. 강의에서 만나게 된 투자자는 전에 사업을 하던 사람이었다. 본인도 사업하기 전에 업계에서 가장 뛰어난 회사에 입사해서 일을 배웠는데, 그가 똑같은 방법으로 똑똑한 사람들은 함부로 리스크를 지지 않으려는 경향이 크다.

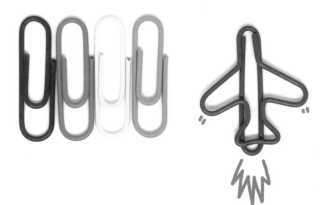

그러나 나는 언제나 리스크보다 리턴이 더 크다고 생각했다.

창업한 것을 보고 마음에 들어서 투자를 결정하겠다고 한 것이다. 그 투자자가 우연히 강의에 참여하고 투자를 결정한 것은 운이었다. 하지만 그가 열심히 하지 않았다면 투자자는 투자를 결심하지 않았을 것이다. 따라서 시작은 그의 '노력'이다.

모든 것은 운과 노력의 결합이다. 노력이 뒷받침되지 않는다면 운을 잡기 어렵다. 그런데 중요한 점은 노력도 굉장히 상대적이라는 것이다. 어떤 사람들은 하루 8시간 열심히 일했다고 노력을 많이 했다고 여긴다. 그런데 하루 12~15시간을 노력하는 사람도 있다. 그는 이렇게 강조한다.

"자기 기준에 따른 노력이 아니라 주변에서 인정하는 수준의 노력을 해야 합니다. 성과가 나올 때까지 계속 시도를 해야 비로소 '노력했다'라고 말할 수 있지 않을까요?"

이 일에 인생을 바칠 수 있는가?

그는 어릴 때부터 성공을 하고 싶었다. 특히 교육 사업을 통해서 성공하고 싶었다. 그는 '아무것도 없는 상황에서 시작해서 사회에 임팩트를 줄 수 있게 되는 것'을 성공이라고 정의했고, 이런 일을 할 수만 있다면 돈은 자연스럽게 따라온다고 생각했다.

사업할 때 중요한 것은 "이 일에 인생을 바칠 수 있는가?"라는 질문을 해보는 것이다. 유행에 따라서 사업을 하는 경우도 많은데, 인생을 바칠 수 있을 정도의 사명감이 없으면 중간에 쉽게 포기하게 된다. 반대로 그런 사명감이 있으면 불확실성이나 굴곡이 있어도 극복할 수 있다는 자신감이 생긴다.

그는 본인의 경우는 '교육'이라는 큰 목표가 인생에서 하나의 큰 선으로 연결된 것 같다고 했다. 동남아에서 교육사업을 한다고 했을 때 당시 대부분의 사람들은 동남아를 무시했으나 그는 그곳에서 기회를 보았다. 그리고 현재는 많은 수의 투자자들이 동남아 시장에 큰 관심을 가지고 있어서, 그 또한 투자 미팅을 하는 경우 관련 경험이 있다는 강점을 지니고 있다.

필리핀에서의 교육 사업, 교육 스타트업에서의 경험 그리고 현재 러닝스푼즈 창업까지 모든 점들이 그의 안에서 선으로 연결되고 있다.

끊임없이 공부하면
'퀀텀 점프'가 가능한 분야가 보인다

경제적 자유 달성 전과 후) ─────────────────────

자산은 선형적으로 증가하지 않고 퀀텀 점프를 한다

수입   사회 초년생 때 월급은 약 300만 원 정도였습니다. 현재 수입으로는 대표로서 받는 월급보다 투자 수익이 더 많은데 변동성이 심해서 정확한 금액을 산출하기는 어렵습니다.

지출   월급에서 60만 원 정도는 월세, 80~100만 원 정도는 생활비로 사용했습니다. 남은 돈은 주로 주식에 투자했고, 예금이나 적금은 한 번도 안 했습니다. 물건은 월급으로 사지 않고 항상 투자 수익으로만 사려고 했고, 월급은 최대한 자산에 넣어두고 거기서 발생하는 수익을 통해 소비를 했습니다.

요즘도 회사와 집만 왔다갔다하는 통에 지출을 많이 하지 않습니다. 주로 발전을 위해, 공부하려고 책 사는 데 돈을 씁니다. 돈 쓰는 것보다는 일이 더 재밌습니다.

투자　　　새로운 기술과 자산이 나오면 공부하고 테스트하는 편입니다. 돈을 벌기 위해서는 깨어 있어야 한다고 생각합니다. 비트코인 관련 논문을 보고 흥미를 느껴 암호화폐에 투자할 수 있었고, 이더리움을 2017년 1만 원에 사서 5만 원에 팔아 500만 원을 확보하고 그걸 러닝스푼즈 자본금으로 쓰기도 했습니다.

현재는 회사 지분과 부동산만 가지고 있고, 해외 주식과 암호화폐는 다 정리하고 새로운 기회를 기다리고 있습니다. 개인적으로는 최근 VR콘텐츠 분야가 유망하다고 봅니다. 지금까지 기술적인 측면은 발전이 많이 되었는데, 이제는 VR 콘텐츠 사업을 잘하는 기업이 큰돈을 벌 것 같습니다.

기여도　　　저는 지출을 줄여서 돈을 번다고 생각하지는 않습니다. 티끌 모아 태산은 요즘 시대에 안 맞습니다. 티끌은 티끌일 뿐입니다. 어떻게 파이를 만들고 키울지를 생각해야 합니다. 돈은 100만 원, 200만 원, 300만 원처럼 선형적으로 증가하지 않고 퀀텀 점프를 하는 경우가 많습니다. 100만 원, 100만 원, 1억 원이 되는 경우가 있죠. 이런 것이 가능한 기회를 포착하고 투자해야 합니다. 물론 이런 기회를 발견하기 위해 공부를 끊임없이 해야 합니다. 그러다 보면 제 2의 비트코인 등 또 다른 기회가 눈에 보이게 될 겁니다.

공부를 하면 투자 사이클은 늘 반복되고 시장은 비이성적으로 과잉 반응을 보인다는 것을 알게 됩니다. 그 덕에 코로나19가 발생했을 때 기회가 왔다는 것을 깨닫고 온라인 기반 테크 기업에 투자했고, 비트코인이 500만 원을 찍고 다시 700만 원으로 반등했을 때 신용대출까지 사용해 투자를 했습니다. 2017년도부터 꾸준히 비트코인에 투자를 해왔고 변동 추이를 살펴봤기 때문에 자신 있게 판단할 수 있었던 것입니다.

티끌은 티끌일 뿐이다.
어떻게 파이를 만들고 키울지 생각해야 한다.
돈은 선형적으로 증가하지 않고,
퀀텀 점프를 하는 경우가 많다.
그게 가능한 곳에 투자해야 하고,
그 기회를 발견하려면 끊임없이 공부해야 한다.

발상의 전환에서 돈이 나온다

역발상으로 해법을 찾는 것이 중요합니다. 투자도 모두가 망했다고 할 때 기회가 오죠. 저는 투자뿐만 아니라 인생을 살아가는 데 있어 많은 부분을 역발상으로 살아왔습니다.

제가 취업할 때 SK증권에서 신입사원을 매년 수십 명씩 뽑다가 채용 인원을 갑자기 3명으로 줄였습니다. 이럴 때 자기연민에 빠지는 것은 아무 소용이 없습니다. 그보다는 "나는 어떻게 해야 하지?"를 생각하며 해결할 수 있는 문제에만 집중하면 됩니다.

저는 그래서 면접 전날 SK증권 본사 앞에 가서 비타500 음료수 200병을 출근하는 직원들에게 인사를 드리며 나눠드렸습니다. 그때 마침 출근하는 대표이사님을 만났습니다. 대표이사님은 제가 누구인지, 왜 이렇게까지 하는지 물었고, 저는 "면접자들은 다 열정이 있다고 말하는데 저는 제 열정을 행동으로 보여드리고 싶었습니다"라고 대답했습니다. 나중에 알고 보니 대표이사님이 저를 무조건 합격시키라고 지시했었고, 면접을 보신 분들도 다 저에게 음료수를 받아 가신 분들이었습니다.

투자 또한 마찬가지입니다. 저는 항상 남들이 지금 관심을 가지지는 않지만 언젠가는 다가올 미래 업종이나 분야에 관심을 쏟습니다. 또 버블이 터지면서 죽어 있는 자산에도 관심을 가집니다. 비트코인 또한 이런 관점에서 2017년에 공부와 투자를 시작했습니다. 그리고 모두가 이제는 비트코인이 죽었다고 하는 시절에도 꾸준히 매수했습니다. 결론적으로는 ①남들과는 다른 역발상 ②끊임없는 관심과 공부 ③결단력이 필요하다고 생각합니다.

> **FIRE Tip.**
> 발상의 전환 + 실천 = 성공!

지출 줄이는 법)

자존감이 높으면 지출도 줄어든다

타인의 시선을 신경 쓰면 지출이 늘어납니다. 외제차를 타고 명품을 사게 되죠. 따라서 자존감이 중요합니다. 저는 타인이 나를 어떻게 바라보는지에 대해 정말 관심이 하나도 없습니다. 마음먹으면 언제든 외제차를 살 수 있고, 저 자체로 충분한 능력이 있다고 봅니다. 아이러니하게 이런 생각에 미치면 외제차를 안 사게 되죠. 제 첫 차는 스파크였고, 지금도 현대 i30 타고 다닙니다.

좋은 학력, 좋은 스펙을 갖춘 사람은 오히려 그것 때문에 남의 시선을 너무 의식하는 경향이 있습니다. 서울대를 나왔으면 오히려 동대문에서 장사를 더 잘할 수 있겠죠? 머리가 좋을 테니까요. 그런데 그렇게 안 합니다. '내가 누군데!'를 놓지 못하는 거죠.

투자는 게임처럼 하라

투자는 자기 자신과의 싸움입니다. 우리는 인간이기 때문에 욕심이 생기고 자기 관리가 잘 안 됩니다. 저는 올해 처음으로 암호화폐 선물에 도전했는데, 3000만 원으로 시작해서 한 달 만에 수익이 4억 원이 넘었습니다. 보통 회사와 집만 왔다갔다하고 친구들도 거의 안 만나는 편인데, 퇴근 후 밤 11시~1시까지 선물을 하는 것이 당시 유일한 취미생활이었죠.

이렇게 투자를 게임처럼 했을 때는 투자가 잘되었는데 어느 날 지나가는 길에 한강 뷰 아파트가 보이더라고요. 선물로 번 돈과 기존 아파트를 보태서 조금만 더 벌면 저 집을 살 수 있을 것 같았습니다. 그러니까 욕심이 생기고 리스크 관리가 안 되더군요. 원칙대로 사고 팔았으면 되었는데 손절매도 안 되고 제가 스스로 세운 원칙이 더 이상 지켜지지 않았습니다. 4억 원을 벌었다가 최고점 대비 1억 원의 손실이 발생했습니다. 그런데 왠지 다시 반등이 올 거 같아서 못 팔고 있었죠. 차트 강사님이 그 말을 듣더니 매도하라고 하더라고요. 원칙을 지켜야 한다고. 그래서 팔기로 마음먹고 집에 갔더니 -1억 원이 +2000만 원이 되어 있는 겁니다. 그때 또 욕심이 생기고 반등이 지속될 것 같아서 못 팔았죠. 결국 모든 걸 잃고 마진콜 먹고 청산당했습니다. 그때 와인을 사서 "4억짜리

와인이다"라며 아내와 함께 마셨습니다.

개인적으로 큰 교훈을 얻었고 아쉽기는 하지만, 사실 심리적으로 큰 타격이 있지는 않습니다. 돈이라는 것은 언제든지 다시 벌수 있는 하나의 숫자로 보기 때문입니다. 그런데 사실 아이러니합니다. 투자는 돈을 버는 것이 목적인데 욕심을 억눌러야 하다니!

투자는 이렇게 모순적인 것이라 돈을 버는 사람이 적은 겁니다. 멘탈 관리가 어렵다면 남에게 맡기든지 알고리즘 거래, 퀀트 투자 등을 해서 심리를 배제하는 것이 방법입니다.

> **FIRE Tip.**
> 투자 원칙은 무조건 지켜라. 멘탈 관리가 어렵다면 감정을 배제한 투자를 해라!

나만의 팁)

남들처럼이 아니라 내가 생각하는 대로 살아라

자기 객관화가 가장 중요합니다. 남들과 똑같이 생각하고 살면서 부자가 되고 싶어 하는 건 말이 안 됩니다. 직장인 친구들이 많은데, 보통 주중에 일해서 힘드니 주말에는 쉰다고 하더라고요. 그런데 좋은 차, 좋은 집을 사고 싶어 하고 부자가 되고 싶어 합니다. 제가 아는 자산가들은 끊임없이 돈을 굴리기 위해 노력합니다. 주말에 임장을 가거나 투자 수업을 듣는 등 공부도 많이 합니다.

따라서 주위 사람들처럼 사는 것이 아니라, 내가 생각하는 대로 살아야 합니다. 부모님의 조언도 무조건 새겨들을 필요는 없습니다. 그분들의 세계와 저희의 세계는 다르니까요. 제가 증권사를 퇴사하고, 27살에 필리핀으로 가방만 들고 건너갈 때 모두가 반대했습니다. 친척들부터 친구들까지 모두 다. 하지만 결과적으로 제가 내린 선택은 옳았습니다.

직장인들에게 전하는 말) _____

먼저 내가 있는 곳에서 최선을 다하라

요즘 근로소득을 천시하는 문화가 있는데, 근로소득을 함부로 포기하지 마세요. 사업도 '급여+자본수익'이죠. 직장을 다니면서 재테크, 사업 기회를 판단하는 것이 좋습니다.

회사에서 일도 제대로 못하는데 "사업, 투자나 해볼까?" 하는 사람이 성공할 가능성은 거의 없습니다. 사업이든 투자든 잘하는 사람이 잘하는 겁니다. 사업과 투자를 절대 가볍게 보지 마세요. 본인이 있는 곳에서 최고의 퍼포먼스를 내고 그다음을 생각해 봐야 합니다.

직장인 맞벌이 부부,
14년 만에 경제적 자유를 달성하다

쎄프리
전업투자자
#직장인파이어 #미국주식 #배당주 #부동산 #맞벌이

이 책을 쓰기 위해 파이어를 이룬 사람들을 수소문하고 다니며 쎄프리를 알게 되었다. '네이버 파이어족 카페'에 인터뷰이를 찾는다고 남긴 글에 쎄프리가 회신해 준 덕분이다.

누군가는 그가 아직 경제적 자유를 달성하지 않았다고 할지 모른다. 자가가 없기 때문이다. 하지만 그는 앞서 말한 파이어 조건은 충분히 달성했고, 매년 투자 수익을 꾸준히 내며 자산을 계속 불려나가고 있다. 다만 집은 더 나은 삶을 위해 전략적으로 처분한 것이다.

하기 싫은 일을 그만두고 한낮의 햇살을 즐기며, 열심히 투자하는 그들이 평범한 맞벌이 부부가 가장 따라 하기 좋은 파이어 모델이 아닌가 싶다.

그는 집에서 경제적으로 아무 도움도 받지 못했다. 20세 전에는 기초생활 수급자였고, 본인의 대학교 등록금과 생활비도 아르바이트를 통해 충당했다.

부자가 되어야겠다는 생각은 있었지만, 코로나19로 인해 재택근무를 하기 전에는 경제적 자유 및 퇴사에 대해서 크게 생각하지 않았다. '부자가 되어서 강남에 입성하고, 가장 좋은 집에서 살자!' 같은 것이 그의 목표였다. 그런데 코로나19로 재택 근무를 하면서 기존의 출퇴근하는 삶에서 잠시 벗어나 보니, 햇살 가득한 낮의 시간이 일하기 위한 시간이 아님을 알게 되었다.

자연스럽게 지금 그들 부부가 하고 있는 일이 정말 가치 있는 것인지에 대해서 고민하게 되었고, 확실한 답을 찾기 위해서는 경제적 자유 상태가 돼야만 정확히 판단할 수 있다고 생각했다. 그래야 '돈 벌려고 어쩔 수 없이 하는 것인지, 아니면 일이 나에게 가치 있어서 하는 것인지' 알 수 있기 때문이었다. 그래서 그는 '경제적 자유'에 도전하게 되었다.

경제적 자유를 위해 포기한 것, '내 집'

쎄프리 부부는 직장인 맞벌이 부부다. 그와 아내 둘 다 14년간 직장 생활을 해왔다. 그들은 소비를 최대한 줄이는 동시에 급여를 저축해 모은 돈으로 주식과 코인 투자를 했다. 2018년도에는 집도 샀다. 그의 아내는 소비를 즐기는 스타일이었는데 그와 결혼하면서 저축을 지향하게 되었다.

부부가 은퇴 이야기를 꺼낸 시점은 순자산이 16억 원쯤 되는 시점으로, 연지출의 33배 정도였다. 현재 그들의 순자산은 약 20억 원 이상이다. 2008년 직장생활을 시작할 때 자산이 0이었으니 14년 만에 경제적 자유를 달성하게 된 셈이다.

경제적 자유를 달성하기 위해 포기한 것도 있다. 바로 '내 집'이다. 경제적 자유를 이뤘다면 내 집은 당연히 있어야 한다는 상식을 깬 그의 선택에 나는 공감했다. 나도 경제적 자유는 달성했으나 집을 갖고 있지는 않기 때문이다.

그는 투자 목적으로 집을 사서, 기회비용을 계산해본 뒤 바로 전세를 주고 월세로 나와서 살기 시작했다. 은퇴 후에는 이 집을 갭 투자* 형태로 보유하려고 했지만 포기했다. 은퇴를 하면 자산 기준으로 건강보험이 측정되는데 집이 있으면 건강보험료 부담이 높아지고, 최근 부동산 보유 세금도 매우 높아졌기 때문이다. 이런 추가 비용을 고려한 후 그는 집이 은퇴 후에 가지고 갈 자산은

---

* 매매가격과 전세가격 간 격차가 작을 때 그 차이(갭)만큼의 돈만 갖고 집을 매수한 후 직접 살지는 않고 임대주택으로 공급하다가 집값이 오르면 매도해 차익을 실현하는 투자법

아니라는 결론을 내리고 매도했다. 추후 내 집이 필요한 시점에 다시 살 예정이라고 한다.

운이 인생을 좌우하지 않게 노력하는 삶

그는 2021년 5월에 퇴사했다. 일을 하지 않고 자산으로 생활이 가능하다고 생각하니 지금의 회사 일은 자신의 것이 아니라는 사실을 깨닫게 되었기 때문이다.

이제부터 그는 하고 싶은 일들을 이어나갈 생각이다. 현재는 운영하고 있는 블로그와 유튜브에서 콘텐츠를 생산하고 있다. 젊은 파이어족을 위해 경험도 공유하고 싶다. 은퇴 후에도 규칙적인 생활을 유지하는 것이 매우 중요하다고 생각해서 루틴을 유지하려고 노력 중이다.

그는 파이어를 달성하는 데 필요한 운과 노력은 비중으로 따질 수 없다고 말했다. 노력을 해야 운을 만날 자격이 주어진다는 것이다. 그래서 그는 운이 자신의 인생을 좌우하지 않도록 리스크를 더 줄이기 위해서 노력하는 삶을 살고 있다.

"파이어족을 부정적으로 보는 시각도 있는데, 저는 사회적으로 이를 오히려 권장해야 한다고 생각합니다. 회사에서 중년 직원 한 명이 경제적 자유를 달성해 빠르게 은퇴하면 젊은이 2명을 채용할 수 있어서 고용창출에 도움도 되고, 파이어족으로 은퇴한 사람도 자산이 충분하니 사회의 도움을 받을 필요가 없지 않습니까?"

퇴사한 것이 언제 실감나냐고 묻자, 그는 나와 경제적 자유 관련 인터뷰를 하고 있는 바로 지금이라고 답했다. 퇴사 후에 웃음이 끊이지 않는다고 말하는 그는 인터뷰 내내 웃고 있었다.

파이어를
달성하는 데
필요한
운과 노력은
비중으로
따질 수 없다.
노력을 해야
운을 만날 자격이
주어지는 것이다.

부동산에 집착하지 말자!
미국 배당주로 달성한 현금흐름

경제적 자유 달성 전과 후)

현금흐름이 창출되는 투자를 하라

수입　경제적 자유 달성 시 수입은 아내와 합쳐서 연 1억 6000만 원 정도였습니다. 경제적 자유 달성 후에는 전세를 빼고 월세로 옮기면서 생긴 7억 5000만 원 정도를 미국 배당주에 투자했습니다. 여기서 발생하는 배당금만 연 3000만 원 정도가 됩니다. 배당이 증가할 것을 감안하면 5년 후에는 배당금이 약 5000만 원으로 증가할 것으로 전망하고 있습니다. 그리고 테슬라, 아마존, 구글 등 성장주에도 2~3억 원쯤 투자했습니다.

지출　　사회생활 초반에는 제 용돈으로 60만 원(월급의 약 35%) 정도 지출했습니다. 다만 제가 쓰는 돈 외에도 부모님 용돈 등으로 추가로 나가는 지출이 더 있었습니다.

지금 아내와 저의 개인 용돈은 각자 80만 원입니다. 물가 상승률을 생각하면 사회 초년생 때 더 많은 소비를 하고 있었던 거라고 볼 수 있겠네요. 개인 용돈 외에도 양가 부모님께 드리는 용돈 등을 포함해 연 지출은 6000만 원 정도입니다.

투자　　미국 배당주, 미국 성장주, 부동산 갭 투자, 암호화폐에 투자했습니다. 합법적인 투자 범위 내에서는 종류별로 다 해보면 좋다고 생각합니다. 현새 자산 배분은 미국 배당주 40%, 미국 성장주 25%, 부동산 갭 투자(매도 예정) 25%, 월세 보증금 5%, 암호화폐 5% 정도입니다.

한국 사람들은 부동산에만 집착하는 경향이 높은데, 그런 자산 배분은 파이어족에게 도움이 안 된다고 생각합니다. 앞서 언급했지만 은퇴하면 현금흐름이 적어지는데 건강보험은 자산 기준으로 계산이 되어 보험료가 높아지고, 보유세도 발생하기 때문입니다. 반대로 주식은 적합한 자산이라는 결론에 도달했습니다. 배당금이라는 현금흐름이 창출되기 때문입니다. 자산 상승기에는 부동산만 오르는 것이 아니라 주식도 함께 오릅니다. 그래서 저는 주식에 편중된 자산 배분을 구성하고 있습니다.

사실 저는 한동안 변형된 올웨더 포트폴리오, 즉 자산배분을 추구하고 있었습니다. 그 포트폴리오 자체로도 2.1% 정도의 배당 수익이 나더라고요. 그런데 금리가 떨어지고 채권 가격이 너무 비싸져서 채권을 팔고 그 돈을 어떻게 투자할까 고민하다 보니 현금흐름을 보장할 수 있는 배당주가 적합하다는 결론에 도달했습니다.

13개 배당주에 투자하고 있는데 그중 11개는 미국 부동산에 투자하여 월세와 시세차익을 주주에게 배당하는 리츠입니다. 이 리츠들은 3%대의 배당수익률을 제공하고 있습니다. 저는 특히 데이터센터, 물류센터 등 4차 산업혁명 시대에 유망할 것이라고 보는 형태의 리츠에 많이 투자했습니다. 한국 주식도 조금씩 투자했는데 수익이 그다지 크지는 않았습니다. 그런데 미국 주식은, 물론 장이 좋아서 그랬겠지만 수익이 계속 나더라고요. 그래서 미국 주식 위주로 투자하고 있습니다.

기여도　　　지출 50%, 수익 25%, 투자 25%입니다. 지출이 가장 우선순위가 높은데요, 지출이 적었으니 저축이 늘었고 종잣돈을 모을 수 있었기 때문입니다. 지출이 크면 경제적 자유 달성은 어렵죠. 지출을 최소화한 상태로 행복한 삶을 찾는 게 우선인 것 같습니다.

젊을 때는 전망 있는 회사에, 나이가 들면 투자에 집중하라

20~30대의 가장 큰 투자는 '내가 시간을 들여서 어떤 일을 하는가?'에 있는 것 같습니다. 젊을 때, 앞으로 성장할 산업과 업무에 시간을 투자해야 한다고 생각합니다. 저는 첫 회사를 다니다가 막 출시된 아이폰 3Gs를 보고 감명을 받아 모바일 업무를 할 수 있는 회사로 이직했습니다. 흥미 있는 분야였기 때문에 더 열심히 일할 수 있었죠. 그때는 야근도 주말 출근도 두려워하지 않았고, 업무도 좋은 평가로 이어져서 또래 대비 많은 소득을 올릴 수 있었습니다.

> **FIRE Tip.**
> 젊을 때는 성장하는 산업의 기업에 입사해서 본업에 집중하라!

회사를 다니고 있다면 회사에서 인정받는 것이 수익을 높이는 가장 쉬운 방법입니다. 특히 젊을 때는 일을 잘해서 임금 상승과 보너스를 노리는 것이 부업을 하면서 추가 수익을 창출하는 것보다 더 효과적인 것 같습니다.

그런데 나이가 들면 회사에 바치는 시간에 대한 효율이 떨어집니다. 요즘은 하후상박으로 급여를 올리는 추세라, 아래 직급의 급여를 많이 올리고 위 직급의 임금상승은 더딘 거죠. 따라서 연차가 차면 투자에 더 집중해야 합니다. 투자 수익을 만들어 내는 가장 큰 요소는 시간입니다. 20년 이상의 장기 투자는 리스크를 거의 0으로 만들어줍니다. 1년이라도 일찍 장기투자를 한다면 당신의 미래는 밝습니다.

지출 줄이는 법)

월급이 들어오면 저축부터 하라

지출을 줄이는 꿀팁이 있습니다. 너무 쉬운데 성공하는 사람은 몇 명 없습니다. 바로 월급이 들어오면 바로 저축하는 것입니다. 그러고 나서 남은 금액 있죠? 이걸로 한 달을 살아보세요. 신용카드 말고 체크카드 쓰면 됩니다. 이렇게 하면 수입의 일정 비율을 저축할 수 있습니다. 월급의 몇 퍼센트를 저축할지는 엑셀로 미래 자산을 구해보고 정하세요.

> **FIRE Tip.**
> 월급이 들어오자마자 바로 저축하고 나머지로 한 달을 버텨라!

그리고 이건 제 팁인데, 저는 남에게 보이기 위해서 돈을 쓰지 않았습니다. 결혼 전까지 차도 사지 않았습니다. 필요성을 못 느꼈기 때문이죠. 비싼 옷을 사지 않았습니다. 다른 사람에게 잘 보이기 위한 소비는 3일 뒤면 후회하게 되더라고요. 나에게 가치 있는 소비만 골라서 해도 됩니다. 생각이 멋있는 사람이 진짜 멋있는 사람입니다.

백테스트를 많이 돌려서 검증하라

투자 성공 케이스를 많이 습득해 놓으면 도움이 됩니다. 엑셀을 많이 두들겨 보는 것이 중요합니다. 낼 수 있는 수익률을 가정해 보고, 현재와 미래에 얼마나 투자가 가능한지 시뮬레이션을 돌려보고, 투자전략 백테스트*를 많이 해보는 것이 미래 설계에 도움이 됩니다.

또한 앞으로 좋아질 산업을 예측해 보는 것도 중요합니다. 아이폰이 처음 출시되었을 때 '이건 잘될 수밖에 없다'라고 생각해서 모바일 쪽으로 이식을 했는데 정작 애플 주식을 사진 않았습니다. 그게 두고두고 후회가 되었죠. 테슬라의 경우에는 테슬라 차를 사면서 커뮤니티에 가입했는데 테슬라 구매자들의 충성심이 정말 강하더라고요. 특히 테슬라 엑셀은 꼭 한번 직접 밟아봐야 합니다. 기존 차와 차원이 다르죠. 그래서 '이런 주식은 사야겠다!' 하면서 매수했습니다. 제 생각으로는 전기차, 우주산업, 유전자 치료, 데이터센터 리츠는 10년 이상 가져가도 좋은 분야라고

> **FIRE Tip.**
> 자산의 성격과 역사적 움직임을 공부하면 손실이 났을 때 마음을 다잡을 수 있다!

---

* 특정 투자전략을 과거 기준으로 시뮬레이션해 그 전략을 실제로 사용했다면 어땠을지 결과를 검증해보는 과정

생각합니다.

투자를 하다가 슬럼프에 빠졌던 적도 있습니다. 예전에 투자한 주식이 심하게 손실이 났던 적이 있죠. 이럴 때는 내가 투자한 자산의 성격을 공부하고 역사적으로 어떤 움직임이 있었는지를 살펴봅니다. 그러면 이런 손실은 언제든 있어 왔던 것이며 이런 과정을 거쳐서 결국은 우상향한다는 것을 인지하게 되어 힘든 마음을 이성적으로 이겨낼 수 있습니다.

나만의 팁) ─────────────────────────────

내가 미래에 얼마나 모을 수 있는지 미리 계산해보라

엑셀로 계산해 보는 미래가 중요합니다. '모을 수 있는 금액'과 '투자해서 얻을 수 있는 기대 수익률' 이렇게 두 가지만 있으면 미래의 내 자산이 얼마가 될지 알 수 있습니다. 이것을 보면 투자금을 늘리거나 지출을 줄이는 등의 아이디어도 얻을 수 있습니다. 반대로 '내가 10년을 이렇게 더 회사에 다녀도 이 정도밖에 못 모으는구나!'라는 현실을 알게 되어서 변화를 모색하게 될지도 모릅니다.

'모을 수 있는 금액'
'투자해서 얻을 수 있는 기대수익률'
이 두 가지만 있으면
미래의 내 자산이
얼마나 될지 알 수 있다.

근로소득을 보충할 파이프라인을 만들어라

직장인의 미래는 갈수록 더 힘들어질 것 같습니다. 업무가 힘들어진다는 뜻은 아닙니다. 부동산 등의 자산 상승률과 임금의 상승률이 동일해야 살 만한 세상입니다만, 임금의 상승률이 더 낮은 현상이 이어지고 있고 앞으로도 그럴 것 같습니다. 무언가 다른 파이프라인을 만들지 않는다면 직장인의 삶은 상대적으로 계속 팍팍해질 것이라고 생각합니다. 그러니 직장을 다니면서 꼭 자신만의 파이프라인을 구축해 두시기 바랍니다.

예술을 꿈꾸던 소년에서
국내 최상급 데이트레이더로

삼성동라이언
전업투자자
#주식파이어 #단타 #투자일기 #예술인

나의 주식 사부가 "실전투자대회에서 여러 번 입상한 청년재벌을 소개해 줄게"라고 해서 삼성동라이언을 만나게 되었다. 고기를 두어 번 같이 먹은 후 자연스럽게 친해졌고 집도 가까워서 우리 집으로 불러 피자와 탕수육을 먹으며 인터뷰를 진행했다. 그에게는 재미있는 소재가 많았고, 나는 이야기하는 동안 수 차례 크게 웃었다.

흔히들 이렇게 생각한다. 단타를 하면 돈을 못 번다고. 삼성동라이언의 스토리를 들으면 생각이 달라질 수도 있을 것이다.

그의 꿈은 음악을 하는 것이었다. 좀 더 커서는 영화를 만들고 싶었다. 그런데 동이 트기 전 새벽에 나가서 일을 하시는 아버지 입장에서는 음악이나 영화를 한다는 것이 세상물정 모르는 아이의 환상이라고 여겨졌던 것 같다. 그래서 아버지의 반대가 많이 심했다.

"모든 아버지가 그렇죠. 자식만큼은 고생시키기 싫고, 힘들게 일하는 건 본인 대에서 끊길 원하시는…… 좀 더 안정된 직업을 원하셨습니다."

그런 집안 분위기에 있다 보니 그는 '어떻게 하면 내가 원하는 일들을 눈치 보지 않고 마음껏 할 수 있을까?'라고 생각하게 되었다. 그리고 내린 결론이 '남에게 의존하지 않고 경제적 자립을 해서 내가 원하는 일들을 하자!', 즉 경제적 자유를 이뤄야겠다는 것이었다.

부의 롤모델을 책 속에서 찾다

이후 그는 한동안 도서관에서 눈에 띄게 성공한 부자들의 책을 탐독했다. 롤모델을 찾기 위해서였다. 콘래드 힐튼, 정주영, 손정의, 워런 버핏, 빌 게이츠 등 그가 찾은 이들의 공통점은 모두 사업을 일군 사람이라는 것이었다. 그래서 '그럼 나도 사업을 해야 하나?'라고 생각해봤지만 이내 빌 게이츠의 일화를 듣고 충격을 받는다. 고등학생 자녀를 두고 있는 사람이 게이츠에게 "아이가 당신처럼 성공하려면 어떻게 해야 하나?"라고 질문했더니 게이츠가 "이미 늦었다"라고 했다는 이야기다.

당시 대학생이었던 그는 눈을 낮춰야겠다고 생각했다. 훌륭한 이들의 전략은 잘 새기되 조금 더 현실성 있는 롤모델을 찾아야겠다고 결심한 것이다. 그러다 앙드레 코스톨라니를 알게 되고, 투자로 성공하는 방법이 있다는 가능성을 발견하게 된다. 의외로 그에게 가장 극적으로 도움을 준 책은 조인호 작가의 『나는 아르바이트로 12억 벌었다』라는 책이라고 한다. 제목만 보면 "알바(?)로도 부자가 되는구나"라고 생각할 수 있지만, 책을 읽다 보면 "평범한 사람이 부자가 되는 방법은 투자구나"라는 깨달음을 주는 내용임을 알 수 있다.

앙드레는 주식 투자를, 조인호는 부동산 투자를 했다. 둘 중 하나를 골라야겠는데, 이때도 그는 당시 우연히 보았던 책에서 힌트를 얻는다. 제목은 기억나지 않지만 인구론적으로 풀어보면 우리나라에서는 주식 투자가 부동산 투자보다 생명력이 더 길다는 결론을 던져주는 책이었다. 그래서 그는 2006년부터 소액으로 주식 투자를 시작하게 된다.

　대학생에게는 큰돈이 없으니 처음엔 1만 원으로 연습을 했다. 그러다 잘되면 금액을 10만 원, 100만 원으로 올렸다. 공부하는 만큼, 다음 날을 준비한 만큼 수익이 나자 투자가 재미있어졌다. 마치 시간을 들여 그물을 촘촘하게 만드는 것 같은 느낌이었다. 시행착오와 상당한 준비 기간이 있었지만 그는 2008년 실전투자 대회에서 약 500%의 수익을 내는 것을 시작으로 주식시장에서 본격적으로 돈을 벌기 시작했다.

투자는 나에게 '놀이'다

　그는 2013년, 만 29세에 10억 원을 모으게 된다. 경제적 자유를 달성한 것이다. 그는 서울에 28평 아파트를 샀다. 독립적인 공간과 경제적 여유가 생기자 벚꽃이 피고 지는 것도 보였고, 상영하는 영화도 거의 다 보았던, 행복한 기억이 남아 있다. 자산은 그 후부터 현재까지 몇 배나 불어나 있다.

　요즘 그의 일과는 이렇다. 아침에 선물 코인 주식 투자를 하고, 저녁엔 내일 투자할 것들을 정리하고 잠이 든다. 그에게 투자는 일이라기보다는 놀이에 가깝다. 예측한 대로 시장이나 종목이 움직이면 쾌감이 느껴진다. 그는 다양한 세상이 진행되고 있는 것을 느끼며 시대를 함께 타고 가는 것에서 이 시대의 구성원으로서 소

공부하는 만큼, 다음 날을 준비한 만큼
수익이 나자 투자가 재미있어졌다.
시간을 들여 그물을 촘촘하게 만드는 것 같은 느낌이었다.

속감을 느낀다.

그는 앞으로 투자의 폭을 더 넓히고 싶다고 말했다. 현재 2013년과는 다르게 엔젤 투자자로서 스타트업 투자를 하며 선물, 암호화폐 투자를 하고 있는데, 앞으로도 더 잘될 만한 것들에 다양하게 투자를 하겠다는 계획을 가지고 있다.

어렸을 때 그는 "수십억 대 부자가 되면 슈퍼카 하나 사야지"라는 생각을 했다. 그러나 정작 그 돈이 생기고 나니 사고 싶은 마음이 사라졌다고 한다. 안 사도 이미 산 것 같은 만족도가 생겼달까? 최근에도 지인들과 슈퍼카 구경을 간 적이 있는데, 결론적으로 사지 않았다. '이 차에 쓸 돈을 가지고 더 가치 있는 곳에 투자할 수 있다면?'이라고 생각하니 신이 났기 때문이다.

"아, 그래서 음악이나 영화는 어떻게 되었냐구요? 우선 머리부터 기르고 있습니다. 어떤 기회가 올지 모르니."

잘하는 일에만 집중하고
못하는 일은 빨리 손절하라

경제적 자유 달성 전과 후) _____

잘했을 때 돈을 써라

수입   2013년 당시 수입은 연 3억 원 정도였습니다. 전부 스캘핑*과 데이트레이딩**으로 벌었죠. 치킨집이나 다른 사업을 하느라 투자에 소홀해졌을 때는 오히려 수입이 줄었습니다. 현재는 그때보다 몇 배 늘어났습니다.

---

*   하루에 수십, 수백 번씩 주식 거래를 하며 박리다매식으로 매매차익을 얻는 기법
** 스캘핑보다 시계열을 길게 보고 진입 청산하는 매매 기술. 종목의 보유 기간은 하루를 넘기지 않는다.

지출　　　대학 졸업 후 약 200~300만 원 정도? 솔직히 잘 모르겠습니다. 지금은 그때보다 지출이 늘어나긴 했는데 그때그때 다릅니다.

그런데 제게는 돈을 쓸 때 중요한 원칙이 있습니다. 제가 최근에 '잘 살았을 때' 지갑을 엽니다. 여행 갈 때는 뭐든 최고급으로, 백화점 갈 때는 플렉스하게! 잘 살았다는 것은 내가 투자 원칙을 잘 지켰다든지, 돈을 벌었다든지, 열심히 투자를 공부했다는 뜻이고요, 이럴 때 돈을 씁니다.

반대로 제가 최근에 잘 못 살았을 때, 즉 투자 원칙을 어겼다든지, 돈을 잃었다든지, 방만하게 투자를 했다고 생각하면 스스로 벌을 줍니다. 지갑을 닫습니다. 백화점 근처에도 안 가는 건 당연하고 풍요로움을 끊습니다. 집 밖에도 거의 안 나가고 소비를 안 합니다.

하루가 우울하고 뭔가 스트레스를 받거나 일이 안 풀리면 그걸 지출로 푸는 경우가 있는 사람들도 있다고 하는데, 그럼 절대 안 됩니다. 그게 패턴화되면 소비 중독이 됩니다. 반대로 좋은 행동을 했을 때 스스로 보상하고, 나쁜 행동을 처벌하면 무의식적으로도 좋은 행동을 하고 싶은 동기부여가 더 생깁니다.

투자　　　예전에는 주식으로 스캘핑, 데이트레이딩을 했습니다. 현재는 상장주식으로 중장기 추세추종 전략을 쓰고 있고, 벤처기업, 지수선물, 암호화폐에 투자 중입니다. 비중은 상장주식에 40% 정도, 비상장주식에 35% 정도, 암호화폐에 15% 정도, 부동산에 10% 입니다.

중장기 트레이딩은 변동성이 굉장히 높습니다. 2017~2020년은 시행착오 기간이긴 했지만 어쨌든 수익은 미미했고, 2021년은 수익이 수백 퍼센트입니다. 암호화폐는 투자한 지 얼마 되지 않았는데 몇 배는 벌었습니다.

기여도   투자가 100%죠.

지출 줄이는 법)

돈과 즐거움은 비례하지 않는다

사람이 즐거워하려면 얼마의 돈이 들까요? 사실 별로 큰돈이 필요하지 않습니다. 10분 동안 100%의 확률로 즐거워질 수 있는 방법은 오락실에 가서 500원짜리를 넣고 좋아하는 게임에 몰두하는 겁니다. 반대로 수백만 원을 지출했는데도 기분은 별로인 경우도 많이 봤습니다. 차를 사기 위해 억 단위의 지출을 했는데 정작 직원이 차가 나올 때는 딴소리를 하는 경우, 수천만 원을 썼는데 서비스가 형편 없는 경우 등 지출 금액과 즐거움은 절대 비례하지 않습니다. 돈이 별로 들지 않지만 즐거운 일이 굉장히 많으니 그런 걸 찾아보세요!

투자 잘하는 법)

투자일기를 만들어서 매매 기록을 복기하라

주식 투자로 돈을 버는 법을 간단히 소개하자면, 투자일기를 매일매일 쓰는 것입니다. 변하지 않으면 매번 똑같은 패턴으로 살다가 인생을 허비합니다. 그렇다면 오늘의 투자에 실패한 나를 성공한 사람으로 바꾸려면 어떻게 해야 할까요? 기록이 필요합니다. 투자일기를 만들어 오늘의 내가 겪은 성공과 실패 케이스를 기록해 내일의 나에게 전수해줘야 합니다. 인류 문명이 이렇게 성장해 왔다고 해도 과언이 아닙니다. 철자가 생김으로써 기억이 더 구체화되고 전수가 가능하게 된 것이죠. 오늘의 성공 케이스는 내일로 복사하고, 오늘의 실패 케이스는 두 번 다시 같은 상황에 빠지지 않도록 대비하는 것입니다.

이렇게 투자일기를 쭉 써보면 하나의 경향이 도출될 것입니다. 항상 같은 실수를 반복하는 것이죠. 잘나가다가도 이전에 겪은 실수 유형에 크게 당할 수 있습니다. 이런 부분은 오답노트처럼 만들어서 외우듯이 철저하게 대비해야 합니다. 아니면 나아지질 않아요. 투자로 성공하고 싶다면 과거의 실수를 반복하지 말고, 어제의 실패를 딛고 성장하는 오늘의 나를 만들어야 합니다.

나만의 팁) _____

투자든 사람이든 오르는 놈이 계속 오른다

세상에는 세 부류의 사람이 있습니다. 도움이 되는 사람(플러스), 말썽이 되는 사람(마이너스), 비중이 없는 사람입니다(제로). 도움이 되는, 즉 플러스가 되는 사람을 만나야 합니다. 플러스가 되는 사람들이 바쁘면 그들이 쓴 콘텐츠(책, 유튜브 등)를 접하는 것이 유용합니다. 말썽이 되는 사람을 만나는 것은 당연히 피해야 하고, 비중 없는 사람을 만나는 것도 최대한 피하는 것이 낫습니다. 결국은 제 시간을 빼앗아가는 꼴이 되더군요.

플러스가 되는 사람은 만나면 무엇인가 배워가거나 얻어가는 것이 있습니다. 사회성 좋은 사람을 만나면 사회성을 배워갈 수 있고, 재밌는 사람을 만나면 같이 유머러스해질 수 있습니다. 마음 맞는 동창을 만나면 마음의 정화를 얻고, 아는 게 많은 사람은 내가 모르는 세상을 알려줍니다. 이런 다양한 사람들이 다 플러스가 되는 사람들이죠, 이런 사람들과 같이 있으면 내 인생에 뭔가 추가된 것이 있다, 생산적인 시간을 보냈다는 감정이 생깁니다.

반대로 마이너스가 되는 사람들은 내 돈이나 마음, 성의, 에너지가 들어가는데 돌아오는 것은 마이너스의 마음입니다. 부정적인 느낌이 아련히 들어요. 같이 있으면 손해보는 사람들이죠. 정확하게는 '은근히' 손해 보게 만드는 사람들입니다.

투자든, 사람이든 오르는 놈이 계속 오릅니다. 그리고 내리는 놈이 계속 내립니다. 도움 주는 사람은 계속 도움 주고, 피해 주는 놈은 계속 피해를 줍니다. 이게 인생의 진리입니다.

FIRE Tip.
플러스가 되는 사람에게 돈, 시간, 에너지를 투자하라!

오르는 종목에는 관심을 주고 도움 주는 사람에게는 잘해 주십시오. 도움을 주는 사람은 사실 별로 없습니다. 이런 사람들에게 고마워하세요. 투자도 잘되는 것에 돈, 시간, 에너지를 투자해야 하는 것처럼 사람도 플러스인 사람에게 더 쓰는 게 맞습니다.

직장인들에게 전하는 말) _____

잘하는 일은 애드업하고, 못하는 일은 빨리 손절하라

자기 자신을 정확히 알고 행동해야 합니다. 내가 잘하는 일과 못하는 일을 정확히 알고 잘되면 애드업(Add-up)하고, 아니면 빨리 손절해야 합니다. 애드업과 손절은 주식용어인데요, 동시에 인

생용어이기도 합니다. 잘되는 곳에는 시간, 돈, 에너지를 투입하여
더 잘되게 만들어야 합니다. 저에게는
투자가 잘되는 일이었고 안되는 일은
치킨집이었습니다. 잘되는 것에 더 힘
을 실어주는 것. 이것은 만고의 진리입
니다.

> **FIRE Tip.**
> **잘되는 것에 더 힘을 실
> 어라!**

코인 투자에도 펀더멘털과
마켓타이밍이 있다

나서진

전업투자자

#직장인파이어 #코인 #블록체인

전업투자자인 나서진은 암호화폐, 즉 코인 투자를 통해 경제적 자유를 이뤘다. '누구는 코인으로 몇 억을 벌었다고 하더라' 하는 운 좋은 사람들 이야기는 가끔씩 전설처럼 들려온다. 하지만 그처럼 오랫동안 투자를 공부하고 그 이론을 바탕으로 코인에 도전해 성공한 사람은 드물 것이다.

그는 코인 투자 외에도 여러 다양한 투자를 경험하면서 시행착오를 겪었고, 마침내 자신과 잘 맞는 투자를 찾아내 무려 21배에 달하는 수익을 거두게 되었다. 그가 어떻게 코인 투자로 경제적 자유를 이루게 되었는지, 그가 생각하는 코인 투자의 핵심은 무엇인지 함께 알아보자.

그의 집은 가난한 편이었고, 그는 소위 말하는 '흙수저'였다. 부모님에게 지원을 받기는커녕 오히려 부모님을 지원해야 하는 상황이었다.

그는 2012년에 누구나 알 만한 IT 대기업에서 사회생활을 시작했다. 많은 사람들에게 영향을 끼치고 세상을 더 낫게 만드는 제품이나 서비스를 만들고 싶다는 것이 그의 꿈이었다. 그런데 회사 일은 생각과는 달랐다. '멍청한 발명 사전'이 있다면 거기에나 나올 법한 기능을 만들자고 좋아하던 부사장과 그 아이디어 너무 좋다며 아부 떨던 상무를 보며, 처음으로 이런 생각을 했다. '경제적 자유를 가진다면 이런 사람 밑에서 돈 때문에 일하지 않아도 되고, 언제든지 더 스마트한 곳으로 옮기거나 내 사업을 할 수 있을 것이다.' 스스로 옳다고 생각하는 방향으로 삶을 살아가고 싶어서 그는 경제적 자유를 꼭 이루고 싶었다.

사회생활을 시작할 때부터 투자를 병행해 부동산, 주식, 암호화폐, P2P, 퀀트 투자, 비상장주식 등 안 해본 투자가 없었다. 투자를 시작한 후 처음 8년간은 수익이 그다지 좋지 않았다. 한때는 5000만 원까지 손실이 난 적도 있다. 하지만 급여를 통한 현금흐름이 괜찮았고, 아직은 어리니까 수업료라고 생각하고 버텼다. 그러다가 블록체인 기술을 알게 되어 관심이 생겼고, 제품에 경제

스스로 옳다고 생각하는 방향으로
삶을 살아가고 싶어서
경제적 자유를 꼭 이뤄야겠다고 생각했다.

메커니즘을 접목할 수 있는 흥미로운 기술이라고 판단해 관련 스타트업으로 이직하게 되었다. 그리고 그곳에서 코인에 눈을 뜨고 경제적 자유에 도달하게 되었다. 2020년 그의 금융 자산은 2억 원 정도였는데, 1년만에 코인을 통해 21배 불려서 40억 원에 도달했다. 2015년에 '영끌'로 매수한 경기도 아파트를 포함하면 순자산은 약 50억 원 정도다.

코인 투자의 펀더멘털과 마켓타이밍

그는 진지한 얼굴로 코인 투자에 대해 설명했다. 그에 따르면 코인에도 주식과 비슷하게 펀더멘털 지표*가 있고, 시장 사이클을 어느 정도 예측할 수 있는 마켓타이밍 지표**도 있다고 한다. 주식과 비슷하게 '저평가된' 코인을 '상승장'에서 사는 것이다. 온체인(On-Chain) 지표가 마켓타이밍에 쓰기 매우 좋은 지표이고, 거래소 잔량, 장기보유자 포지션 변화 지표 등도 마켓타이밍에 참고하는 지표라고 한다. 코인의 저평가를 평가하는 펀더멘털 지표로는 거래(transaction)수, 사용자 수 등이 있다고 했다.

그는 이 지표들을 이용해 '2020년 3월이 저점이었고 곧 상승장이 올 것'이라고 파악했고, 5월경부터 비트코인과 이더리움을 중

---

* 주식 또는 코인의 가치를 가늠해 볼 수 있는 지표
** 주식 또는 코인 시장의 상승과 하락을 어느 정도 예측할 수 있는 지표

심으로 자산을 모았다. 그렇게 코인 시장이 커짐에 따라 수익도 올라갔고, 그러다가 9월경부터 펀더멘털 지표를 고려해서 당시 갖고 있던 약 1억 원의 주식 자산들을 정리하면서 가장 저평가된 코인을 샀다. 그러나 그후 4개월 동안 수익이 나지 않아서 비트코인과 이더리움도 정리하면서 계속 물타기를 했다. 그러자 5개월부터 수익이 나기 시작했다.

그의 이야기를 듣다 보니 지표를 찾고 투자한 것도 대단하지만 그 코인을 팔지 않고 끝까지 보유하면서 21배라는 수익을 낸 것이 더 대단하다는 생각이 들었다. 왜 코인을 팔지 않았냐고 물었더니 그는 이렇게 대답했다.

"강환국 씨가 유튜브에서 맨날 '수익은 길게!' 라고 하지 않았습니까. 그걸 명심하고 계속 보유하고 있었습니다!"

이것 참, 뿌듯하다.

개인적인 궁금증으로 코인에 투자한다고 하면 아내가 싫어하지 않는지 물었더니, 그는 아내에게 투자의 모든 상황을 다 말하진 않는다고 했다. 아내는 투자에 관심이 없어서 그에게 전부 맡긴다고 한다. 하지만 만약 아내가 투자에 관심이 많거나 잘하는 사람이었다면 '질러야' 할 타이밍을 맞추거나, 같이 아이디어를 검증하고 토론하는 절차를 거치고 투자했을 것이라고 말했다.

경제적 자유를 찾은 후 그는 심신을 돌보기 위해 일단 퇴사를 했다. 현재는 여행을 하며 다음에는 무슨 일을 할지 고민 중이다. 다음 일은 사회적으로 의미 있는 일을 하고 싶다고 한다.

앞으로도 계속 일을 하려는 것은 돈으로 환산하기 어려운 성취감, 사회적 명예와 인정 같은 이유 때문이다. 그것들 또한 삶의 원동력이 되는 큰 보상 중 하나이기 때문에 그것들이 없으면 돈밖에 없는 인생이 될 것 같다고 했다. 그는 사명감과 보람을, 그리고 원할 때마다 충분한 행복감을 느낄 수 있는 일을 하며 살고자 한다.

"전업 투자를 할까도 잠시 고민해봤어요. 하지만 저는 무에서 유를 만들 때 의미를 느낍니다. 그래서 아마 제품이나 서비스를 만드는 일을 계속하게 될 것 같아요."

다만 단순한 월급쟁이는 하지 않으려 한다. 회사의 지분을 가질 수 있을 경우에만 직원으로 일하거나 아니면 대표가 되는 일을 생각하고 있다.

파이어를 달성하는 데 필요한 운과 노력의 비중으로는 노력이 80, 운이 20 정도라고 했다. 그리고 운이 생길 확률도 노력을 통해 높일 수 있다고 생각한다.

다양한 금융 상품을 경험해봐야
나의 투자 성향을 파악할 수 있다

경제적 자유 달성 전과 후) _____

삶의 질과 투자 의욕을 올리기 위한 소비

수입　　월 세후 수입이 결혼 전에는 400만 원, 결혼 후에는 800만 원 정도 되었습니다. 경제적 자유 달성 시에는 규모가 좀 작은 회사로 옮겼던지라 월급이 약 650만 원 정도 되었습니다.

현재 월 세후 근로소득은 300만 원(아내 수입만 존재)이고, 배당 및 이자소득이 약 1500만 원 정도 됩니다.

지출　　근검절약 스타일은 아닙니다. 사회 초년생일 때는 월 약 200만 원 정도 썼고, 현재는 그때의 1.5배, 약 월 300만 원 정도 씁니다. 너무 아끼고 살면 삶의 질이나 투자 의욕이 떨어질 수 있습니다. 삶의 질이 유지가 되어야 목표치가 높아지고, 그 목표를 어떻게 달성할까 고민한다고 생각합니다. 여행을 좋아하고, 저 자신에 대한 투자도 많이 하는 편입니다. 자신에 대한 투자는 공부일 수도 있고 네트워킹 기회일 수도 있죠. 저는 네트워킹의 경우에도 '모멘텀 전략'을 쓰는데요, 1년 전보다 발전한 지인들을 주로 만납니다.

본인 수입 대비 사치를 하지 않는다면 지출 관리는 그다지 중요하다고 여기지 않습니다. 한 푼 두 푼 아껴서 경제적 자유에 도달하기는 힘든 것 같아요. 그 돈 아낄 노력이면 차라리 본인 가치를 높이는 데 쓰는 것이 좋을 것 같습니다.

저는 현재를 포기하진 않았습니다. 결혼도 했고, 아이도 있고, BMW 타고 다니고, 1년에 두어 번은 국내외 고급 리조트로 휴가도 갑니다. 그런데 다른 사치는 하지 않습니다. 명품은 안 사고 술자리도 거의 안 갑니다.

투자　　　투자는 사회생활을 시작할 때부터 했습니다. 부동산, 주식, 암호화폐, P2P, 퀀트 투자, 비상장주식 등 안 해본 게 없네요. 현재 투자 비중은 코인 4, 부동산 1, 주식 0.5 정도인 것 같습니다.

기여도　　수입이 30%, 지출이 10%, 투자가 60% 정도 차지한 것 같습니다. 투자 없이는 파이어가 없다고 생각합니다. 창업으로 부자가 된 사람들도 있는데, 그것도 사실 투자죠.

수입 늘리는 법) ────────────────────────────

시장에서 수요가 높아지는 스킬과 지식을 습득하라

자신의 경쟁력을 높여야 합니다. 월급으로 현금 흐름 300만 원을 만든다면 본인은 얼마의 자산이라고 생각하십니까? 연 4% 수익률을 낸 투자라고 가정하면 9억 원의 자산이 있는 것과 마찬가지 효과입니다. 사회 초년생 때는 이만한 자산을 가지고 있긴 어렵기 때문에 이때는 특히 본인의 가치를 키우는 것이 더 빠릅니다.

그러고 나선 더 상위 리그에서 뛰어야 합니다. 손흥민이 K리그가 아닌 프리미어리그에 속했기 때문에 그의 실력이 더 높은 가치를 인정받을 수 있었고, 또한 세계 최고 선수들과 경쟁을 해서 실력이 더 향상되는 선순환 결과가 있었을 것입니다. 똑같은 개발자라도 산업과 회사에 따라 연봉이 달라지는 것과 같은 이치죠.

또한 기본기 외에도 본인만의 필살기를 개발하면 좋습니다. 의외로 필살기는 기본기를 다지는 것보다 훨씬 적은 노력이 들어갑니다. 즉 ROI*가 좋습니다. 시장에서 수요가 높아지는 스킬과 지식을 조금만 더 발빠르게 습득하면 도움이 됩니다.

마지막으로 이렇게 모은 현금으로 다양한 금융 상품을 다 경험해보면서 본인에게 잘 맞는 투자 성향을 파악하는 것이 가장 중요합니다. 이 기간이 쌓여야 이후에 수익을 낼 수 있습니다. 굳이 저처럼 수천만 원의 수업료를 낼 필요는 없으니까요.

투자 잘하는 법) ────────────────────

잘 아는 시장 하나에는 지속적으로 참여하자

경제적 자유를 위해 투자는 필수입니다. 시장에 지속적으로 참여해야 합니다. 그럼 기회가 생기죠. 직장인의 경우 현실적으로 많은 시장을 다 분석하기는 어려우니, 본인이 잘 아는 시장 하나에라도 제대로 참여했으면 좋겠습니다.

기본적으로 시장 평균과 비슷한 수익을 내겠다고 생각하면서 그보다 더 높은 수익을 낼 수 있는 종목을 발굴하기 위해 노력해야 합니다. 저는 주로 자산배분 투자를 했는데, 제가 사용하는 펀더멘털과 마켓타이밍 지표로 오를 확률이 높은 2~3개 코인을 발

---

* Return On Investment, 투자자본수익률. 기업의 순이익을 투자액으로 나누어 구한다.

굴하고 그 코인 비중을 엄청나게 높였습니다. 그리고 목표한 시나리오대로 흘러가는 것에 따라 점점 다시 올웨더 포트폴리오 같은 자산배분 투자로 돌아가려고 합니다.

FIRE Tip.
잘 아는 시장 하나는 확보하자!

투자에서는 운도 물론 중요하지만, 확률적인 사고가 중요합니다. 저는 코로나19 발발 직후 돈이 엄청나게 풀리는 것을 보고 역사적으로 이럴 경우 늘 자산시장이 급등했다는 것을 배웠기 때문에 '지금 투자를 안 하면 바보다!'라고 생각했습니다. 여기서 다시 한번 '시장 참여'가 얼마나 중요한지 강조하고 싶습니다.

나만의 팁)

좋은 커뮤니티가 사교육보다 효과적이다

가족이 있으면 경제적 자유를 달성하기 어렵지 않냐는 사람들이 많은데, 꼭 그렇지는 않습니다. 맞벌이라면 종잣돈을 불릴 수 있다는 장점이 있거든요. 지출도 사실 크게 늘지 않을 가능성이 높습니다. 원룸과 아파트 비용 차이가 의외로 많이 안 납니다. 또한 가족이 있으면 집을 살 가능성이 높아서 부동산도 투자 대상으로 자연스럽게 고려할 수 있게 되고, 원룸 대비 더 높은 질의 주거

환경도 누릴 수 있습니다. 그래서 일도 좀 더 잘되는 것 같고요. 저희는 2015년에 아파트를 매수했습니다.

아이를 키우고 있지만, 학원이나 과외 등에 큰돈을 쓸 생각은 별로 없습니다. 유튜브나 인터넷에 좋은 정보가 많습니다. 무엇이든 주입식으로 가르치기보다는 스스로 배우는 법을 알려주고 싶습니다. 흥미를 가지면 알아서 배우니까요. 아이가 요즘 그림을 열심히 그리는데, 유튜브에서 그림 그리는 영상을 찾아서 알아서 배우더라고요. 흥미를 보이는 기회를 찾게 하고, 거기에만 투자할 겁니다.

물론 환경도 중요합니다. 아이가 그림에 관심이 있으면 그림을 재미있게 배울 수 있는 환경, 진지하게 그림에 집중할 수 있는 커뮤니티를 찾아서 비슷한 아이들과 어울리게 할 겁니다. 그런 곳에서 모멘텀이 생길 수 있죠. 보통 이런 커뮤니티에 참여하려면 돈이 드는데, 이런 방향의 투자가 학원에 쓰는 것보다 더 효과적일 수 있다고 생각합니다.

직장인들에게 전하는 말)

직장에 다닌다는 장점을 누리자

직장에 다니는 것은 장점이 많다고 생각합니다. 성장하는 산업에 직장을 얻는 것이 매우 중요하고요, 현금흐름이 생기는 것과 동시에 산업에 대한 전문성이 생기죠. 즉, 투자를 할 수 있는 종잣돈과 투자를 잘할 수 있는 안목이 동시에 생기는 겁니다. 직장에 다닌다는 것은 이렇게 두 마리 토끼를 잡는 일이라는 점을 기억하세요.

초창기 파이어,
파이어족의 대선배

김경호

전 중견기업 대표

#창업파이어 #파이어선배 #슬럼프극복 #아이아빠

김경호 대표는 스스로 "나는 1970년생이며 판자촌 출신의 흙수저 중 흙수저다"라고 말했다. 그는 2004년, 35세의 나이로 250억 원 규모의 자산을 달성했다고 한다. 지금으로부터 17년 전, 파이어라는 개념도 없었던 시기였다. 30대 중반이라는 나이에 이미 그 정도 자산을 축적했다는 사실에 그에 대한 호기심이 샘솟았다.

김경호 대표의 얘기는 반전을 거듭했다. 그는 큰 성공을 맛봤지만, 경제적 자유 후에 오히려 슬럼프와 고통이 왔다고 말했다. 파이어의 밝고 어두운 면을 김경호 대표를 통해 들어보자.

그는 파이어족의 대선배격인 존재다. 89학번이었는데, 당시에는 '경제적 자유' 같은 개념이 없었다. 사업을 하다 보니 회사가 커나가면서 '70억 원 정도 있으면 평생 먹고사는 걱정 없이 부유하게 살 수 있을 것 같다!'라는 생각을 하게 되었다고 한다. 목표를 세우면서 일을 하기보다는 일을 하면서 목표가 생긴 것이다.

그는 국립대학교 금속공학과를 졸업했는데, 당시에는 그곳을 졸업하면 99%는 대기업 취업이 가능했다. 하지만 그는 다른 길을 택했다. 대학교에 다니면서부터 창업을 한 것이다. 오전에는 수업을 듣고, 오후에는 카페를 운영했다. 1995년에 운영을 시작한 카페는 2년 후 IMF 사태가 터지면서 문을 닫게 되었다. 그 후에는 다른 카페 주방에서 일을 하고 밤이 되면 그곳 베란다에서 잤다.

졸업 후에도 그는 창업의 길을 택했다. 카페를 청산하면서 남은 돈과 당시 일하던 카페 사장님이 그를 좋게 보고 투자한 돈으로 창업자금을 마련했다. 당시 휴대폰 산업이 급성장하는 것을 눈여겨본 그는 1998년부터 휴대폰 액세서리를 만들어서 팔았다. 본격적으로 돈을 벌기 시작한 시기는 사업을 시작하고 약 2~3년 후부터였다. 단가는 매우 저렴했지만 시장이 워낙 폭발적으로 성장해 2004년에는 매출이 1000억 원 이상으로 급성장했다. 게다가 마진이 30% 정도로 높은 편이어서 순이익도 높았다.

당시에는 번 돈을 끊임없이 회사에 재투자했기 때문에 그 재산을 그가 온전히 사용할 수는 없었고, 2004년에 사업을 정리하고 자산을 현금화했다.

막 현금화했을 때는 자산이 약 250억 원 규모였는데, 그 후에 사업과 투자에 실패해서 2008년쯤에는 100억 원 정도 남게 되었다. 사업은 망했지만 사업을 위해 15억 원을 들여서 산 부동산의 가치는 다행히 50억 원으로 상승했다. 현재 그의 자산은 200억 원 정도이다.

운과 노력의 비중에 대해서는 운의 비중도 매우 중요하기 때문에 5대 5 정도라고 답했다. 운도 본인이 노력해서 만드는 것이지만 열심히 노력해도 운이 안 오는 사람도 있기 때문에 반반이 적당할 것 같다는 것이 그의 설명이다.

그는 요즘 본격적으로 주식 투자를 하고 있다. 아침에는 아이를 어린이집에 바래다주고 10시 반쯤부터 헬스장에 간다. 여기서 약 3시간 정도 운동을 하고, 점심을 먹고 주식 강의와 책을 보면서 공부를 한다. 장중에는 주식 창을 보지 않으려고 애쓰고 있다. 장이 끝나면 3시 반인데, 이때부터 오늘의 장을 분석하고 뉴스를 체크한다. 그 후 6시부터 밤 12시까지는 아이를 돌보며 지낸다.

어느덧 그가 경제적 자유를 달성한 지도 18년이 되었다. 나는 파이어족의 '시조새'격인 그의 경제적 자유 달성 후의 삶이 매우 궁금했다. 하지만 그가 내놓은 대답은 놀라운 것이었다.

"경제적 자유 달성 후 저는 우울해지고, 비관적이고, 매너리즘에 빠졌습니다. 목표의식이 없고, 동기부여가 되는 일도 없었고, 성취감도 없었습니다. 행복하지 않았어요."

그는 '경제적 자유를 이룬 후 내 모습'을 꼭 그려봐야 한다고 당부했다. 그렇지 않으면 몇 년간의 슬럼프를 겪을 수도 있다. 그리고 일이 재미가 있으면 계속 하라고도 했다. 경제적 자유는 좋지만, 조기 은퇴는 권하지 않는다는 것이다. 젊은 나이에 돈을 많이 벌었다는 건 그 일에 재능도 있고 그 일을 꽤 잘한다는 뜻이기 때문에 성취감을 느낄 수 있으면 그 일을 계속 하는 편이 나을 수 있다는 것이 그의 생각이다.

휴대폰 사업을 정리하고 새로 시작한 사업이 망하고, 개인적으로도 좋지 않은 일이 겹치자 그는 꽤 오래 방황했다. 그 힘들었던 때, 슬럼프나 굴곡을 빨리 이길 수 있는 방법은 존재하지 않았다.

"괴로워할 시간이 충분히 필요한 겁니다. 특정 사건이 해결된다 해도 감정은 나아지지 않습니다. 괴로운 시간을 무조건 버텨내야 합니다. 시간이 좋아지게 만들 겁니다."

그 이야기를 들으며 나는 '그가 마음껏 괴로워할 수 있었던 것도 어쩌면 경제적 자유 덕일 수도 있겠다'고 생각했다. 경제력이 없는 사람은 아무리 괴로워도 지친 몸을 이끌고 출근하고, 웃고 싶지 않아도 거래처 사람에게 웃어주어야 한다. 어쩌면 마음껏 괴로워할 자유 또한 경제적 자유 안에 포함되는 것인지도 모른다.

젊은 나이에 돈을 많이 벌었다는 건
그 일에 재능도 있고
그 일을 꽤 잘한다는 뜻이기 때문에,
성취감을 느낄 수 있으면
그 일을 계속 하는 편이 나을 수 있다.

작은 성공은 혼자 가능하지만,
진정한 성공은 누군가 도와야 이뤄진다

경제적 자유 달성 전과 후) _____

자산배분을 통해 골고루 투자하다

수입　　사업이 잘나가던 때는 한 해에 수십억 원을 벌었습니다. 얼마나 버는지도 모를 정도였으니까요. 현재는 일을 하고 있지 않기 때문에 따로 수입원은 없고, 투자 수익만 존재합니다.

지출　　사회생활 초반에는 술값 말고는 지출이 거의 없었습니다. 지금은 월 500~800만 원 정도 씁니다. 사무실 유지비, 차량 유지비, 육아 등 살림에 들어가는 비용이 있고, 일주일에 한 번 정도는 술을 마십니다. 제 재산에 비해서는 지출이 적은 편이죠.

투자　　　예전에는 금융권이 권하는 상품을 샀죠. 'BRICS* 관련 상품' 같은 걸 샀는데, 여기서 수십 억 원을 까먹었습니다. 다행히 사업을 하려고 샀던 빌딩 가격이 많이 올라서 현재는 빌딩 50억 원, 주식 50억 원, 예금 100억 원 정도가 있습니다. 주식은 지인이 부탁한 리츠, 브라질 펀드를 샀고, 올웨더 포트폴리오로 13억 원 정도, 미국 주식 7억 원, 국내 주식 25억 원 정도를 보유하고 있습니다. 요즘은 주식을 올웨더 포트폴리오와 VAA 전략**에 50%, 나머지는 좋아하는 종목에 장기투자할 생각도 하고 있습니다.

기여도　　　수입의 비중이 제일 높습니다. 80% 정도로 보고요, 지출은 20% 정도입니다. 저는 어렸을 때부터 술 빼고는 거의 돈을 쓴 곳이 없습니다. 스타벅스 커피도 제 돈 주고 사먹은 적이 한 번도 없어요. 투자는 최근에 시작했고 파이어 전에는 이렇다 할 투자를 한 게 없어서 0%로 하겠습니다.

---

*　브라질, 러시아, 인도, 중국의 약자로, 2000년대 중반 이 국가의 주식시장이 유망하다고 해서 관련 펀드들이 많이 팔렸다.
**　최근 수익을 고려하여 투자하는 ETF를 바꾸는 동적자산배분 중 하나

기술이 있든 없든 성장하는 산업에 참여하라

무조건 성장하는 산업에 있어야 합니다! 꼭 그 분야의 핵심기술을 보유할 필요도 없습니다. 예를 들어 20년 전 휴대폰 산업이 폭발적으로 커졌을 때 가진 기술은 신발끈 만드는 것밖에 없었다고 합시다. 당시에 핸드폰을 목에 걸고 다니는 끈을 만들어서 큰 돈을 번 사람도 있었죠. 요즘은 2차전지가 각광을 받는데, 그렇다면 2차전지 포장지를 만들 수도 있고, 관련 프린팅 사업을 할 수도 있겠죠. 확실한 건 성장 산업에 머물러 있어야 기회가 온다는 것입니다. 성장하는 곳에서 내가 할 수 있는 일은 무엇인지 고민해 보세요.

> **FIRE Tip.**
> 무조건 성장하는 산업에 들어가라. 그리고 거기서 내가 할 수 있는 일을 고민하라!

앞으로 유망해질 분야에 투자하라

투자에 대해서는 최근에야 공부하고 있어서 조언하기가 조심스럽습니다. 그럼에도 말씀드릴 것은 금융권에서 '반드시 잘될 것이다'라며 추천하는 상품은 사지 말라는 것입니다. 수십억 원 날린 사람으로서 하는 이야기입니다.

유망하다고 보는 분야는 2차전지입니다. 금속공학과에서 리튬을 전공해서 십여 년 전부터 2차전지에 관심이 많았습니다. 요즘 주목받고 있는데, 앞으로도 장래가 매우 밝을 거라고 확신합니다. 관련 기업에 투자를 꽤 많이 하고 있죠.

나만의 팁) ──────────────────────────────

누군가 손을 내밀어줄 때 진정한 성공도 온다

저는 다른 사람들이 가지 않는 길을 자주 갔습니다. 다른 사람과 똑같은 길을 가면서 다른 결과를 기대할 순 없죠. 대학 졸업 전에도 카페를 운영했고, 졸업 후에도 대기업에 쉽게 갈 수 있었는데 창업을 했습니다.

호기심이 매우 많아서 여러 다양한 분야에서 많은 것을 궁금해하죠. 그리고 그중 여러 가지를 시도해 봅니다. 대신 잘 안되면 빨리 접습니다. 시도해 봤는데 재미있고 잘되면 그때부터 목표를 설정해서 그 일을 계속 합니다.

젊은 분들에게 꼭 이야기하고 싶은 것은 이것입니다. 진짜 성공하는 사람 중 나 혼자 성공하는 사람은 절대 없습

> **FIRE Tip.**
> 여러 가지를 시도해 보고, 잘되면 계속 하고, 안 되면 빨리 접어라!

니다. 무조건 다른 사람의 도움이 필요합니다. 저도 사업 초창기에 카페 사장님에게 도움을 받았습니다. 그 분은 제가 열심히 사는 것에 감동해서 저를 도왔다고 하시더라고요. 저도 제 세입자 중 수입 옷 장사를 하는 23세 젊은이에게 투자를 하고 있습니다. 옷 수입하는 데 쓰라고, 돈을 날려도 된다고요. 제가 아는 젊은이들 중 가장 열심히 사는 친구거든요. 당시 저도 그렇고, 제 세입자도 그렇고 열심히 살았을 뿐인데 투자를 받은 겁니다. 누군가는 당신이 열심히 하는 모습을 지켜보고 있다고 꼭 이야기하고 싶습니다. 작은 성공은 혼자 할 수 있지만, 진정한 성공은 누군가 당신에게 손을 내밀어 줄 때 이룰 수 있는 겁니다.

직장인들에게 전하는 말)

부유할 것인가, 행복할 것인가를 선택하라

행복하려면 확률상으로는 사업보다 직장이 낫습니다. 제 친구들도 직장에서 나와 창업과 투자를 시도하는 경우가 있는데 회사 다닐 때보다 더 큰 스트레스에 시달리더군요. 직장은 아무리 힘들어도 지옥은 아닌데, 밖으로 나오면 정말 지옥에서 생존해야 하죠.

직장 생활에서 최악의 경우는 '내가 성과를 만들었는데 윗사람이 성과를 다 가로채고 내가 거북하니까 나를 해고하는 것'이 아닐까요? 그런데 큰 사업을 하면 그 정도 스트레스 받는 일이 매일매일 있습니다. 거기서 오는 좌절감은 상상을 초월하죠. 그래서 결국 무너지고 80~90%는 재기를 못합니다. 사업이란 창업자에게는 거의 자식과 비슷해서, 이런 인간관계에서 오는 상처와 좌절감은 자식을 잃는 슬픔과 비슷한 수준이더라고요.

성장하는 사업, 돈이 되는 산업에서는 늘 사고가 어마어마하게 터집니다. 매출액이 수십 억 원 정도로 사업이 크지 않은 규모일 때는 다들 관심이 없고 별일도 없습니다. 그런데 규모가 커지게 되면 시기, 질투부터 시작해 별별 비극이 난무합니다.

저는 부유할 것인가, 행복할 것인가를 선택해야 한다고 봅니다. 행복과 부유함을 철저히 분리시켜야 합니다. 물론 어느 정도의 부유함이 행복에 도움이 되기도 하지만, 사실은 완벽하게 다른 개념입니다. 부유해지기 위해서는 나의 것을 많이 버려야 한다고 생각하고, 행복은 지금 가진 것으로도 충분히 가능하기 때문입니다. 제 동생은 직장인 25년 차인데, 저랑 재산 차이는 많이 나지만 삶을 대하는 자세 때문인지 저보다 훨씬 더 행복한 삶을 살았다고 자신합니다.

에너지 넘치고 일을 사랑하는
글로벌 만능 플레이어

임도하

벤처캐피털리스트(Venture Capitalist)

#직장인파이어 #주식 #월스트리트근무 #덕업일치 #부캐

2018년 독일로 주재원 생활을 하러 가기 전 나는 여러 투자 모임에서 활동했는데, 거기서 임도하를 만났다. 투자 모임에는 주로 40~50대 아저씨들이 많은데 젊은 여성이 앉아 있어서 '저 사람은 뭐지?'라고 생각했던 기억이 난다.

2021년에 다시 한국으로 돌아온 후 그녀의 인생 스토리를 들을 기회가 생겼다. 젊은 나이에 벌써 여러 국가를 넘나든 그녀는 커리어와 투자라는 두 마리의 토끼를 어떻게 다 잡을 수 있었을까?

그녀는 돈이 행복의 충분조건은 아니지만, 필요조건은 맞다고 여겼다. 무엇보다 돈이 인생의 자유를 향유할 수 있게 해준다고 생각했다. 인생에는 여러 가지 유형의 고통이 존재한다. 재난, 배고픔, 추위, 질병, 사고, 배신, 노후 걱정, 하기 싫고 인생에 별 도움이 되지 않는 일들, 어울리기 싫은 사람을 계속 봐야 하는 것 등. 경제적 자유는 이런 '삶의 고통' 중 상당수를 원천 제거해 준다.

소크라테스가 했던 '너 자신을 알라'라는 말처럼 그녀는 자신을 알게 되면서 인생의 많은 문제를 해결할 수 있었다. 예를 들어 그녀는 물건을 많이 가지고 싶다고는 그다지 생각하지 않지만 춥거나 새벽같이 일어나는 것에 큰 스트레스를 받는다. 그래서 명품 가방을 사는 것보다, 그 돈으로 겨울 내내 보일러를 틀어서 집을 따끈따끈하게 만드는 것이 자신에게는 한계효용(marginal utility)[*]이 더 크다는 사실을 알게 되었다. 새벽같이 일어나 출근해야 하는 직장 대신 재택근무가 가능한 직장을 선택한 것도 그런 이유였다. 자신에 대해 잘 알기 때문에 일정량의 재화로 더 큰 효용을 만들어낼 수 있는 것이다.

---

[*]　일정량의 재화가 이것을 소비하는 개인의 주관적 욕망을 충족시키는 정도를 재는 척도

지금 우리가 살고 있는 자본주의 사회는 자본가들이 만든 시스템을 굴리기 위해 노동자를 생산하는 학교 시스템을 기반으로 하고 있다는 것이 그녀의 생각이다. 노동과 시간을 재화로 바꾸는 것 외의 다른 방법은 애초에 학교에서 가르치지 않으며, 자본가들은 자본가들과 어울리기 때문에 그들을 보고 배우는 것도 쉽지 않다.

그래서 경제적 자유를 위해서는 사회에서 지속적으로 씌우는 프레임에서 벗어나야 한다. 한 사람이 특정 프레임으로 세상을 바라보는 이유는 부모, 가족, 친구 등 본인이 속한 집단에서 무의식적으로 프로그래밍된 것이기 때문이다.

그녀의 가족과 친척들은 지금도 종종 이렇게 이야기한다. "월급쟁이가 돈 모아서 집 사고 차 사는 거야!", "국민연금과 국가가 국민들 노후를 책임질 거야!" 그들은 은행 금리가 연 20%인 세상을 살았고, 이미 연금을 받고 있거나 곧 받으실 연세이기 때문에 이렇게 말할 수 있다. 그렇지만 지금 2030 세대가 살아갈 세상은 다를 것이다. 따라서 세상을 바라보는 시각을 넓히고, 같은 문제의 해결방식도 다양하게 볼 수 있는 식견을 넓혀야 한다.

월스트리트 신입사원, 투자와 사업에 눈뜨다

그녀 또한 처음 1억 원까지는 월급을 저축해 모았고, 그 후에는

경제적 자유를 위해서는 사회에서 지속적으로 씌우는

프레임에서 벗어나야 한다.

다양한 투자와 비즈니스를 추가했다. "세상이 자본주의라면, 그 자본주의의 중심인 월스트리트에 가보겠다"라는 단순한 생각으로 경제학 공부를 했다. 여러 경제서에서 일단 '1억 원'을 모으라고 했기 때문에 첫 직장은 연봉이 높은 곳으로 가는 것이 1억 원 모으기 미션에 가장 유리하다고 생각했고, 취업을 위해 다양한 경험을 쌓아 월스트리트의 한 투자은행에서 첫 커리어를 시작하게 되었다.

2021년 통계(www.mergersandinquisitions.com)를 보면 월스트리트 신입사원은 15~17만 달러의 총 소득(연봉+보너스)을 벌고, 일주일에 평균 105시간 일한다. 그녀 또한 쉴 틈 없이 일했다. 대신 복지는 꽤 좋아서 야근 시 회사에서 저녁을 제공하고, 퇴근 시 택시비를 지원해 주었다. 신입사원일 때는 선배들과 상사들이 돌아가면서 밥도 많이 사주기 때문에 밥값이 많이 굳었고, 많은 유학생들이 그렇듯 룸메이트와 함께 살면서 월세를 줄였다. 이로써 뉴욕 생활비 중 가장 큰 비중인 월세와 식비를 효율적으로 줄이며 열심히 일하고, 자고, 저축하기를 반복했다.

당시에는 작은 종잣돈으로 투자하는 것보다 자신에게 투자해서 더 많은 네트워크를 쌓고, 실력을 높이고, 많은 세상을 보자고 생각했다. 무엇보다 잠이 너무 부족해서 투자할 여력도 없었다.

이후 두 번째 직장을 다니면서는 시간적 여유가 조금 생겨서, 개인 투자에 대해 더 공부하고 실천해볼 수 있었다. 첫 직장에서 기본적 분석을 배웠던 그녀는 모든 투자는 가치투자와 기본적 분석이 정도(正道)라고 생각했다. 그런데 이후 기술적 분석, 트레이딩, 모멘텀 투자, 퀀트 투자 등 무수히 많은 투자의 섹터들을 접하고 깊이 빠져들게 되었다.

여러 책과 시스템을 응용해서 주도주를 파악하는 법, 상승 추세의 초입에 올라타는 법, 추세의 대부분을 따라가다가 유리한 지점에서 청산하는 법 등의 투자법을 본인의 기준에 따라 하나씩 정립해 나갔고, 다양한 시장에서 사용할 수 있는 자기만의 투자법을 만들게 되었다. 거기에 더해서 운이 좋게도 대세 상승장이 왔고, 추세를 타기 시작하면서 계좌의 금액이 늘어나게 되었다. 이때 배운 것은 대세 상승장에 올라타고, 빨리 내리지 않는 것의 중요성이었다.

투자 외에도 그녀는 그로스 해킹(growth hacking)과 콘텐츠 사업을 진행 중이다. 디지털 플랫폼을 베이스로 교육 콘텐츠를 통해 디지털 마케팅과 컨설팅을 결합하는 비즈니스 모델이다. 큰 기대 없이 시작했지만 점점 플랫폼이 커지며 수익이 창출되기 시작했다. 하루는 아침에 일어났는데 자는 동안 약 100만 원 정도의 불로소득이 들어온 것을 확인하고 디지털 플랫폼의 힘을 깨달았다. 그녀는 이날 일기장에 '첫 100만 원짜리 수면'이라고 기록해 두었다. 플랫폼을 만들기까지는 많은 노력이 필요했지만, 만들어 놓고 나니 해당 플랫폼을 통해 미래에도 수익이 계속 창출될 수 있기 때문에 마치 월세를 받는 '온라인 부동산'과도 같은 느낌이 들었다.

결론적으로 그녀는 연봉 높이기, 현금흐름 만들기, 투자, 재투자를 반복해 경제적 자유를 달성했다. 정확한 액수는 밝히지 않았지만 지출 기준으로 앞으로 30년 정도는 노동 없이 모은 자산으로 살아갈 수 있는 금액을 보유하고 있다. 건강하게 오래 살고 싶기 때문에, 앞으로도 꾸준히 '소득-투자-재투자'의 선순환을 그리며 살아갈 계획이라고 한다.

하고 싶은 일들을 원하는 시간에 할 수 있는 자유

그녀는 운 좋게 '덕업일치'한 경우여서, 경제적 자유 달성 이후에도 벤처캐피털 업무와 투자, 사업 등을 계속하고 있다. 좋아하는 일을 하고 있기 때문에 평균적으로 주말에 지루해하고 주중에 신나 한다고(많은 직장인들과 정확히 반대다). 그녀에게는 경제적 자유가 곧 일을 그만둔다는 의미가 아니다. 오히려 배우고 싶은 일, 하고 싶은 일들을 해볼 수 있는 기회의 자유를 가지는 것이 파이어가 그녀에게 주는 의미이다.

최근에는 100세 시대를 대비해 운동하는 습관을 만들려고 하고 있다. 또한 건강하고 선한 파이어족의 모임(가칭: 건선모)을 만들어서, 비슷한 생각을 가진 사람들과 대화를 나누어보면 좋을 것 같다는 생각도 하고 있다. 관심 있는 사람이 있다면 연락 달라는 말도 남겼다.

파이어가 되기 위해 포기한 것으로는 원하는 만큼 잠을 못 잔 것을 꼽았다. 개인 투자공부를 하려면 퇴근 후 연구를 해야 해서 잠이 항상 부족했다고 한다. 결과적으로 피부가 안 좋아져서 피부 과도 다녔는데, 피부과 비용이 매우 비쌌다고 한다.

"생각해 보니 그때 못 잔 잠 때문에 전신 노화가 앞당겨진 것 같은데, 100세 시대에 미래의 건강을 미리 당겨쓴 것 같아요. 파이어가 그걸 상쇄할 만큼의 효용이 있었는지는 생각을 해보겠습니다."

나도 요즘 피부과를 다니고 있어서, 그녀의 마음을 조금은 이 해할 수 있을 것 같다.

가기 싫은 회식에 미련없이 빠질 수 있고, 하기 싫은 일이나 불 합리하다고 느껴지는 상황에서 당당하게 요구할 수 있고, 무엇보 다 자고 싶은 만큼 잠을 잘 수 있을 때 경제적 자유를 이뤘다는 실 감이 난다고 했다. 아침에 여유롭게 음악을 들으면서 공복운동을 하고, 고단백 아침식사를 하면서도 실감한다고.

그녀는 고등학교 때부터 인생 계획표를 짜왔고, 1~2달에 한번 씩 인생계획을 재정비한다. 그런데 막상 이 인생계획표에서 배운 가장 큰 교훈은 '인생은 계획대로 되지 않는다'는 것(?)이라고 한다. 하지만 쓰는 편이 목표가 이뤄질 확률이 높다고 해서 꾸준히 쓰고 있다.

단기적인 목표는 바디프로필 찍기, NGO 운영하기, 사업의 가속화 등이 있다. 장기적인 목표는 꾸준히 좋은 기업들에 투자하고, 동반 성장을 모색하는 것이다.

자신의 발전을 위해 투자하고
글로벌 스케일로 놀아라

경제적 자유 달성 전과 후의 재정 상황) _____

나에게 잘 맞는 방법을 찾아서 꾸준히 실행하라

수입   감사하게도 첫 직장부터 연 수입이 대략 1억 원이 넘었던 걸로 기억합니다. 연봉이란 게 이직 시에도 전 직장을 벤치마크로 잡기 때문에 잘 내려가지는 않습니다.

지난 10년간을 돌아보면 첫 5년 정도는 근로소득의 비중이 높았고, 이후 5년은 자산소득의 비중이 높았습니다. 자본소득의 증가 속도가 근로소득으로 모으는 자산의 증가 속도보다 빨랐습니다.

지출　　생활비가 극악무도한 뉴욕에서 살았지만, 앞서 말했던 여러 방법을 통해 사회 초년생일 때도 총 수입의 70% 정도를 저축하려고 노력했습니다. 사회생활 초부터 지금까지 총 수익에서 지출과 저축 비율을 30대 70으로 유지하려고 노력 중인데, 수익이 늘수록 이 30%의 금액이 늘어나기 때문에 맛있는 것도 종종 먹고 지출을 서서히 늘릴 수 있었습니다.

투자　　직업을 금융으로 택할 만큼 투자를 좋아하고 관심이 많습니다. 하지만 돈 자체보다는 투자를 집행하고 그 투자자산이 성장하는 과정이, 제 선택이 옳았음을 증명 받는 과정이라고 느껴져서 좋아하는 것 같습니다. 가치투자, 성장주 투자, 모멘텀 투자, 장기 투자, 스윙 트레이딩 등 여러 투자 스타일을 경험해 보았고, 투자한 자산군도 다양합니다.

지금은 상장자산, 비상장자산, 스타트업, 개인사업에 자산이 분산되어 있습니다. 대략적인 수익률은 자산군별로 다르지만, 적은 건 수십 퍼센트에서 많은 건 2000%가 넘는 것도 있습니다. 자산군이나 회사가 아직 초기일 때 투자하면 리스크도 크지만 큰 수익을 얻을 수 있습니다.

요즘은 인플레이션이 심해지고 있고 대부분 자산군의 가격이 가파르게 상승 중이라, 혹시 버블이라면 언제 터질지 걱정돼서 빠르게 매도가 가능한 유동성 높은 자산 위주로 가지고 있습니다.

그럴 일이 없었으면 좋겠지만 여차하면 빨리 팔아야 할 수 있기 때문입니다. 그런 의미에서 매도가 어려운 비상장주식이나 부동산 등의 자산은 버블이라고 생각되는 시기일수록 더더욱 조심해야 한다고 생각합니다.

기여도   수입, 지출, 투자가 모두 중요한데 운도 아주 중요하다고 느껴서 운까지 각각 1/4씩이라고 생각합니다. 인생은 운칠기삼이지만 운의 일부는 노력으로 커버가 가능하기 때문에 위와 같이 배분했습니다.

저의 경우 연봉이 꽤 높아 비교적 종잣돈을 빨리 모을 수 있었고, 생활비를 줄여 종잣돈 모으는 속도를 올릴 수 있었습니다. 그 과정에서 만들어진 저축 및 연구하는 습관들이 그 후 투자를 진행할 때 도움이 되었죠.

본업이 금융이라 회사의 적정가치 주가를 산출하는 법이나 다각도로 투자집행에 대해 생각해 보는 법을 정석으로 배웠지만, 막상 배워보고 나니 개인의 경제적 자유를 위해서는 그렇게 디테일한 부분까지는 몰라도 되는 것 같습니다. 본인에게 맞는 투자법 또는 비즈니스를 찾아서 꾸준히 실행하는 편이 시간도 아끼고, 성공 가능성도 높일 수 있는 방법이라고 생각합니다.

_____

배움으로 몸값을 올리고 부수입을 창출하라

자기계발을 해서 외국어 실력을 키우면 좋습니다. 같은 직종이라도 할 줄 아는 언어가 늘어나면 연봉도 높아집니다. 습득한 외국어 실력으로 글로벌 직장을 구할 수도 있습니다. 같은 직종이라도 GDP가 높은 국가일수록 연봉이 높죠. 그리고 배움을 내 것으로 만들어 부수입을 창출할 수도 있습니다. 위 내용들에 대해서는 조금 뒤 〈나만의 팁〉에서 자세히 설명하겠습니다.

지출 줄이는 법) _____

스스로의 선택에 책임지는 연습, 최대한 빨리 시작하라

지난 6개월의 카드값을 분석해서 월평균 지출(A)을 산출하고, 이를 본인 월수입(B)으로 나눕니다(A/B). (A/B)가 0.3에 가까울수록 이상적이고, 1을 넘어간다면 버는 돈보다 쓰는 돈이 많으므로 심각합니다. 이렇게 하면 본인의 현 상태가 적나라하게 보이게 되어 '현타'가 올 수 있습니다. 그걸 더 나아지기 위한 에너지원으로 활용하세요. 구체적으로 지출을 줄이는 방법에는 다음과 같은 것들이 있습니다.

1. 부모님 댁에서 살기. 불가피하게 자취해야 하면 룸메이트를 구해서 월세 및 고정비용 줄이기

2. 차, 시계, 가방 등 자산이 아닌 감가상각이 되는 물건은 최대한 사지 않기

3. 남의 눈과 사회적 시선에서 벗어나기. 취업했으니 차는 사야지, 남자가 좋은 시계 하나쯤 있어야지, 나는 여성 직장인인데 명품백 하나 정도는 있어야지 등의 유혹에 눈과 귀를 닫으세요. 본인의 기준을 가지면 됩니다.

저는 3번이 제일 중요하다고 생각합니다. 한국은 집단주의와 남의 눈을 신경 쓰는 문화가 강합니다. 이것은 가정과 사회에서 모두 마찬가지인데, 이렇게 살다 보면 개인의 의견은 뒷전이 되는 경우가 많습니다. 그러다 보면 자신이 아니라 타인에게 인정받기 위해 거짓 인생을 살게 되고, 점차 인생이 공허해집니다. 스스로 선택하고 그 선택에 책임을 지는 연습을 최대한 일찍부터 하는 게 중요합니다.

부자로 태어나지 않은 것은 부끄러운 일이 아닙니다. 그런데 평균 수명 84세 중 50% 지점인 42세에도 가난에 허덕이고 노후 걱정이 앞선다면, 그것은 전적으로 본인의 책임이라고 생각합니다.

> **FIRE Tip.**
> 지출을 컨트롤하면 인생의 많은 것을 컨트롤할 수 있는 능력을 갖게 된다!

지출을 컨트롤할 수 있다는 것은 여러 충동으로부터 자아 컨트롤이 가능하다는 것을 의미하고, 나를 컨트롤할 수 있는 사람은 인생의 많은 것을 컨트롤할 수 있게 됩니다.

투자 잘하는 법)

자산을 걸음마 뗀 아이처럼 다뤄라

본인의 자산을 걸음마 뗀 아이처럼 다루세요. 투자 시에는 한 번 베팅에 총 자산의 1% 이상 잃지 않도록, 사업이라면 총 자산의 2~3%이상의 손실을 보지 않도록 하는 룰을 만들면, 감당하기 어려운 큰 금액을 한번에 날려서 다시 종잣돈을 모아야 하는 불상사를 막을 수 있습니다.

예를 들어 내 자산이 1억 원이고 삼성전자에 1000만 원을 투자하기로 결정한 경우, 만약 주가가 10% 떨어져서 내가 투자한 1000만 원이 900만 원이 될 경우 손절매를 하는 것입니다. 이러면 비록 손실이 났지만 즉, 총 자산의 1%만 손실을 보고 나머지 99%는 지켜낼 수 있습니다. 이런 식으로 손실은 짧게 자르고, 이익은 길게 가져갈 수 있는 투자나 사업을 반복하다 보면 자산이 불어나게 됩니다.

궁극적으로 투자는 기본적 분석과 기술적 분석으로 나누어짐니다. 그러니 자신이 투자자(기본적 분석) 성향인지 트레이더(기술적 분석) 성향인지 파악해야 합니다. 바로 알기는 어려우니, 투자를 해가면서 자신을 알아갈 수도 있겠습니다.

투자도 인생도 리허설은 없는 실전인데, 여기서 목표는 마나(Magic Point, 게임 용어로 특수공격을 하거나 스킬을 사용할 때 필요한 능력을 의미함)를 다 소진하기 전에 스킬을 익히고 쓰며 레벨 업을 하는 것입니다. 성공할 확률을 높이려면, 아래에서 소개하는 'Tip 5. 인풋-아웃풋의 효율 높이기'를 통해 투자에 관한 현인들의 방법을 배우면 좋습니다.

> **FIRE Tip.**
> 한 번 베팅할 때 총 자산의 1% 이상 잃지 마라!

나만의 팁) ──────────────────────────

내 인생에 도움이 되었던 5가지 팁

Tip 1. 자신의 발전을 위해 투자하기

저는 가장 중요한 투자는 본인에게 하는 투자라고 생각합니다. 이는 곧 건강, 교육, 외국어 등 본인에게 필요한 것을 말합니다. 예를 들어 저는 3개 국어를 하는데, 이것이 제가 월스트리트에 취업하는 데 큰 도움이 되었다고 생각합니다.

언어라는 것은 세상을 받아들이는 틀입니다. 양질의 정보를 접하고 싶거나, 해외에 나가서 일하고 싶어도 영어나 외국어가 자유롭지 않다면 불가능합니다. 그런데 영어를 원어민만큼 잘할 필요는 없습니다. 외국에서 일하며 다양한 사람들을 지켜본 결과, 직업 자체의 전문성 외에도 말빨(?)까지 좋아야 하는 금융계나 법조계 같은 업계를 빼고는 대부분 영어를 원어민처럼 잘하지 않아도 충분히 잘 먹고 잘 삽니다.

예를 들어 그래픽 디자이너의 경우, 2019년 기준 한국 평균 연봉(중위값)은 3202만 원이고, 미국은 한화 기준 약 6200만 원 정도입니다. 연봉이 거의 두 배 차이 나네요. 프로그래머의 경우, 한국은 신입 초봉이 약 3000만 원 정도인데 미국은 약 9960만 원 정도로 무려 3배나 차이 나는 것을 알 수 있습니다.

많은 노력이 필요하긴 하지만 해외 취업을 통해 연봉이 두 배 이상 뛰는 경우, 투자 수익률을 100% 더 올린 것보다도 더 큰 수확이 됩니다. 왜냐하면 연봉은 높아진 상태로 계속 유지될 가능성이 높지만, 투자는 20% 수익 내던 사람이 40% 수익을 내기는 어렵고, 그 40%를 꾸준히 유지하는 것은 더더욱 어렵기 때문입니다.

Tip 2. 글로벌 스케일로 놀기

Tip 1에서 파생된 팁입니다. 여행도 좋고, 해외에서 공부나 일을 해볼 수 있으면 더 좋습니다. 대학생이라면 교환학생이나 해외봉사를 가볼 수도 있겠습니다.

제가 일정 기간 이상 살아본 나라는 한국, 미국, 중국, 영국인데, 같은 영어를 쓰는 국가라도 영국과 미국은 미묘하게 다르고 한국, 미국, 중국의 차이점은 이루 말할 수 없습니다. 해외에는 연봉이 3억 원이고 100% 풀타임 재택근무를 하는 직장, 우버(Uber)로 월 1000만 원을 버는 사람, 바이올리니스트로 음악을 하다가 의대에 진학해 의사가 된 사람 등 한국에서는 들어보기 힘든 다채로운 진로의 길과 기회가 있습니다. 물론 한국에도 이런 분들이 있겠지만, 분명한 것은 세계 무대가 한국보다 10배 이상 넓고 기회가 많다는 것입니다.

Tip 3. 멘토를 찾기

내 삶의 반경에 멘토 삼을 만한 사람이 없다 해도 걱정할 필요는 없습니다. 오마하의 현인인 워런 버핏, 세기의 천재 일론 머스크, 『원칙(Principles)』을 쓴 헤지펀드의 대부 레이 달리오 등이 있으니까요. 예전에는 평범한 사람들은 이런 위인들의 목소리를 직접 들을 수 있는 기회가 없었지만 요즘은 유튜브와 각종 미디어를 통해 충분히 접할 수 있죠. 우리는 지구 반대편에 사는 천재들의 목소리를 직접 듣고, 그들의 농축된 삶의 지혜를 배울 수 있는 최적의 시대에 살고 있습니다. 생각만 해도 가슴 설레지 않으시나요?

Tip 4. 부에 관한 양질의 책 30권 읽기

워런 버핏은 "독서를 이기는 건 없다"라고 말했습니다. 대학생 때 방학을 맞아 책 100권 읽기 프로젝트를 한 적이 있습니다. 그때 투자와 경제에 관한 책을 많이 읽었는데, 놀라웠던 건 이런 책들은 거의 얘기하고자 하는 메시지가 비슷했다는 점입니다. 마치 톨스토이의 〈안나 카레니나〉의 첫 문장 "행복한 가정은 모두 비슷한 이유로 행복하지만, 불행한 가정은 저마다의 이유로 불행하다"의 데자뷰 같은데, 저는 그때 이후로 부자들이 부자인 이유는 모두 비슷하고, 부자가 되지 못한 사람은 모두 제각각의 이유가 있다고 생각하게 되었습니다.

Tip 5. 인풋-아웃풋의 효율 높이기

책 100권 읽기 프로젝트가 끝나고 나서 분명 독서 전보다는 발전이 있었지만, 뚜렷하게 삶이 나아지는 느낌이 들지 않아 혼란스러웠던 기억이 있습니다. 그 후 많은 시행착오를 거치면서 배움을 내 것으로 만드는 비법을 깨닫게 되었습니다. 독서, 강의, 기타 배움을 통해 나에게 들어오는 입력(input)들로 내 인생의 출력(output)의 효율을 높이는 것입니다. 저는 알고 싶은 분야가 있으면 아래와 같은 방법을 씁니다.

Step 1. 필요하거나 궁금한 것들을 리스트업한다(투자, 주식, 마케팅 등).

Step 2. 구체적으로 해답이 필요한 하나의 주제를 정한다(예: 투자를 시작하고 싶은데, 기본적 분석과 기술적 분석의 차이를 알고 그중 나에게 더 잘 맞는 투자법을 실천하고 싶어).

Step 3. 여기서 핵심 키워드(투자, 기본적 분석, 기술적 분석)**를 정해서 서점 랭킹과 인터넷 검색을 통해 신뢰할 수 있는 여러 출처에서 반복적으로 상위 랭크인 책을 5권 정도 추린다.**

Step 4. 책 한 권으로는 해당 주제를 깊이 있게 알 수 없지만, 양질의 책을 5권 정도 읽으면 내용들이 이어지면서 해당 주제에 대한 약간의 통찰이 생긴다.

Step 5. 읽으면서 내 인생에 적용할 수 있는 영감이 떠오를 때, 놓치지 말고 적어둔다.

다른 사람들에게는 좋은 책이 나에게는 안 맞을 수 있습니다. 각자의 독해력과 기본 지식 수준에 맞는 책을 읽어야 하기 때문입니다. 평점이 높은 책이라도 한 챕터 정도 읽으면서 스스로 잘 이해가 되는지 확인하면 좋습니다.

정보 홍수의 시대입니다. 그렇기 때문에 위와 같이 나에게 잘 맞는 정보를 선택적으로 취합할 수 있어야 그 정보가 내 인생에 도움이 됩니다.

독서, 강의 등 나에게 들어오는 입력(input)들로
내 인생의 출력(output)의 효율을 높여야 한다.

직장은 아주 좋은 투자 수단이다

직장은 잘만 활용한다면 '사기급 옵션'이라고 생각합니다. 특히 한국은 정직원에 대한 복지가 잘 되어 있고 해고가 어렵기 때문에 꾸준히 능력을 키우고, 본업 연봉+보조수입 창출로 노후준비를 해나갈 수 있다면 직장도 훌륭한 자아실현의 도구가 될 수 있다고 생각합니다. 또한 해외로 진출이 가능하다면 한국보다 연봉이 높은 곳이 많기 때문에 경제적 자유에 큰 도움이 될 것입니다.

좋은 기업의 직원으로 일하는 것은 다른 곳에서 얻을 수 없는 경험입니다. 저는 멘티들에게 최대한 어릴 때 본인 능력치 안에서 최대한 좋은 직장에서 일해보라고 조언합니다. 본인의 전문 분야뿐만 아니라 앞으로 일, 사업, 투자에서 꼭 필요한 여러 스킬(리더십 스킬, 운영지원 스킬, 사회 관계 스킬, 나쁜 사람을 알아보는 스킬 등)을 전반적으로 배울 수 있기 때문이죠. 게다가 이런 스킬을 가르쳐주면서 돈도 주기 때문에 직장은 매우 좋은 곳입니다.

다만 이제는 평생직장의 시대가 끝났으니 직장 외에 다른 수입원이 없는 것은 위험합니다. 미국의 석유왕 록펠러는 "하루 종일 일하는 사람은 돈 벌 시간이 없다"고 말했다고 하죠.

저는 직업을 두 부류로 나누는데, 기준은 '어떻게 돈을 버는가'

입니다. 노동과 시간을 제공하고 돈을 번다면 직업에 상관없이 '직장인'이고, 일을 하지 않아도 돈이 들어온다면 '자본가'라고 생각합니다. 결국 자본가가 되기 위한 첫 단추는 종잣돈이고, 그렇기 때문에 능력을 키워서 시간당 근로소득을 높이면 자본가의 삶에 가까워질 수 있습니다.

혹시 연봉이 높지 않다고 해도 걱정할 필요 없습니다. 회사 밖에도 기회는 있으니까요. 요즘은 겸직금지조항이 없는 회사도 많고, 취업을 할 때 겸직금지조항이 없는 곳을 골라서 입사하는 것도 방법입니다. 생각만 있다면 방법은 있습니다.

3만 원 이상 지출할 때는
10번 이상 생각한다

H
직장인
#직장인파이어 #부동산 #투자멘토 #정치와경제는함께

H는 집 한 채와 건물 한 채, 상가 하나를 보유한 알짜배기 부동산 투자자다. 누군가는 그가 운이 좋아서 집이 쌀 때 산 것 아니냐고 말할지 모른다. 하지만 그의 경우는 그저 어쩌다 보니 가지고 있던 부동산이 오른 것이 아니라, 경제흐름뿐 아니라 정치흐름까지 면밀히 살펴보고 스스로 투자를 결정한 케이스다.

또한 그는 3만 원 이상 지출할 때는 10번 이상 생각하고, 재개발 입주권을 산 집이 아직 다 지어지지 않아 불편을 무릅쓰고 아내와 함께 부모님 댁에 몇 달간 얹혀 살기도 했다. 고통을 감수하는 인내력이 몸에 배어 있는 투자자인 것이다. 또한 그가 부동산 3채를 보유하게 된 것은 모두 특별한 '투자 멘토'가 있어 준 덕이라고 한다.

그가 어렸을 때, 막내 이모의 사업이 어려워서 그의 집에서 같이 지낸 적이 있다. 힘든 시간을 보냈던 이모는 결국 인생 역전에 성공해 부자가 되었고 현재는 강남구 도곡동의 타워팰리스에서 살고 있다. 이 이모가 그의 경제적 롤 모델이다.

이모는 광고회사를 창업했다가 한 번 망했는데, 추후 다시 한국안경신문을 차렸다. 안경집 등에 영업을 열심히 한 덕에 크게 성공했고, 번 돈으로 재테크를 해서 또 큰돈을 벌었다. 그는 무일푼으로 얹혀 살다가 10년 만에 큰 부자가 된 이모에게 부자가 되는 법을 배우기로 마음먹었다.

그는 2010년 대기업 EPC 회사에 입사했다. 사회 초년생 때는 높은 연봉이 제일 중요했다. 그 회사는 상대적으로 초봉이 높고 주재원 기회도 많았다. 부모님과 함께 살아서 지출도 거의 없었기 때문에 1~2년간 저축한 돈으로 주식 투자를 시작했다. 그때 국내 안경 관련 주식을 잘 아는 이모의 도움을 많이 받았다. 이모가 잘될 거라고 하는 회사는 실제로 대부분 잘되었기 때문이다.

이후 그는 결혼을 하면서 전셋집을 얻어 살았고, 주식 투자 및 저축을 통해 2016년까지 3억 5000만 원을 모았다. 이때가 박근혜 정부가 무너지고 정권이 바뀔 때였다. 그는 새 정부에서는 균형 발전을 지향하기 때문에 경기도 외곽 지역의 교통 편의 정책인

GTX가 핵심 사업이 될 것이라고 판단해 수혜 가능한 지역인 서울역, 청량리, 삼성역을 유심히 공부했다. 그중 청량리 부동산을 줄기차게 왔다갔다하다 저렴한 가격으로 나온 3층 건물을 사게 되었다. 당시 그 건물의 매매가는 4억 1000만 원으로, 보증금 1억 원에 월세가 20만 원이었는데 수리를 통해 보증금 2억 원에 월세 150만 원까지 올렸다. 현재는 청량리 근처의 땅값이 상승하고 재개발 구역에 포함되어 건물 가치가 14억 원 정도로 상승했다.

또 때마침 2016년 말 청량리 근처에 신축 아파트 매물이 나와서 재개발 입주권을 매수했다. 아파트 가격은 5억 9000만 원 정도였다. 건물과 입주권 자금을 조달하기 위해 그는 맞벌이로 모은 돈은 물론이고 전세금을 빼서 몇 달간 부모님 댁에 얹혀 살고, 신용대출을 받고, 입주권 매도자의 대출까지 승계했다. 아내는 이렇게 투자하는 것을 별로 좋아하지 않았지만, 남들과 비슷하게 투자하면 결과가 좋을 수 없다고 아내를 설득했다. 예측대로 새 정부가 GTX 프로젝트에 큰 힘을 실어 주어서 건물의 현재 가치는 12~13억 원, 아파트의 가치는 13억 7000만 원 정도로 상승했다.

코로나19 사태가 터진 직후에는 상가가 망했다는 비관론이 커지며 시세보다 10% 정도 저렴한 매물이 나왔다. 그래서 이번에는 상가로 관심을 돌렸다. 전 주인이 3억 6000만 원에 매수했던 상가를 3억 3000만 원에 내놓은 것이다. 그래서 2억 원을 대출받아 상가를 샀다.

2019년에 순자산이 13억 7000만 원에 이르자 그는 경제적 자유에 도달했다고 판단했다. 그의 현재 자산은 빌딩, 아파트, 상가를 합쳐 30억 원 정도이고, 부채를 뺀 순자산은 25억 원 정도이다.

운과 노력의 비중에 대해서는 운칠기삼이 맞다고 생각한다는 것이 그의 답이다.

"제가 6개월 동안 건물을 찾아서 돌아다닌 것은 맞지만 그 건물이 제 앞에 나타난 것은 운이었죠."

그는 두 번의 이직을 했고 현재는 글로벌 컨설팅 회사에서 일하고 있다. 두 아이의 뒷바라지를 하고 교육비를 낼 현금흐름이 필요하기 때문이다. 자산 자체는 충분하지만 근로소득을 제외하고 월 600만 원 정도의 현금흐름이 발생해야 회사를 그만둘 수 있다고 한다. 지금은 현금흐름이 300만 원 정도라 일을 그만두기는 아직 이르다.

5~10년 후를 기대하며, 그 후에는 시골에서 전원주택을 지어 농사도 조금씩 짓고 싶다. 바쁜 도시 생활에서 벗어나 유유자적하는 삶을 사는 것이 그의 꿈이다.

부동산에 투자하려면
경제와 정치를 같이 공부하라

경제적 자유 달성 전과 후) _____

4인 가족의 월 생활비는 200만 원

수입　　월 900만 원 정도입니다.

지출　　사회 초년생 때는 200만 원쯤 썼습니다. 놀라운 점
은 4인 가족이 된 지금도 200만 원 정도 쓴다는 것입니다. 아이들
이 각각 4, 6세인데 아직은 어린이집에 다녀서 돈이 거의 안 들고,
식비 정도만 씁니다. 아내도 소비 패턴이 비슷합니다. 차는 부모
님께 물려받은 소나타를 아주 오래 타고 다녔습니다.

자녀 교육의 경우 단순 성적 향상만을 위한 사교육 자체는 그다지 중요하지 않다고 생각하지만 영어 실력을 갖추는 것은 중요하다고 생각합니다. 투자의 경우에는 제가 직접 보여줘서 아이들이 몸으로 터득할 것을 기대하고 있습니다.

투자　　　앞서 말했듯 집, 건물, 상가를 하나씩 보유하고 있고 이외에 추가로 하고 있는 투자는 없습니다.

기여도　　　지출-투자-수입 순입니다. 특히 사회 초년생 때는 지출의 비중이 70% 이상이죠. 중년이 되면 투자 수익이 매우 중요해지는 때가 오는 것 같습니다. 수입이 가장 중요도가 낮습니다.

수입 늘리는 법) ―――――――――――――――――――――

하고 싶은 일의 전문가가 되자

저는 한 회사에 충성하고 임원이 되는 커리어는 싫었습니다. 그런데 오히려 출세와 승진에 구애받지 않고 '내가 하고 싶은 커리어'를 쌓으니까 연봉이 더 올랐습니다. 건설, 해외 투자, 인프라 투자 등에 전문성을 갖기 시작했고 이를 무기 삼아 이직을 하니 연봉이 올랐죠.

그렇다고 해서 이 일을 평생 하고 싶지는 않습니다. 일이 재밌긴 한데 스트레스도 적지 않게 받거든요. 따라서 임원이 되는 등 연봉이 크게 뛰지 않으면 은퇴해서 전원주택에서 시간을 보낼 겁니다.

> **FIRE Tip.**
> '전문성'은 돈이 된다!

지출 줄이는 법)

전국에서 가장 싸게 물건을 구입하겠다는 마음으로

지출 통제는 아주 중요하다고 생각합니다. 저는 3만 원 이상 지출할 일이 있으면 10번 이상 생각했습니다. 그리고 생각을 하다 보면 대부분 필요 없는 지출이라는 결론에 도달했죠. 그래도 요즘은 자산이 조금 생겨서 기준을 5만 원으로 올렸습니다.

또 조금 번거롭더라도 지출을 줄이기 위해 물건을 싸게 살 방법을 찾아 실천합니다. 저는 생필품을 싸게 살 수 있는 '뽐뿌'라는 사이트에 상주를 합니

> **FIRE Tip.**
> 3만 원 이상 지출할 경우 10번 고민하면 지출이 급감한다!

다. 거기서 가끔 물건을 아주 싸게 파는 경우가 있습니다. 제가 딱히 물욕이 있는 것은 아니고, 다만 휴지 같은 꼭 필요한 생필품을

사야 할 때 전국에서 가장 싸게 구입하겠다는 마음가짐으로 뽐뿌를 활용합니다.

투자 잘하는 법) ─────────────────────

상가 투자는 사업처럼 해야 한다

정치와 경제를 같이 보는 것이 매우 중요하다고 다시 한번 강조하고 싶습니다. 그런 의미에서 아파트 등 주거용 부동산은 2020년부터 적극적으로 추천

> **FIRE Tip.**
> 부동산에 투자하려면 정치 흐름도 같이 연구하라!

하지 못하겠습니다. 집값이 이미 많이 오른 것 같고, 보수당이 집권하면 부동산 열기는 떨어지는 경향이 대부분이더라고요.

상가는 예외라 언제든지 투자해도 됩니다. 상가의 가격을 결정하는 것은 월세 수익률인데, 주변보다 월세 수익률이 높다는 것은 그 상가가 저평가되어 있다는 것을 의미하니까 사도 됩니다. 단, 저는 상가 투자는 사업처럼 해야 한다고 강조하고 싶습니다. 상가

> **FIRE Tip.**
> 상가는 시기와 상관없이 투자해도 된다!

주인들 중 가만히 중개소 소식만 기다리면서 세입자가 안 들어오나 고민하는 분도 있는데, 내 생계가 달린 사업이라면 그냥 부동산 소식만 기다릴까요?

임차인을 찾기 위해 모든 수단을 동원하고 내 부동산을 직접 영업해야 합니다. 저는 자영업자 커뮤니티 등에 가입해서 직접 제 건물을 영업하면서 세입자를 받았습니다. 그렇게 하니까 공실도 금방 채워지더라고요.

또한 상가 구입을 위한 대출은 사업자대출이라 거주용 부동산보다 조금 더 많이 받을 수도 있습니다. 저도 상가에 대해 몇 년 공부를 했고요, 시중에 나온 책들은 거의 다 읽었습니다. 상가 투자를 할 때는 월세 수익률 외에 입지, 방향 등도 매우 중요한데, 이런 것은 본격적으로 투자하기 전에 공부해야 합니다. 작은 상가는 1층이어도 가격이 상대적으로 저렴합니다. 요즘은 배달 전문점이 많이 생기면서 인도 뒷편에 있거나 작은 평수도 임차인을 구하기 어렵지 않습니다.

나만의 팁) _____

주위에 있는 좋은 멘토를 찾아라

멘토를 잘 만나는 것이 중요합니다. 빠른 시간 내에 많은 부를 축적한 사람을 찾아야 합니다. 운 좋게 제게는 이모가 계셨죠. 멘토가 주는 효과는 단순

> **FIRE Tip.**
> '부자 수업'을 해줄 수 있는 멘토가 있으면 매우 유리하다!

부동산에 투자할 때는
경제와 정치를 같이 보고,
상가 투자는 사업처럼 해야 한다.

히 투자 지식을 얻는 것만이 아닙니다. 멘토를 만나면 '나도 저렇게 되고 싶다'는 생각을 하게 되고 투자에 대한 동기부여가 됩니다. 엄청나게 성공한 사람이 아니어도, 주변에 남들보다 부지런하게 공부하고 노력해서 작은 부를 이룬 사람이 있다면 충분히 멘토로 삼을 수 있습니다.

직장인들에게 전하는 말) ————————————

자기암시로 시련을 극복하는 법

저는 2019년에 제 경제 상태가 안정되었다고 생각합니다. 당시 '텐 인 텐, 즉 10년 만에 10억 달성'에 성공했죠. 그전에는 시련이 많았습니다. 건물 시설이 고장 나서 수리를 해줘야 했을 때도 있었고, 전세를 빼고 부모님 집에 들어가야 했을 때도 쉽지 않았습니다.

목표지향적으로 산 것이 도움이 된 것 같습니다. "이렇게 하면 빨리 부자가 될 것이다!"라고 계속 자기암시를 했죠. 목표를 향해 가는 과정에서 힘이 들 때 활용해 보시기 바랍니다.

전업투자로 20대에 경제적 자유를 이룬
최연소 파이어

알렉스 오

전업투자자

#최연소파이어 #코인 #주식 #대학생 #창업꿈나무

알렉스 오는 대학생으로, 한 번도 직장에 다니지 않았으면서도 파이어에 도달했다. 나는 그 나이에 비로소 돈을 모으기 시작했는데 말이다. 그를 보며 '나는 도대체 10대에 뭘 했나?'라고 자책(?)도 했지만 그와 이야기를 나누다 보니 '역시 대단한 친구군'이라고 납득하게 되었다.

알렉스 오는 내 투자 강의에 참여했으며, 최근에는 주식 백테스트가 가능한 프로그램을 개발하는 스타트업을 창업하기도 했다. 일찌감치 자신의 길을 걸어가고 있는 이 책에서 가장 어린 파이어족, 알렉스 오의 비법을 들어보자.

그는 어린 나이에 굉장히 우연한 계기로 주식 투자를 시작하게 되었다. 투자에 입문한 나이가 15세, 순자산 10억 원을 달성했을 당시의 나이가 23세였으니 경제적 자유를 달성하는 데는 약 8년 정도 걸린 셈이다. 현재 그는 26세이고, 지금은 그때보다 자산이 더 늘어난 상황이다. 현재 총 자산은 20억 원 이상, 순자산은 15억 원 이상이다.

주식 투자도 꾸준히 했지만, 가장 큰 자산 상승을 이룰 수 있었던 투자는 암호화폐 투자였다. 비트코인이 50만 원, 이더리움이 1만 원 수준이던 2016년에 우연히 암호화폐를 접하게 되었고, 가능성을 보고 투자를 결정했다. 단순히 암호화폐를 매수한 후 보유하기보다는 다양한 ICO°에 투자하면서 돈을 벌었는데, 2016년부터 2018년까지 약 2년이 채 되지 않는 기간 동안 몇 백만 원의 자산이 10억 원 이상으로 불어나게 되었다.

그 또한 아직 경제적 자유를 달성했다고 생각하지 않는다고 한다. 그가 생각하는 진정한 경제적 자유란 '지출에 대해 전혀 걱정하지 않아도 자산이 꾸준히 늘어날 때'인데 그는 아직 돈에 대해 걱정이 많고, 따라서 지출을 줄이려 항상 노력하기 때문이다. 진

°   Initial Coin Offering, 가상화폐공개. 업자가 블록체인 기반의 암호화폐 코인을 발행하고 이를 투자자들에게 판매해 자금을 확보하는 방식

정한 경제적 자유는 부채를 제외한 순자산이 200~300억 원에 도
달했을 때가 아닐까 한다는 것이 그의 생각이다.

받은 만큼 많이 베풀며 살고 싶다

운과 노력의 비중을 묻자, 그는 '운칠기삼'이라고 답했다. 솔직
히 한국에서 태어난 것만으로도 운이 좋다고 생각한다고.

"운이 좋은 사람으로 태어나서 다른 사람들보다 많은 것을 받을 수
있었기에 항상 감사한 태도로 살아가려고 노력하고, 받은 만큼 많
이 베풀려고 합니다. 큰돈은 아니지만 매달 형편이 좋지 않은 초등
학생들을 도와주고 있습니다."

그렇다고 모든 결과에 대해 운을 평계 삼지는 않는다. 운이 돈
을 벌어주고, 노력은 돈을 잃지 않게 하기에 '돈을 벌면 운이 좋아
서, 잃으면 내가 부족해서'라고 여긴다. 나 또한 여기에 동의하고
있어서 그의 생각에 매우 공감했다.

그는 경제적 자유가 인생의 중요한 목표 중 하나이기는 하지
만, 목표의 전부는 아니라고 말했다. 그는 인생의 목표를 여러 단
계로 세분화하여 순서에 따라 실행에 옮기고 있었다. 그리고 그의
최종 목표는 교육 재단을 설립하는 것이다.

대학교 졸업을 한 학기 앞두고 그는 휴학을 결심했다. 2021년 2월에 스타트업 법인을 설립해 주식 투자 관련 서비스를 준비하고 있기 때문이다.

그는 스스로 경제적 자유를 달성했다고 생각하는 때가 와도 지금과 같은 삶을 살 것이라고 말했다. 다른 사람들의 눈치를 보지 않고 오로지 자신에게 집중하는 삶, 스스로 진짜 원하는 것이 무엇인지를 알고 목표를 향해 계속 나아가는 삶을 살 것이라고. 돈은 목표를 이루어가는 데 따라오는 보상일 뿐, 돈이 많아졌다고 해서 기존의 삶에 안주하지는 않을 것이라는 게 그의 소신이다.

손실은 제한되어 있고
수익은 제한되지 않은 투자처를 찾아라

경제적 자유 달성 전과 후의 재정 상황) ――――――――――

수입 없이 투자로만 경제적 자유를 달성하다

수입   대학생이기 때문에 근로소득은 전혀 없습니다. 현재
는 소득의 100%가 투자소득으로 이루어져 있고, 투자소득이라는
것이 매년 바뀌기 때문에 금액을 특정하기는 힘듭니다.

다만 진행 중인 사업이 있어서 빠르면 올해 가을, 늦어도 내년
초부터는 이 사업에서 근로소득과 사업소득이 생길 것이라고 생
각합니다.

지출　월 평균 150~200만 원 정도 씁니다. 연으로 환산하면 1800~2400만 원이고, 투자 수익은 매년 달라지기 때문에 보수적으로 연 8000만 원이라고 가정한다면(실제로는 이를 훨씬 초과), 수익 대비 22.5~30%를 지출하고 있습니다. 지출은 대부분 교통비, 식비 등의 생활비로 구성되어 있고, 명품과 같은 임의소비재에는 돈을 거의 지출하지 않는 편입니다.

투자　부동산, 주식, 암호화폐에 큰 비중으로 투자하고 있고, 작은 비중으로는 비상장 스타트업, 가상 부동산 등에 투자하고 있습니다. 요즘은 미술 작품에도 관심을 갖고 있습니다. 목표 연복리수익률인 20% 기준으로 투자 대상을 검토합니다. 참고로 2020년 수익률은 50% 이상이었습니다.

현재 자산배분은 부동산 40%, 주식 25%, 현금 및 현금성 자산 25%, 암호화폐 5%, 사업 5% 정도입니다. 부동산 비중이 높은 이유는 총 자산 기준 비율이기 때문입니다. 순자산 기준이라면 주식의 비중이 더 높습니다. 위의 자산배분에는 부동산을 포함했지만, 실제로 투자 포트폴리오를 운용할 때는 부동산과 사업을 제외하고 생각합니다.

기여도　지출이 10%, 투자가 90% 정도입니다. 근로소득이 없었기 때문에 수입은 0%입니다.

수익이 평균 20대보다 훨씬 높았던 비결 최소 3가지

1. 고정관념에 갇히지 않고, 경계에서 모든 것을 바라본다

저는 전혀 말이 안 되고, 마치 사기처럼 보이는 곳에도 항상 작은 돈을 투입해 봅니다. 모든 사람들이 암호화폐는 도박이라고 말할 때, 가능성을 보고 투자했습니다. 달의 땅을 판다는 것을 보고 달에도 소액으로 투자해 보았습니다. 최근에는 가상 부동산에도 투자를 했고, 만족할 만한 수익률을 냈습니다. 원금은 모두 회수했고 수익분만을 남겨 놓은 상황입니다.

> **FIRE Tip.**
> 말이 안되는 곳에도 작은 돈을 투자해 본다!

2. 엉뚱한 질문들을 던지고, 답을 찾으려 노력한다

'인류의 미래는 어떻게 변할까? 경제가 성장한다는 것은 무엇을 의미할까? 물리 법칙을 깨지 않고도 무한한 경제 성장이 가능할까?' 등과 같은 엉뚱한 질문들을 스스로에게 던지는 것을 좋아합니다. 질문에 대한 답을 찾는 과정에서 신기술에도 관심을 갖게 되고 다양한 투자 아이디어를 떠올리게 되기도 합니다.

3. 수익을 높이기보다는 돈을 잃지 않으려 주의한다

당장 수익을 높이려 하기보다는 돈을 잃지 않으려 주의하는 것이 중요합니다. 저는 리스크와 기대수익률의 불균형이 심한 투자(=손실은 제한되어 있고, 수익은 제한되어 있지 않은 투자)를 좋아하는데, 이러한 투자처에 레버리지를 일으켜 투자하는 방법을 추천합니다. 실제로 몇몇 분들은 이 투자에 성공하여 감사의 글을 남겨 주시기도 했습니다.

알렉스 오가 추천하는 투자법

(1) 손실은 제한되고, 수익은 제한되지 않은 투자처를 찾는다.
(2) (1)번의 투자처에 레버리지를 일으켜 투자한다.

예를 들어 미국에는 고정배당우선주라는 것이 있는데, 일반적인 경우 발행가에 수렴한다. 하지만 주식이기에 2020년과 같이 시장에 충격이 클 때는 하락하기도 한다. 알렉스 오는 2020년에 EPR-G라는 고정배당우선주에 투자했다. 코로나19로 직격탄을 맞은 기업이다 보니 발행가 25달러였던 주가가 13달러까지 하락 후, 16~18달러 부근에서 몇 달간 횡보했다. 보통주의 배당금은 지급이 중단된 반면, 고정배당우선주는 중단된 배당금을 추후에 전액 누적 지급해야 한다는 조건이 있었으므로 중단되지 않은 채 꾸준히 지급되고 있었다. 주가 하락으로 시가배당률은 8%~10%로 굉장히 높은 수준이었다.

회사가 가지고 있던 현금으로 6년은 충분히 버틸 수 있던 상황이었고, 그는 코로나19가 6년간 지속될 것이라 생각하지 않았다(설령 지속된다고 하더라도, 배당금만으로 원금의 50% 이상을 건질 수 있는 상황이었다).

즉 배당금으로만 연 수익률 8~10%를 확정 짓고 투자하게 되는 것인데 더 나아가 코로나 사태가 종료되면 발행가인 25달러까지 주가 상승이 일어날 테니 기대할 수 있는 수익률은 40~50% 이상이었다. 코로나19가 2년 후에 잠잠해신다고 가성했을 때 연복리수익률 20% 이상을 기대해볼 만한 안정적인 투자처였다. 이러한 투자처에 3% 정도의 대출 금리로 대출을 일으켜 투자하면 배당금만으로도 대출 이자를 모두 갚고 안정적으로 추가 수익을 확보할 수 있다.

결과적으로 이 EPR-G라는 고정배당우선주의 가격은 1년이 채 되지 않아 발행가인 25달러를 넘어섰다. 이러한 투자 방법은 '배대마진(배당금-대출이자 마진)'을 남기는 것이라고도 볼 수 있을 것이다.

지출 줄이는 법)

불필요한 지출은 줄이되, 배움에는 아끼지 않는다

다른 사회 초년생들과 같을 것이라 생각합니다. 자동차가 없고, 대중교통을 이용합니다. 중고나라나 당근마켓을 자주 이용하고, 무엇인가를 구매할 때 할인 행사는 하는지 등을 꼼꼼히 체크하는 편입니다.

단, 지출이 크더라도 절대 포기하지 않는 것이 있는데, 나의 가치를 키워주고 경험을 쌓는 일입니다. 무엇인가를 배우거나, 여행을 위한 지출에는 돈을 아끼지 않는 편입니다. 지출이라고 보기보다는 오히려 미래를 위한 투자라고 생각하기 때문입니다.

> **FIRE Tip.**
> 배우기 위해서 지출하는 비용은 미래를 위한 투자이다!

투자 잘하는 법)

경제적 자유를 얻는 공식, FV = PV$(1+r)^t$

$$FV = PV(1+r)^t$$

경제적 자유는 위의 공식에서 출발한다고 생각합니다. PV(원금), r(투자 수익률), t(시간) 중 내가 어떤 것을 가지고 있는지, 또 어떤 것이 부족한지 잘 파악해야 합니다. 그래야 FV(미래 자산)를 구할 수 있으니까요. 연 수익률 100%, 200%와 같은 비현실적인 목표보다는 위의 공식에 기반해 현실적인 수익률을 목표로 설정하는 것이 좋습니다. 복리의 힘은 대단하기 때문에 경제적 자유에 도달하기 위한 투자 수익률은 생각보다 높지 않습니다. 한 걸음, 한 걸음 멈추지 않고 나아간다면 누구나 경제적 자유를 이룰 수 있다고 믿습니다.

> **FIRE Tip.**
> 경제적 자유에 도달하기 위한 수익률은 생각보다 높지 않다!

나만의 팁)

ETF를 통한 자산배분과 Defi를 활용하라

아직 20대이다 보니, 투자 경험이 많지 않습니다. 계속해서 공부하면서 여러 투자 방법들을 시도하고 있습니다. 가장 선호하는 투자 스타일은 ETF를 통한 자산배분입니다. ETF를 이용할 경우 개인투자자들에게 많은 이점이 있습니다. 개인투자자가 접하기 힘든 다양한 채권에도 투자할 수 있고, 원자재 등의 상품에도 투자할 수 있습니다. 또한 가장 큰 이점이라고 생각되는 부분은 은행에서 돈을 빌리지 않고도 레버리지 상품을 이용할 수 있다는 점입니다. 저도 레버리지 상품을 적절히 활용하여 포트폴리오를 운용하고 있습니다.

코인은 주식과 달리 가치평가를 하기 힘든 자산이기에, 과거에는 가격에 큰 영향을 미치는 이벤트 전후에 거래를 하거나 기술적 분석을 통한 매매를 많이 했습니다. 최근에는 기술적 분석과 함께 온체인 데이터(On-chain data)[*]를 참고하는 매매를 합니다.

또한 Defi^{**}를 통해 유동성 공급자로 참여하거나, 스테이킹^{***}을 통해 수익을 얻고 있습니다. 주식 포트폴리오를 구성하기 위해 현금을 보유해야 하는 하는 상황인데, 은행에 두기에는 이자가 너무 적어서 대신 Defi(현재 기준 연 25%)를 이용하고 있습니다. 암호화폐와 주식 모두를 아는 투자자의 이점이라고 생각합니다.

> **FIRE Tip.**
> **Defi를 유심히 공부하라!**

---

* 블록체인 상에서 이루어진 거래 명세를 담고 있는 데이터. 특히 큰손(고래라고도 불림)이 보유한 암호화폐 물량의 이동을 파악하는 데 유용하다.
** 블록체인 네트워크 상에서 중앙 주체나 중개인이 없이 스마트 컨트랙트를 기반으로 해서 암호화폐를 이용해 제공하는 금융 서비스
*** 자신이 가지고 있는 암호화폐를 블록체인 네트워크에 예치한 뒤, 해당 플랫폼의 운영 및 검증에 참여하고 이에 대한 보상으로 암호화폐를 받는 것

포커의 신,
흘러가는 대로 살다 보니 파이어!

임가
포커 플레이어
#직장인파이어 #포커 #터키이민 #아이아빠

언젠가 내 유튜브 채널에 이민 관련 영상을 찍으면서 터키의 안탈리아 지방이 세상에서 가성비가 가장 좋은 지역이라고 밝힌 적이 있다. 그런데 몇 달 후 임가가 내게 연락을 하더니, 본인이 그 영상을 보고 실제로 안탈리아 인근으로 이민을 갔다는 것이다!

그에게 호기심이 생겨서 터키에 2주 동안 머물면서 임가와 그의 가족과 시간을 보내고 바닷가 여행도 같이 했다. 그는 아프리카 우간다에서 포커를 치면서 자산을 축적해 파이어에 도달한 사람이었다. 이 책에서 가장 독특한 이력을 지닌 파이어족, 임가의 세계관을 함께 훔쳐보자.

20대 초반일 때 그의 꿈은 아프리카에서 평생 교사를 하는 것이었다. 교회 생활을 하고 유니세프 광고를 보다 보니 그런 꿈을 갖게 되었다. 나중에 실제로 코이카(KOICA)를 통해 탄자니아에서 3년간 교사로서 아이들을 가르치기도 했다. 교사 생활은 좋았는데, 그 후 우간다에서 직장생활을 하는 동안 꿈이 바뀌었다. '직장생활을 안 하는 것'이 꿈이 된 것이다. 그는 그때를 떠올리며 상사와 잘 안 맞는 등 직장생활이 너무 'XX같았다'고 말했다. 인터뷰 자리에서 쉽게 듣기 힘든 격한 표현에 나는 낄낄거리며 웃었다.

그는 원래 돈에는 별 관심이 없었는데 직장생활을 하면서 관심이 생겼다고 한다. 당시 우간다 사람들 평균 월급이 5만 원이었고 은행 연 이자가 20% 정도였는데, 코이카의 경우 월급도 주지만 일정 기간 교사를 하면 수고비로 1200만 원을 준다. 여기에 이것저것 돈을 모아서 2011년에 목표 금액인 5000만 원을 만들고 퇴사했다.

퇴사하던 해에 한인 친구가 억지로 그를 카지노에 끌고 갔는데, 그곳에서 토너먼트에 참가해 본 그는 포커에 재미를 붙였다. 그 후로 방송국 코디 등 단기 아르바이트를 하면서 지내보니 놀아도 자산이 감소하지 않는다는 것을 깨달았다. 한인 직장에서 죽을 듯이 일하는 것보다 포커 수입이 훨씬 낫다는 것도 알게 되었다. 굉장히 보수적으로 플레이했는데 신기하게 매달 거의 정확히 3000달러 정도를 벌었다.

처음에는 포커 실력이 높지 않았는데도 돈을 벌 수 있었다. 아프리카 사람들이 기본기가 없고 기댓값 계산이 잘 안되었기 때문인 것 같았다. 당연히 '죽어야' 하는데 '콜'을 외치고 따라오거나, 오히려 '콜' 해야 할 상황에서 '죽는' 경우가 많았던 것이다.

그래서 그는 4년간 한 달도 돈을 잃은 적 없이 포커로 월 3000달러 정도를 벌었다. 그 후 친형이 캐나다 밴쿠버로 수학 박사를 공부하러 오라고 해서 캐나다로 갔는데, 가서도 포커만 쳤다. 결론적으로 수학 유학이 아니라 포커 유학이 된 셈이었다. 그는 캐나다에서도 10개월 동안 월 2000달러 정도를 꾸준히 벌었다. 캐나다 포커 수준이 우간다보다 훨씬 높아서 실력이 엄청나게 느는 건 덤이었다. 덕분에 포커 유학(?) 전에는 월 3000달러 정도를 벌었는데 다시 아프리카에 가니 생활비를 제하고도 자산이 매월 1만 달러씩 늘기 시작했다.

그러던 중 2018년에 결혼을 했고 한국에 집도 샀다. 아내의 출산으로 인해 2019년 4월부터 한국에 있으면서 수학 과외를 주로 했다. 갭 투자로 산 아파트는 2억 원쯤 올랐다.

현재 그의 자산은 6억 원 정도이다. 지출이 매달 150만 원, 연 1800만 원 쯤이니 연 지출의 25배보다는 더 되는 것 같다고 한다.

어느 날 그는 유튜브에서 내(!) 영상을 보게 된다. 그런데 투자 영상이 아니고, 터키 영상이었다. 터키 안탈리아가 살기 좋고, 물가 싸고, 날씨도 좋은, 세상에서 가장 가성비가 좋은 이민지라는 것을 알게 된 그는 2021년 5월, 안탈리아에서 200km 정도 떨어진 페티예라는 해변 휴양지에 정착했다.

현재 그는 가족들과 바닷가 산책을 자주 가고, 집에서 화상으로 수학 과외를 하고 가끔씩 배달 음식을 시켜먹으며 지내고 있다. 과외가 끊기면 주식으로 전업투자를 할 생각이다. 아쉽게도 터키에는 카지노가 없는데 옆 나라 사이프러스에는 카지노가 많다. 거기서 포커를 다시 시도할 생각도 있다고 한다. 경제적 자유를 달성했는데 왜 계속 일하는지 물으니 그는 이렇게 답했다.

"일이 크게 힘들지 않고요, 그냥 아무 생각 없이 일을 하는 관성도 있는 것 같고, 그냥 '일을 한다'라는 자부심도 좀 있습니다."

앞으로 꿈은 무엇인지 물으니 깊이 생각해 보지는 않았지만 아내가 유명한 유튜버가 될 수 있도록 돕고 싶다고 말했다. 터키 페티예는 관광지라 패러글라이딩, 서핑, 하이킹 등 많은 것을 할 수 있어서 그런 것들 위주로 유튜브를 찍으면 괜찮을 것 같다는 생각이다.

슬럼프나 굴곡이 있을 때 어떻게 하냐는 질문에 그는 주식시장이 하락할 때는 주식 창을 보지 않는다고 대답했다. 포커에서도 가끔 운이 매우 안 좋은 시기가 오는데, 어떤 일이든 지독하게 나쁜 운은 반드시 온다는 것이 그의 철학이다.

그런데 고수 중에서는 운에 휘둘리는 사람은 거의 없다고 한다. 마인드컨트롤이 중요한 것이다. 그에게도 잘 안 풀리는 날은 있었지만, 한 달 단위로 보면 수익은 결국 비슷했다. 즉 지독하게 나쁜 운이 오면 또 매우 좋은 운이 오는 날도 필연적으로 온다는 뜻이다.

그에게 파이어를 달성하는 데 영향을 미친 운과 노력의 비중을 묻자 그는 이렇게 대답했다.

"나에게 주어진 건 다 운이라고 생각합니다."

나에게 주어진 건
다 운이라고 생각합니다.

포커든 투자든
리스크 관리가 제일 중요하다

경제적 자유 달성 전과 후) ─────────────────────

은행 적금만 하다가 투자를 시작하다

수입　　아프리카에 있을 때는 포커로 월 1만 달러쯤, 한국에
와서는 수학 과외와 주식으로 각각 월 200만 원쯤 벌었습니다.

지출　　사회 초년생 때는 일하느라 돈 쓸 시간이 없어서 한
달에 30달러 정도 썼습니다. 주로 먹는 데 썼죠. 포커 칠 때는 생
각 없이 써서 얼마를 썼는지는 정확히 모르겠습니다. 카지노에서
음식, 술 다 주거든요. 현재는 3인 가족이 월 150만 원 씁니다.

투자　　파이어 전에는 은행 적금만 이용했습니다. 지금은 실물, 부동산, 주식에 각각 투자하고 있습니다. 수익률은 대략 실물(2년) 80%, 부동산(3년) 700%, 주식(1년) 15% 정도입니다.

주식의 경우 투자한 지 1년 되었는데 초보적인 실수를 많이 했습니다. 투자를 시작하자마자 코로나19 직격탄을 맞았고, 본전 회복하고 바로 파는 우를 범했죠. 지금은 장이 너무 좋아서 30% 정도 수익을 냈는데 주변에는 100~200% 수익 낸 사람도 많습니다.

기여도　　수입이 주고 어쩌다 한 갭 투자가 그다음이네요.

수입 늘리는 법) ──────────────────────────

다른 사람들이 아직 모르는 블루오션을 찾아라

포커는 아직 블루오션인 것 같습니다. 탄자니아, 케냐, 우간다, 캄보디아에서는 확실히 아직 블루오션입니다. 어떤 카지노를 가든 하수들 비중은 비슷한 것 같습니다. 약 70% 정도가 하수인데, 예를 들어 캐나다에서 포커를 쳤다면 저보다 잘 치는 사람이 2명, 못 치는 사람이 7명입니다. 그럼 잘 치는 2명과의 싸움을 피하고 나머지 7명의 돈을 따면

> **FIRE Tip.**
> 남들이 거들떠보지 않는 틈새시장을 노려라!

됩니다. 그 정도 실력은 누구나 쌓을 수 있습니다. 포커를 치는 사람들은 대부분 진지하게 게임을 공부하지 않고 유흥으로 생각하기 때문에 이 사람들에게 이기는 것은 어렵지 않거든요.

포커로 꾸준히 돈을 벌 때 배운 점은 '좋은 기댓값으로 적절한 금액을 꾸준히 베팅하면 절대 지지 않는다'는 사실입니다. 이것은 카지노 블랙잭 테이블이 절대 돈을 잃지 않는 것과 마찬가지인데 적절한 베팅 금액을 정하는 것이 중요합니다. 베팅 금액은 내 자산이 많을수록, 기댓값이 높을수록 많이 커져도 좋습니다. 보통 많이 하는 실수가 베팅 금액을 너무 크게 하거나 너무 적게 하는 것입니다. 그리고 실력을 키워서 기댓값을 높이는 것도 중요합니다.

> **FIRE Tip.**
> 투자나 포커나 리스크
> 관리가 제일 중요하다!

지출 줄이는 법)

과소비를 피하라

옷, 시계, 차 이런 데 과소비 안 하는게 좋죠. 억지로 돈을 아끼는 편은 아닌데 과소비는 안 하는 것이 기본인 것 같습니다. 저희는 3인 가족이지만 월 150만 원 정도로 할 거 다 합니다. 다른 사람들은 어디에 돈을 쓰는지 잘 모르겠습니다. 저도, 아내도 합리적인 소비를 하려고 노력하기는 합니다.

저는 아이 교육에도 크게 돈을 쓰지 않을 생각입니다. 직접 교육을 많이 시키고, 어느 분야에서 뛰어난 재능을 보이면 그 분야에는 투자할 겁니다. 그러나 적절히 투자를 할 거고 제 노후를 갈아 넣지는 않을 겁니다. 어릴 때 너무 많이 지출하는 것보다는 차라리 나중에 필요할 때 돈으로 주는 것이 낫다고 봅니다.

투자 잘하는 법) ────────────────────────────

국내를 넘어 해외 부동산에도 관심을 가지자

이민 와서 터키 집을 구매했는데 투자 차원에서도 좋은 것 같습니다. 날씨도 정말 좋고, 경치도 좋아요. 이제 메타버스 등이 발달하면서 굳이 도심에 살 필요가 없어져서 살기 좋은 곳으로 이동하는 트렌드가 생길 것 같습니다.

한국에 갭 투자한 집이 있는데 팔고, 터키 해변에 빌라를 추가로 살 생각도 있습니다. 에어비앤비를 운영해도 잘된다고 합니다. 터키에서는 25만 달러 이상의 집을 사면 영주권을 주고, 그냥 집만 사도 시민권이 생긴다는 장점도 있습니다.

물가가 저렴한 해외에 살면 은퇴가 앞당겨진다

터키의 물가는 전반적으로 쌉니다. 생활비가 적게 들죠. 그리고 약 60평 크기의 집을 샀는데 집값이 한화로 1억 3000만 원 정도입니다. 저는 옛날부터 한국에서 생활비를 벌고 물가가 저렴한 외국에서 사는 것이 꿈이었는데 그 꿈을 이룬 것 같네요.

> **FIRE Tip.**
> 한국에서 돈을 벌어서 물가가 저렴한 해외에서 거주하면 파이어를 훨씬 앞당길 수 있다!

직장인들에게 전하는 말)

돈 때문에 인생을 고달프게 살지는 말자

먹고 사는 것에 너무 목매지 않아야 합니다. 무조건 큰돈을 모아야 경제적 자유를 이룰 수 있다는 생각은 반대입니다. 모든 걸 준비할 필요는 없습니다. 돈 버는 것 때문에 인생이 너무 고달프면 안 됩니다! '이게 아니다' 싶으면 때려치우는 것도 하나의 좋은 방법입니다.

경제적 자유가
삶의 존엄을 준다

이충엽
업라이즈 대표

#창업파이어 #연쇄창업가 #워커홀릭 #올웨더포트폴리오

이충엽 대표를 처음 만났던 건 2017년쯤이었다. 그때 그는 창업한 회사를 네이버에 매각한 지 얼마 되지 않았을 때로 새로운 창업 아이템을 구하고 있었다. 그는 내 투자 강의를 듣고 '변동성 돌파 전략'이라는 전략을 알게 되었는데, 그 전략으로 자동 거래 시스템을 만들어 '헤이비트(현 업라이즈)'라는 회사를 창업했다. 이를 알고 얼마 되지 않아 나는 그의 회사에 투자하기로 결심했다. 아이템도 마음에 들었지만, 눈앞에 있는 사람이 믿을 만한 사람이라는 생각이 들었기 때문이었다.

'연쇄창업가'라는 별명을 가진 그는 지금까지 3개의 회사를 창업했다. 그중 두 개의 회사를 각각 카카오와 네이버에 매각하면서 경제적 자유를 얻을 수 있었다.

그의 인생 목표는 돈이 아니라 '영향력'이었다. 영향력이란 권력이나 부를 손에 넣는 것일 수도 있고 유명해지는 것일 수도 있다. 그가 생각하기에 영향력을 행사하는 방법은 기업을 만들고 성공하는 것이었다.

"기업이 성공한다는 것은 제가 만든 상품 또는 서비스가 고객에게 편익을 준다는 것이고, 그것이 곧 영향력이라고 생각했습니다. 물론 그렇게 하다 보면 돈도 같이 벌게 되죠."

그런 그가 취업 대신 창업의 길로 들어서게 된 것은 어쩌면 당연한 수순이었다. 그는 대학교에 다니던 중 휴학을 하고 2007년에 '아이씨유'라는 회사를 창업했고, 그 회사를 2012년 카카오에 매각했다. 첫 번째 회사의 규모는 크지 않아서 매각 후에도 경제적 자유에 도달할 정도는 아니었다.

2014년 그는 새로운 스타트업인 아이엠컴퍼니의 2대주주이자 최고운영책임자로 참여했고, 2017년 회사를 네이버에 매각하면서 마침내 경제적 자유를 이루게 된다.

경제적 자유가 목표는 아니었지만, 그는 결과적으로 경제적 자유를 얻었다. 그에게 어떨 때 경제적 자유를 얻었다는 실감이 나는지 묻자 그는 이런 일화를 들려주었다.

얼마 전, 그의 부모님이 오래 키우던 반려견이 아파서 갑자기 수술을 받게 되었다. 혹시 수술이 실패하면 영원히 못 볼 수도 있는 상황이었다. 그때 그가 있던 곳과 동물병원이 거리가 멀었음에도 그는 고민 없이 바로 택시를 타고 반려견을 보러 갔다. 이렇게 정말 급하고 소중한 순간에 필요한 돈을 별 고민 없이 지불할 수 있는 것도 경제적 자유가 주는 선물이라고 그는 말했다.

"경제적 자유가 '삶의 존엄'을 준다고 할 수 있을 것 같아요. 참, 수술이 성공적으로 마무리돼서 개는 건강히 잘 살고 있습니다."

소비의 측면에서는 밥값 낼 때도 그렇고 아무래도 돈 걱정을 덜 하게 되어서 좋다고 한다. 또 두 번째 회사를 창업할 때는 '이 회사가 잘 안 되면 뭘 하지?'라는 고민을 종종 했는데, 세 번째 회사를 창업할 때는 회사가 망해도 큰 경제적 타격이 없을 것이라는 생각에 조금 더 마음 편하게 일할 수 있게 된 것도 장점으로 꼽았다.

그는 경제적 자유를 달성하고 나서도 계속 일을 하고 있다. 가진 돈이 충분한데도 왜 계속 일하는지 그에게 질문을 던지자 그는 웃으며 말했다.

"왜 경제적 자유 달성 후에도 일하냐고 묻는 분들이 종종 있습니다. 그런데 사실 저는 경제적 자유 달성을 위해 일한 것이 아니고, 원래 하고 싶은 일을 하다 보니까 경제적 자유를 이룬 겁니다."

그래서인지 그는 경제적 자유를 이루기 위해 딱히 포기한 것이 없다고 한다. 여행 다니는 것은 원래 특히 즐기지 않았고, 휴가도 거의 없이 일했지만 원래 일을 좋아해서 굳이 거창하게 무언가 포기했다고 할 것까지는 없다고. 사장님과 직장인의 마인드는 이처럼 다른가 보다.

시장에 참여할 수 있는
자신만의 방법을 찾아라

경제적 자유 달성 전과 후) _____

당장 돈이 없어도 재테크에는 관심을 가져야 한다

수입　자산은 2017년 경제적 자유를 이룬 후 현재(2022년 초 기준) 약 6~40배 정도 성장했습니다. 왜 이렇게 애매하게 말하냐 하면, 제가 가진 부동산이나 디지털 자산 등의 상승 등을 보면 약 2배 정도 상승했다고 볼 수 있는데, 제가 가진 회사 지분을 현재 가치로 평가하자면 약 10배 상승했기 때문입니다.

그런데 '이만큼이 정말 우리 회사의 가치가 맞는가?' 하는 의문을 제기할 수도 있습니다. 요즘 스타트업 버블이 있는 것은 확실하니까요. 예를 들어 2016년에 김기사라는 스타트업이 600~800억 원에 매각되었고, 암호화폐 거래소 코빗이 1500억 원에 인수되었습니다. 그게 당시 스타트업 중 최대 규모의 엑시트 사례였죠. 그런데 최근에는 배달의 민족이 5조 원, 하이퍼커넥트가 2조 원에 매각되었습니다. 몇 년 만에 시장 최고 거래규모가 10~20배 증가한 겁니다.

지출　　사회생활 초반, 사업 초창기에는 대표 월급이 아예 없었고 그 후에는 약 100만 원 정도 받았는데, 그걸로 생활했습니다. 경제적 자유 달성 시에는 부동산 원리금 상환, 관리비 등을 포함해서 매월 200만 원 정도가 통장에서 빠져나갔습니다. 요즘은 창업 초창기보다는 조금 더 많이 쓰기는 하는데 큰 차이는 없습니다.

투자　　예전에는 가진 자산이 크지 않아서 재테크에 관심이 적었습니다. 그런데 돌이켜 보면 그때부터 관심을 갖고 자산시장에 참여했다면 좋았을 뻔했다는 생각이 듭니다. 예를 들면 비트코인이라는 것이 무엇인지는 알고 있었는데, 큰 관심을 가지지 않아 상승 폭의 상당 부분을 놓쳤죠.

2017년 두 번째 회사를 매각하고 여유자금이 생기자 재테크에 관심이 생겼습니다. 돈을 그냥 예금으로 놀릴 수는 없으니까요. 현재는 부동산, 암호화폐, 주식, 비상장주식 등에 분산투자를 하고 있습니다.

일단 시장에 참여했다는 것 자체로도 최근에는 자산이 많이 증가했습니다. 이게 어떻게 보면 경제적 자유를 달성하는 데 가장 중요한 핵심입니다. 자산시장에 참여하는 것! 보통 가진 돈이 적으면 투자에 관심을 별로 안 갖게 되는데, 최대한 빨리 투자를 하고 자산시장에 참여하는 것이 기회를 잡기에 유리합니다.

> **FIRE Tip.**
> 종잣돈이 부족해도 일단 시장에 참여해라!

기여도   제 경우는 부의 원천이 수입과 투자의 중간 지대에 있습니다. 회사 지분을 통해 부를 축적했으니 '투자'로 부를 축적했다고 볼 수도 있으나, 보통 투자는 가만 있어도 되는데 저는 제 시간을 투입해서 회사 가치를 창출하니까 '수입'의 영역이라고 볼 수도 있죠. 지출은 일부러 줄이려고 노력하지는 않았습니다.

수입 늘리는 법) ─────────────────────────────

성장하는 산업을 선택하라

당연한 얘기지만 고소득 직장에 다니는 것이 가장 중요합니다. 옛날에는 안정성과 소득이 같이 움직였습니다. 웬만한 대기업에 들어가면 안정성과 고소득을 동시에 누릴 수 있었죠.

요즘은 성장하는 산업과 그렇지 않은 산업의 괴리가 매우 커졌습니다. 산업 성장 자체가 그 산업 종사자에게 영향을 많이 미치는 것 같습니다. 따라서 성장하는 산업을 찾는 것이 무엇보다 중요합니다.

지출 줄이는 법) ─────────────────────────

좋은 빚을 만들어라

행동경제학에서는 빚을 만드는 것이 불필요한 소비를 줄이는 좋은 방법이라고 합니다. 물론 아무 빚이나 만들라는 것은 아니고, 부동산담보대출처럼 아주 좋은 빚이 있으면 도움이 됩니다.

30년 정도 상환 기간을 두고 대출을 받으면 요즘 금리가 높지도 않고, 이자 및 원리금 상환 때문에 강제저축 효과도 있고, 사놓은 부동산도 장기적으로는 값이 오를 가능성이 높습니다. 투자와 지출 두 문제를 한 방에 해결하는 거죠. 저는 그 외에도 실거주용 집은 한 채 있는 것이 상당히 유리하다고 봅니다.

> **FIRE Tip.**
> 지출을 줄이려면 오히려 빚을 만들어라!

투자도 포기하지 않고 계속하는 것이 중요하다

멈추지 않고 '계속하는 것'이 중요하다

앞서 말했듯, 일단 투자를 포기하지 않고 계속하는 것이 중요합니다. 대부분 사람들은 조금 투자하다가 말아먹고(?) 그만둬 버리는 경우가 많은데, 자산 시장에 계속 참여하는 것 자체로도 기회가 생깁니다. 저 같은 경우는 대학교 다닐 때 100~200만 원 가지고 차트 보면서 주식 투자를 하다가 수익도 조금 냈는데 '이거 몇 만 원 가지고 뭘 하나?' 하면서 투자를 포기했습니다. 그런데 돌이켜 보면 이때부터 경험과 지식을 쌓는 것이 매우 중요했습니다.

'어떻게 하면 큰 노력 없이 시장에 참여할 수 있는가?'가 포인트입니다. 사실 부동산이 좋은 게 그냥 사서 가만히 있기만 하면 된다는 점입니다. 최근

> **FIRE Tip.**
> 큰 노력 없이 시장에 참여할 수 있는 자신만의 방법을 찾아라!

부동산으로 돈을 번 사람들이 많은데 사실 그들이 엄청난 능력이 있다기보다는 그냥 부동산 시장에 참여했다는 점이 가장 큰 요소였죠. 부동산을 살 정도의 자금이 없다면 올웨더 포트폴리오를 활용해 자산배분 투자를 하는 등 간단히 시장에 참여가 가능한 방법을 모색해야 합니다.

올웨더 포트폴리오는 도대체 무엇인가? 🪙🪙

인터뷰이 중에 '올웨더 포트폴리오'에 투자를 한다는 사람이 꽤 많이 보인다. 이 책에 등장하는 김동주 대표가 운영하는 '이루다투자일임'에서는 올웨더 포트폴리오 상품을 고객에게 제공하고 있다. 올웨더 포트폴리오는 세계 최대 헤지펀드 중 하나인 브리지워터의 수장인 레이 달리오(Ray Dalio)가 만든 전략이다. 그는 "투자 포트폴리오를 어떻게 만들어야 경제가 어떤 상황에 닥치더라도 상관없이 안정적인 수익을 낼 수 있을까?"라는 고민 끝에 다음과 같이 투자하면 목적을 달성할 수 있다고 판단했다.

1. 우상향하는 자산에 투자하라.
2. 상관성이 낮은 자산에 투자하라.
3. 변동성이 낮은 자산의 비중을 높게, 변동성이 높은 자산의 비중을 낮게 책정하라.

올웨더 포트폴리오의 주요 지표(1970~2021)

포트폴리오	초기자산 (달러)	최종자산 (달러)	연복리 수익률(%)	MDD (%)
올웨더 포트폴리오	10,000	1,174,567	9.6	-13.1

올웨더 포트폴리오의 지난 50년간 투자성과는 대략 연복리수익률 9.6%, 전체 기간 중 MDD -13.1% 정도로 아주 훌륭하다. 또한 일 년에 한 번씩만 포트폴리오를 점검하면 되므로 투자에 시간을 거의 들이지 않아도 된다.

올웨더 포트폴리오의 정확한 자산 비중은 공개되어 있지 않다(앞의 투자성과는 간략화한 버전인 '사계절 포트폴리오'의 성과다). 때문에 김동주 대표는 브리지워터가 쓴 논문 등을 분석해서 비중을 다음과 같이 수정해 그만의 올웨더 포트폴리오를 만들었다. 이를 나도 소폭 수정해 다음과 같은 자산 비중을 결정했다. 올웨더 포트폴리오에 대해 더 알고 싶다면 자세한 내용은 유튜브 353번 영상[3]이나 도서 『거인의 포트폴리오』, 『절대수익 투자법칙』을 참고하자.

올웨더 포트폴리오의 자산군별 비중

자산군(ETF 티커)	비중(%)	자산군(ETF 티커)	비중(%)
미국 주식(SPY)	12	미국 장기국채(EDV)	18
미국 외 선진국 주식(EFA)	12	물가연동채(LPTZ)	18
신흥국 주식(EEM)	12	미국 회사채(LQD)	7
원자재(DBC)	7	신흥국 채권(EMLC)	7
금(GLD)	7		

나만의 팁)

소비를 내게 맞게 최적화시켜라

사실 수입이나 투자로 벌 수 있는 돈은 개인별로 어느 정도 정해져 있고 크게 늘리기가 매우 힘듭니다. 하지만 지출 통제는 상대적으로 쉽습니다. 보통 우리 삶에는 '아무 생각 없는', 관성적인 소비가 많습니다. 이때 본인의 소비패턴을 깊게 분석해서 무엇에 돈을 쓰는 것이 상대적으로 중요한지 성찰이 필요합니다.

예를 들면 저는 여행하는 것을 중요시 여기지 않습니다. 이 경우 여행에 큰 돈을 낭비하는 것은 불합리하겠죠. 사람마다 이렇듯 중요한 포인트가 다를

> **FIRE Tip.**
> 자기 자신에게 불필요한 소비를 알아두자!

것입니다. 그러니 내면을 바라보며 나 자신을 알아야 내 행복도 유지하면서 최대한 불필요한 지출은 덜 하는 '소비의 최적화'가 가능합니다.

직장인들에게 전하는 말)

직종에도 단리와 복리가 있다

저는 직장에 다니지 않고 곧바로 창업부터 했는데 일반적으로

는 사회생활 경험을 한 후 창업을 하는 것을 권장하고 싶습니다. 어떤 일을 할 때 관련 경험도 전혀 없고, 물어볼 사람도 없으면 매우 힘듭니다. 투자도 잘 모

FIRE Tip.
창업부터 하기보다는
사회생활 경험을 먼저
하는 것을 추천한다!

르면 소액으로 하다가 어느 정도 감을 잡으면 금액을 늘리죠? 이것과 비슷한 논리입니다.

스타트업의 경우 대표와 창업 멤버들의 능력과 인성이 절대적으로 중요합니다. 그런데 이런 부분은 사실 사회생활을 어느 정도 해봐야 파악이 쉽습니다. 이 사람이 나랑 친하다는 것과 능력이 있는 것은 다른 문제니까요. 또한 사회 생활을 좀 해야 창업하고자 하는 분야 또는 산업에 대한 전문 지식도 쌓게 되죠.

직장을 고를 때는 두 가지 방향에서 접근해야 한다고 생각합니다. 첫째는 당연히 현금흐름, 즉 연봉이 중요하고요. 둘째는 생산성 향상이 어떤지를 봐야 합니다. 어떤 직종은 1년 차, 5년 차, 10년 차가 하는 일이 거의 비슷하고 생산성 차이가 거의 없습니다. 반대로 어떤 직종은 근무연속에 따라 생산성이 기하급수적으로 증가합니다. 후자가 당연히 유망한 직종입니다. 단리와 복리의 차이라고 할 수 있을까요?

물론 여기서도 자기 자신을 잘 이해하는 것이 가장 중요합니다. 그래야 본인의 강점과 약점을 파악하고, 본인이 가장 잘할 수 있는 최적의 직종에 도전할 수 있으니까요.

헬스 블로거,
재테크 전도사로 변신하다

재테크는스크루지
직장인, 『회사, 언제까지 다닐 거니?』 저자
#직장인파이어 #블로거 #작가 #부업

재테크는스크루지는 한눈에 봐도 굉장히 멋진 몸을 가지고 있었다. 운동을 처음 시작할 때는 42kg였다는 그의 말에 나는 놀라움을 금치 못했다. 그는 절실함을 가지고 운동했다고 이야기하면서, 투자도 그렇게 절실하게 해야 한다고 강조했다. 실제로 투자하는 모습을 보지 않았지만 그의 몸을 보니 투자 공부 또한 얼마나 열심히 했을지 짐작이 되었다.

투자뿐 아니라 그는 다양한 부업도 하고 있었다. 특히 책을 쓰고 블로그를 하는 등 자본금이 거의 들지 않는, 잘되면 대박이 나고 안 되더라도 위험 부담이 적은 일들을 통해 수익을 냈다. 그는 어떻게 바쁜 시간 속에서 운동, 투자, 부업을 병행할 수 있었을까? 균형 잡힌 직장인 파이어족인 그의 이야기를 한번 들어보자.

그는 직장 생활을 10년 넘게 한 '프로 직장인'이다. 야근과 주말 근무도 많이 했다. 그러다 보니 어느 순간부터 평일에 나만의 시간을 갖고 싶다는 생각이 들기 시작했다. 처음에는 막연히 '부자가 되고 싶다!'라고 생각했지만 투자를 공부하면서 좀 더 구체적인 목표를 세우게 되었다. 거주하는 부동산을 제외하고 15억 원정도의 금융자산을 모아서 40대에 은퇴해야겠다는 목표가 생긴 것이다.

30대 초반까지는 투자를 거의 하지 않고 저축만 했던 그는 2014년까지 1억 원 가까이 모으고 결혼을 했다. 그때까지 목표는 전셋값 마련이었고, 그다음 목표는 서울 아파트 구매였다. 결혼 후 2~3년 동안 목돈을 모으고 대출 2000~3000만 원 정도를 받아서 서울과 경기도에 각각 집을 한 채 샀다. 그 후 집값이 많이 올랐다.

금융 투자는 2019년부터 본격적으로 시작했는데, 그전에는 펀드 투자만 조금 했다. 2019년부터는 금융자산의 대부분을 ETF에 투자하는 글로벌 자산 포트폴리오를 운용하고 있고, 개별 종목에도 투자하고 있다. 부동산이 많이 오르고 포트폴리오도 최근 수익이 좋아서 현재 순자산은 약 15억 원이다.

하지만 그는 스스로 아직 경제적 자유에 도달했다고 생각하지는 않는다고 했다. 지금 살고 있는 부동산 말고도 금융자산이 15억 원 정도는 되어야 필요한 현금흐름을 완벽하게 충당할 수 있다고 생각하기 때문이다. 그래서 그는 그때까지는 은퇴하지 않고 회사를 다닐 예정이다.

운과 노력의 비중은 반반 정도로 보았다. 일단 노력은 무조건 해야 한다고 생각하는데, 그래야 운도 잡을 수 있게 된다고 한다. 예를 들면 미리 공부를 하다가 코로나19 직후부터 적극적으로 투자를 시작한 사람들은 빠르게 부를 거머쥘 확률이 높았다. 운이 영향을 미치기도 하는 것이다.

투자 공부를 하며 어깨 통증을 잊다

그는 경제적 자유를 달성하기 위해 직장인에게 매우 소중한 퇴근 후 저녁 시간과 주말을 대부분 희생했다. 이 모든 시간을 경제적 자유를 달성하기 위해 사용했기 때문이다. 여행을 별로 못 간 것도 아쉬운 점으로 꼽았다.

그에게도 슬럼프가 있었다. 운동하다 다쳐서 어깨 통증이 매우 심했던 적이 있다. 어깨 통증은 누우면 더 심해지기 때문에 잠을 자기가 매우 힘들었고, 거의 6개월 동안 불면증에 시달렸다. 심지어 고통에서 어떻게 벗어날까 고민하다가 극단적인 생각까지 하기도 했다. 2019년 4월의 일이다.

투자 공부를 시작하면서 슬럼프에서 서서히 벗어날 수 있었다.

하지만 그 후 투자 공부를 시작하면서 슬럼프를 서서히 벗어났다. 주중에는 하루 3~4시간, 주말에는 하루 종일 스터디 카페에 앉아서 하루 8시간까지 투자 공부를 했다. 공부하는 순간만큼은 너무 재밌어서 통증을 잊을 수 있었다. 2년째 재활치료를 받고 있는데, 현재는 다행히 많이 나아졌다고 한다.

회사를 그만두고 나면 그는 하루 3시간 정도는 운동을 하고 싶다고 했다. 그리고 지금까지 일하고 남는 시간에도 투자를 연구하느라 쉴 틈 없이 달려온 자신에게 상을 주겠다고 이야기했다. 은퇴를 하면 분기에 한 번 여행, 특히 일 년에 두 번은 해외여행을 다니고 싶고, 바빠서 만나지 못했던 사람들을 만나고, 기부와 봉사활동도 할 계획이다. 그는 돈을 버는 수익 활동을 할 생각은 아직까지 없다고 잘라 말했다.

돈 대신 시간을 투자해서
수입을 올릴 수 있는 부업을 하라

경제적 자유 달성 전과 후) _____

부동산 비중을 줄이고 금융자산 비중을 늘리기 위한 준비

수입   연봉은 사내 규정상 비밀이라 밝힐 수 없고, 현재 수익이 들어오는 파이프라인은 회사 급여와 인세, 블로그 수익이 있습니다.

지출   사회 초년생일 때도 그렇고, 지금도 그렇고 용돈 40만 원으로 살고 있습니다. 예나 지금이나 저축률 70% 정도를 유지하고 있습니다. 급여의 30%로 생활하고 나머지는 저축해서

투자하는 거죠.

투자   현재 85%는 부동산, 15%는 금융자산에 투자하고 있습니다. 금융자산의 80%는 ETF로 글로벌 자산배분 포트폴리오에 투자하고 있습니다. 글로벌 주식, 채권, 금 등 여러 자산군을 커버하고 있는데, 저는 김성일 작가님의 책『마법의 연금 굴리기』에서 추천한 포트폴리오를 조금 변형해서 사용하고 있습니다.

나중에는 부동산 2개 중 하나를 팔고 그 돈으로 금융자산을 매입해 부동산 투자 비중을 50%까지 줄일 생각입니다. 그리고 포트폴리오를 시장주, 성장주, 배당주, 가치주 등으로 분산해서 주로 미국 주식에 투자할 예정입니다. 글로벌 기업은 현재 거의 다 미국에 있고 그 패권은 당분간 넘어가지 않을 것 같습니다. 게다가 분기 배당도 하고 한국 기업보다 주주 친화적인 면도 매력적이라고 생각합니다.

미국 주식이 밸류에이션이 좀 높은 것은 걱정인데, 저는 전 세계에 분산투자를 해서 미국 주식에 올인하는 것은 아니기 때문에 리스크 관리 측면에서 나쁘지 않다고 봅니다. 개별 종목은 현재 8개 정도 보유하고 있으며, 전기차와 반도체가 유망하다고 봅니다.

기여도   지출 50%, 수입 30%, 투자 20% 정도라고 봅니다.

저는 경제적 자유 달성에는 지출을 줄이는 것이 가장 중요하다고 생각합니다. 돈을 많이 벌어도 다 쓰면 남는 게 없으니까요.

수입 늘리는 법)

트렌드에 맞는 부업을 하라

트렌드에 맞는 활동을 해서 부수입을 벌어야 합니다. 예를 들면 저는 2011년 스마트폰이 도입된 후 유료 영어 어플을 만들어서 추가 수익을 벌었습니다. 또한 블로그가 유행이어서 2015년부터 운동 블로그를 운영해오고 있고, 2020년부터는 '재테크는 스크루지(https://blog.naver.com/skluzy)'라는 재테크 블로그를 운영 중입니다. 블로그를 통해서 돈을 어떻게 버는지에 대해 이북을 한 권 발행했고, 최근에는 『회사, 언제까지 다닐 거니?』라는 책도 썼습니다.

자본금이 들어가지 않고 시간을 투자해서 돈을 벌 수 있는 위와 같은 방법들을 직장인들에게 적극 추천합니다.

> **FIRE Tip.**
> 자본금이 들지 않고 시간을 투자해서 돈을 벌 수 있는 부업을 찾아라!

기본에 충실한 통장 쪼개기와 가계부 작성

지출 관리를 위해 '통장 쪼개기'를 하고 있습니다. 월급이 들어오면 각 목적의 통장으로 자동이체가 됩니다. 그리고 월급통장에는 0원이 남게 되죠. 생활비 통장, 용돈 통장도 있고, 단기 목표, 중기 목표, 장기 목표로 나눈 통장도 있습니다. 20대 후반 남자 기준으로 설명하면 단기 목표는 결혼자금이 될 수 있겠고, 중기 목표는 아이를 낳고 이사 갈 주택 자금, 장기 목표는 노후를 대비한 연금이 될 수 있겠죠. 단기 목표 자금은 무조건 예·적금에 투자하고, 중기 목표 자금은 주식, 장기 목표 자금은 연금계좌 여러 개를 활용하고 있습니다.

> **FIRE Tip.**
> 통장 쪼개기와 가계부 작성으로 지출을 관리하라!

가계부 작성도 적극 추천합니다. 저는 2009년부터 가계부를 작성하고 있는데, 본인이 얼마를 벌고 얼마를 쓰는지도 모르는 사람들이 많습니다. 그런데 그걸 알아야 재무 계획을 세울 수 있죠.

자녀가 있으면 지출이 커지는 것은 기정 사실입니다. 만약 자녀가 생기면 은퇴 계획을 재조정해야 합니다. 지출이 많아지니 종잣돈 금액이 달라질 것이고, 투자 목표에 도달하기 위한 투자 수익률 목표도 재조정해야 할 것입니다. 그렇다면 어떻게 하면 그 수익을 얻을 수 있을지에 대해 공부를 해야죠.

투자를 게임처럼 즐겨라

평일에는 3~4시간, 주말에는 6~8시간 투자를 공부했습니다. 공부를 통해 얻은 결론은 '누구나 좋다고 하는 데 투자하면 안 된다'입니다. 직접 백테스트를 해보고, 이 상품이 좋은 상품인지, 투자 가치가 있는지 스스로 검증해야 합니다. 공부하기 좋은 유튜브 채널로는 주식의 경우 「할 수 있다! 알고 투자」, 부동산은 「직방 TV」와 「빠숑의 세상답사기」가 있습니다.

저는 심리가 투자에 미치는 영향이 아주 크다고 보고, 전략을 짜서 기계적으로 매수와 매도를 해서 인간의 심리가 투자에 미치는 영향을 최소화하는 것이 매우 중요하다고 생각합니다. 투자 대가들을 연구할 때는 '어떻게 좋은 기업에 장기투자를 하면서 버틸 수 있었는가? 어떻게 오랫동안 시장에서 살아남을 수 있었나?' 등을 집중적으로 분석합니다.

> **FIRE Tip.**
> 투자는 피할 수 없으니
> 게임처럼 즐겨라!

투자를 게임처럼 즐기세요! 레벨 1은 펀드, 레벨 2는 주식, 레벨 3은 ETF처럼 한 레벨 한 레벨 클리어하면 훌륭한 투자자가 되어 있을 겁니다. 우리는 투자를 피할 수 없으니 즐겨야 합니다.

절실함이 없으면 포기하게 된다

2007년 운동을 시작하던 당시 몸무게가 42kg에 불과했습니다. 저는 체중을 늘리려고 운동을 시작했어요. 운동할 때는 왜 운동을 해야 하는지에 대한 절실한 이유가 필요합니다. 다이어트도 마찬가지입니다. 운동과 다이어트가 필수가 아니라 선택이라고 생각하면 중간에 어려울 때 포기하게 됩니다. 투자 또한 이와 마찬가지라고 생각합니다. 자신만의 절실한 이유를 만드세요.

직장인들에게 전하는 말)

리스크를 크게 잡고, 철저히 계획하라

앞으로 직장인들은 갈수록 힘들어질 것입니다. 인구가 감소하고 고령화가 가속화되어서 일하는 사람의 세금 부담이 늘어날 수밖에 없기 때문입니다. 열심히 일해도 상당 부분을 세금으로 반납해야 하는 시대가 오는 거죠. 그래서 빨리 투자를 해야 합니다.

그런데 경제적 자유를 이루기 위해서는 철저한 계획이 필요합니다. '이 정

> **FIRE Tip.**
> 철저한 재무 계획이 파이어를 만든다!

왜 투자하는가? 자신만의 절실한 이유를 찾아라.

도 모으면 충분하겠지?' 하고 은퇴하면 위험합니다. 우리가 생각하는 지출보다 실제 지출은 더 높을 수도 있습니다. 예를 들면 뜻하지 않게 병에 걸릴 수도 있죠. 따라서 은퇴 자산과 지출, 본인이 낼 수 있는 투자 수익률 모두를 최대한 보수적으로 측정해야 합니다. 저는 금융자산 15억 원을 모으면 투자 수익이 거의 없어도 평생 먹고 살 수 있겠다고 계산해서 그 금액을 목표로 잡았습니다.

7달러에서
파이어까지

최재우

최적화 업체 대표, 디지털 노마드

#창업파이어 #코딩 #온라인부동산 #가족사랑

최재우 대표는 어려운 가정환경 속에서 자신의 길을 개척한 사람이다. 그가 내게 들려준 이야기는 영화보다 더 영화 같았다. 경제적으로 어려운 유년 시절을 보냈던 그는 7달러만 가지고 아는 사람도 하나 없는 외국의 다리 밑에서 노숙을 하던 가난한 청년이었지만, 현재는 전 세계를 누비는 디지털 노마드이자 코딩 업체를 운영하는 대표가 되었다.

그 과정에서 그는 스스로에게 수많은 질문을 던지며 자신만의 정답을 찾아나갔다. 국내에 없던 새로운 사업을 만들고 운영하기까지 그가 그동안 거쳐왔던 인생 스토리를 들어보자.

그의 아버지는 공무원이었고, 부자는 아니었지만 집안 형편이 나쁘지는 않았다. 그러다 부모님이 양가 친척에게 사기를 당하면서 그는 철이 들기 전부터 집에 돈이 없다는 사실을 실감했다. 상자를 조립해서 개당 10~20원씩 받기도 하고, 빈 병을 동네 슈퍼에 가져다주고 500원을 모아 라면을 먹은 적도 있다.

한국 말고 다른 세계에서는 다른 삶을 살 수 있지 않을까 싶어서 막연하게 미국에 가고 싶다는 생각을 했다. 가정 형편이 계속 나빴기 때문에, "비행기 표만 사주면 그다음부터는 알아서 하겠다"라고 부모님을 설득했다. 그리고 학교에서 소일거리를 해서 버는 돈을 학비로 충당할 수 있는 프로그램을 통해 고등학교 1학년 때 미국으로 유학을 가게 되었다.

고등학교를 졸업하고는 의사가 되고 싶었지만, 이를 위해서는 대학원까지 다니며 학비와 생활비로 8~10억 원의 빚을 내야 했기 때문에 차선책으로 간호대를 갔다. 간호학과 학생일 때부터 일을 할 수 있어 생활비를 충당했는데, 막상 간호사가 되어 영주권을 받으려 하자 고용주(병원)로부터의 지출의 압박으로 힘들어지게 되었다. 그래서 어쩔 수 없이 노가다, 중국식당 등 여러 일을 하며 살아남기 위해 버텼고, 할렘가에 방을 구해 숙식했다. 그러나 룸메이트들에게까지 사기를 당하고 짐을 모두 뺏겼다.

더 큰 해코지를 당할까 두려웠던 그는 가벼운 옷가지만 들고 그곳을 도망쳐 나왔다. 당시 아베크롬비 옷 등 가진 것들을 중고로 다 팔고 남은 돈은 총 7달러 12센트였다. 그때부터 돈이 없어서 한 달 동안 고속도로 다리 밑에서 노숙을 했다.

"그때 배운 것은 이것입니다. 살아 있는 게 중요하다. 그리고 내게 정말 필요한 물건들은 결국 가방 하나에 들어갈 정도밖에 안 되는구나. 내가 물건에 집착했었구나."

그 후 호스피스 간호사로 8개월 동안 일하다 군대 문제로 한국에 돌아왔고, 한국에서 어떻게 살아야 할지 고민을 시작했다. 제대 후 창업을 하기도 했고, 국제고에서 과학 교사를 하기도 했다. 그러나 오랫동안 안정적으로 일할 곳은 찾지 못했다.

그 시절 아들은 돌이 되었고, 아내는 둘째를 임신했는데 6개월 동안 일이 바빠서 아들을 제대로 보지 못했다. 그러다 아이가 크는 것도 못 본다는 사실을 깨닫고 정신을 차렸다. "내가 원하는 것이 무엇인가?"에 대해 깊게 생각해 보게 된 것이다.

또한 그는 한국에 오기 전 호스피스에서 간호사로 일하며 임종을 맞이하는 환자들을 보살피면서도 많은 것을 배웠다. 병동 벽에는 환자들의 젊었을 때 사진이 붙어 있었는데 하나같이 잘생기고 아름다운, 잘나가던 경영인이고 기술자였다. 하지만 세월이 지나고 세상을 떠나는 마지막 순간에는 말도 못하고 움직이지도 못하는 상태에서 기계에 의지해 생명을 유지할 수밖에 없었다.

"화장 후 재를 모아 보관하는 일을 해보니 결국 누구나 한 줌 재밖에 되지 않는구나 싶었습니다. 끝에는 결국 가족밖에 없다는 깨달음도 있었죠. 은퇴하면 사람들이 흔히 여행을 하고 싶다는데 왜 꼭 은퇴 후에 해야 하지? 일하면서 하면 좋겠다는 생각도 들었습니다. 그래서 장소 관계없이 일할 수 있는 코딩을 공부하게 되었습니다."

디지털 노마드로 살며 온라인 부동산을 구축하다

그는 그때부터 코딩 공부를 시작해 이후 쭉 관련 일을 하게 되었다. 주로 웹사이트를 만드는 프로젝트였다. 일이 조금 익숙해지자 그는 아내에게 "우리 가족이 이 세상의 다양한 환경을 최대한 많이 접하고 경험했으면 좋겠다. 한 달 동안 발리에 가자"라고 말했고, 실제로 가족 전체가 발리로 떠났다. 아이들이 자는 시간에 일했고 아이들이 깬 시간에는 같이 놀았다. 막상 해보니 할 수 있구나 싶어 꾸준히 체코, 오스트리아, 독일, 스위스, 태국 푸켓, 홍콩 등 여러 나라에서 잠깐씩 지내며 일했다.

자녀교육 철학을 묻는 질문에 그는 세계가 돌아가는 것을 배우려면 프로그래밍과 금융 지식이 필요하고, 이 두 가지만 알아도 먹고사는 데 전혀 지장이 없다고 생각한다고 밝혔다. 또한 아이들이 여러 언어를 배우게 해 다양한 사고를 할 수 있도록 도와주고 싶다고 이야기했다.

현재 그는 웹사이트를 만들어서 광고 노출이 잘 되도록 최적화를 관리하는 회사를 창업해 운영하고 있다. 고객들에게 매달 일정 비용을 받으므로 일종의 온라인 부동산 같은 개념이라고 설명했다. 사회가 점점 가상현실로 이동하고 있으니 이런 식의 온라인 부동산을 어떻게 더 만들어 수입을 올릴 수 있을지 고민 중이다.

현재 그의 순자산은 약 5억 2500만 원 정도로, 한 푼도 없던 이전에 비해서 여유가 생겼다. 얼마 전까지는 경제적 자유를 자산 금액으로 봤는데, 이제는 시간적 자유를 더 중요하게 여긴다고 한다. 일을 하지 않아도 매월 자동적으로 들어오는 수입이 있어 먹고 사는 데 지장이 없다. 그는 다른 사람들에게도 시간적, 공간적 자유를 주고 싶다고 한다. 웹사이트도 20년 내에는 구식이 될 것 같아서 직원들에게 개인 온라인 부동산을 만들어주고 있는 중이다.

또한 자선 활동에도 꿈이 있어 병원, 학교, 교회를 100개 만들겠다는 목표가 있다. 아프리카 선교활동을 하는 사람을 통해 그는 지금 탄자니아에 학교와 교회를 각각 짓고 있다.

'왜'가 '어떻게'보다
훨씬 중요하다

경제적 자유 달성 전과 후) _____

무엇을 위한 지출인지 고민해 보라

수입　　　얼마 전부터 개인적으로 삶에 대한 철학을 조금 바꿔서 '도움의 통로'가 되자고 결심했습니다. 그래서 이전에는 제 수입의 10~15% 정도를 기부해 왔는데, 비중을 30% 이상으로 바꿔서 더 많은 국내 단체와 해외 고아원을 후원하게 되었습니다. 그런데 바꾼 건 그것밖에 없는데 수입이 200% 증가해서, 현재는 사업을 통해 벌어들이는 월 수입이 5000~6000만 원에 이르게 되었습니다. 수익 증대를 위한 마케팅이나 기술, 방식은 바꾸지 않았는데도요. 위대한 사람들이 하는 이야기가 이성적으로 이해가 되지는 않았지만 '무언가 분명히 있는 게 아닌가'라는 생각을 하게 되었습니다.

지출　　한 달에 나가는 돈을 계산해 보니 저 개인으로는 15만 원 정도입니다. 물론 아이들을 위해 쓰는 돈이 고정적으로 있습니다. 파이어를 하려면 내가 왜 지출을 해야 하는지 알아야 합니다. 무언가를 살 때 '이게 필요한 걸까? 아니면 내 허영심인가?' 한번 생각해 보시기 바랍니다. 커피를 마실 때도 '왜 마시는 건가? 시간을 때우기 위한 건가?'를 생각해 볼 수 있겠죠. 커피는 편의점 의자나 집에서 먹어도 되니까요. 육아용품을 살 때도 '아이를 위한 것일까? 내 만족을 위한 걸까?'를 고민해 보세요.

내가 왜 파이어를 하고 싶은지 확실하게 알면 그다음은 쉽습니다. 저는 '가족과 더 많은 시간을 보내기 위해서'였습니다. 왜 해야 하는지 알면 해야 하는 일은 자연스럽게 따라옵니다.

> **FIRE Tip.**
> 왜 이 지출을 하는지,
> 왜 나는 파이어가 되고
> 싶은지 명확히 해라!

투자　　2017년부터 미국 주식 투자를 시작했고 현재 2500만 원 정도 규모로 투자하고 있습니다. 수익률은 평균 10% 정도입니다. 2019년도에 구입한 투자용 오피스텔 2채가 있고요.

왜 해야 하는지 알면
해야 하는 일은 당연히 따라온다.

다른 사람이 원하는 가치를 제공하고 돈을 벌어라

돈은 생각의 결과물입니다. 그 생각을 다른 사람들과 공유하고 가치를 매기면 돈이 되죠. 그러니 돈을 번다는 것은 결국 사람을 얻는 거라고 생각합니다. 마음을 얻고 그 사람이 기대하는 것을 보여준다면 돈이 되는 것 같습니다.

제가 하고 있는 웹사이트 최적화에 대한 시장이 기존에는 국내에 없었습니다. 그래서 "고객들이 뭘 원할까?"를 고민하다 수입을 벌어주는 데 필요한 기술을 하나의 상품으로 만들면 좋을 것 같다는 생각이 들었습니다. 다만 국내에 가격의 기준선이 없었기 때문에 고객들에게 그 가치를 설명하며 한국 시장의 기준 가격을 정하게 되었습니다. 이런 식으로 상대방이 납득할 수 있는 가치를 제공한다면 어디서든 돈을 벌 방법을 찾을 수 있습니다.

남들의 시선을 의식하지 마라

주 사용 통장에 10만 원을 넣어 놓고 그 돈으로 최대한 버텨 보세요. 저는 지금도 10만 원으로 3주는 버틸 수 있습니다. 그리고 인스타그램, 페이스북, 맘카페 등의 SNS는 모두 끊어야 합니다. 거기선 과소비가 당연한 것처럼 느껴지게 합니다. 남들의 시선을 의식하지 않아야 파이어가 가능합니다.

> **FIRE Tip.**
> SNS를 많이 보면 지출이 늘어난다!

투자 잘하는 법) ────────────────────

책을 많이 읽으면 결국 양이 질이 된다

투자를 왜 해야 하는지 알아야 하고 이후에는 투자에 관련된 책을 많이 읽어야 합니다. 그러다 보면 결국 양이 질로 넘어가는 때가 있습니다. 가벼운 책들을 읽다 보면 안목이 트이는 시점이 옵니다. 그다음에 조금씩 어려운 책을 읽으면 됩니다.

> **FIRE Tip.**
> 투자와 관련된 책을 많이 읽어라!

나만의 팁) ────────────────────

실패는 목적지에 가는 길에서 겪는 당연한 과정이다

작업할 때 예상치 못한 버그가 생기고 고객들에게 새벽에 긴급

한 전화가 오는 등 사건사고가 많았습니다. 이런 일들이 생길 때마다 마음이 힘들었지만 당연히 거쳐야 할 과정을 겪는다고 생각했습니다. 과정이 힘들다고 이것이 나의 길이 아니라는 생각은 하지 않았습니다. 어떤 길을 가든지 당연히 어느 정도는 실패하게 되어 있습니다. 실패를 겪는다고 해서 목적지가 달라져야 하거나 일이 적성이 안 맞는 건 아닙니다. 오히려 실패란 목적지에 가는 과정에서 겪는 당연한 과정이고 연습이라고 생각합니다.

직장인들에게 전하는 말) ————————————————

사라질 직업에 대비하라

20년 내에 현재 직업의 30~40%는 없어질 것 같습니다. 택시나 운송 쪽은 급격히 사라질 것이고요. 이에 대한 대비가 필요하겠죠. 직장에 다니면서 스스로의 정체성을 찾을 수 있고, 실력을 쌓을 수 있다면 다닐 수 있을 만큼 다니는 편이 좋습니다. 다만 사회에서 매기는 것보다 스스로의 가치를 더 높이 평가하고 계속해서 자기계발을 해나가야 한다고 생각합니다.

네이버 개발자,
20대 코인부자 되다

치비

IT 개발자

#직장인파이어 #코인 #개발자 #Defi

유튜브 채널에서 공개적으로 파이어 인터뷰 대상을 찾을 때 '환국님, 30살 코인으로 경제적 자유를 이룬 사람입니다'라는 제목으로 메일을 보내온 사람이 있었다. 그가 바로 치비다.

그는 젊은 나이에 경제적 자유를 꿈꾸었고, 단지 꿈에 그치지 않고 투자 계획을 세우고 다른 사람들처럼 소비하고 싶은 욕구를 억누르며 그 계획을 실행했다. 남들보다 빨리 암호화폐와 Defi 트렌드를 연구하고, 끊임없이 이어지는 하락과 상승의 변동을 이겨내며 기적적인 수익률을 기록해 마침내 파이어족의 반열에 올랐다. 나는 치비와 인터뷰하기 전에는 Defi가 무엇인지도 몰랐다! 개발자여서 그런가, 그는 팩트 위주로 인터뷰에 담담히 답해나갔다.

그는 1992년생으로, 네이버에서 일하는 5년 차 개발자이다. 인생 계획을 세우는 것을 좋아하는 편이라, 결혼을 하기 위해서는 집을 사야 하고, 집을 사기 위해서 얼마를 모아야 할지 고민해보다가 결국 '투자를 해야 집을 살 수 있겠다'라는 결론에 도달했다. 그래서 2017년부터 암호화폐에 투자하기 시작했다. 그는 주로 BNB 코인에 투자를 했는데, 그 코인이 현재(2021년 4월 기준) 시가총액 3위까지 오르면서 자산이 10억 원대로 증가했다.

BNB 코인에 투자한 이유는 일단 세계 최대 거래소인 바이낸스(Binance) 거래소에서 발행했다는 점 때문에 수요가 높아질 것이라는 요인이 컸다. 바이낸스는 영업이익이 나면 BNB코인을 소각해서 코인 수를 줄인다. 기업이 자사주를 매입하는 것과 비슷한 이치이다. 또한 바이낸스에서 가끔 이벤트를 열어 신규 상장 코인을 저렴한 가격에 매입할 수 있는 기회를 주는데, 이 경우 최소 2배, 최대 20~30배의 수익을 얻을 수 있었다. 신규 코인을 채굴할 수 있는 이벤트도 가끔 열었다.

최근에는 Defi를 통해서도 수익을 창출하고 있다. 거래소에 유동성을 제공하고 그 대신 거래수수료의 일부를 받고 동시에 채굴까지 해서 수익을 받는 시스템이다.

변동성이 큰 코인에 투자하다 보니 엄청난 스트레스를 받기도 했다. 가장 스트레스가 컸을 때는 2017년에 3000만 원으로 시작한 이더리움 투자의 가치가 1억 5000만 원으로 올랐다가 2018년에 600만 원까지 떨어졌을 때였다. 그때 그는 마음을 다잡으며 '비트코인의 경우 반감기가 오면 그 후 일 년간 가장 많이 상승했다'는 점을 기억하고, 4년만 버텨보자고 자신을 추슬렀다. 일상에 집중하고, 관련 공부를 하면서 정신을 다잡았다.

또 BNB 코인이 30~40달러였다가 코로나19가 막 터졌을 때 6.5달러까지 떨어진 적도 있었다. 이때는 BNB 코인이 가끔 주식배당 비슷하게 현금흐름을 주는데, 이걸 받으면서 버티자고 생각하며 '존버!'를 외치면서 견뎠다. 그는 코인 대부분은 앞으로 살아남을 가능성이 낮지만, 비트코인, 이더리움, BNB 코인은 미래에도 살아남을 수 있을 것이라고 예측했다.

아내분이 코인 투자를 싫어하지는 않냐고 물으니, 아내는 돈에는 그다지 관심이 없다고 했다. 처음에 3000만 원으로 투자했는데, 알아서 하라며 그를 믿어주고 있다고. 하지만 중간에 손실이 난 부분을 아내에게 모두 말하지는 않았다며 씩 웃었다.

그는 최근 '일을 안 해도 되는구나!'라고 느껴지는 순간들이 생기며 경제적 자유를 이뤘다는 느낌을 받는다고 했다. 운과 노력의 비중에 대해서는 '운칠기삼', 즉 운이 70%, 노력이 30%가 맞는 것 같다고 대답했다. 한국에 태어난 것 자체도 운이라고.

돈을 벌기 위해서 일을 하다 보니, 돈을 불리는 것이 더 재미있었고 개발하는 일은 재미가 없어졌다. 그는 자산을 더 많이 모으면 퇴사를 하고 자동매매가 가능한 퀀트 트레이딩 프로그램을 만들까 생각 중이다.

어린 나이에 경제적 자유를 달성한 그는, 지금 스스로를 알아가고 있다. '내가 정말 좋아하는 게 무엇인가? 내 가치관은 정확히 무엇인가?' 등에 대한 질문을 해보고 있다. 그는 앞으로 어떻게 살아갈지에 대해 많이 고민하며 파이어의 삶으로 나아가는 중이다.

명품은
열등감의 표현이다

경제적 자유 달성 전과 후) ───────────────────

투자에도 여러 가지 방법이 있다

수입　월급과 Defi 수익입니다. 수익률은 계속 달라지지만 현재는 연 32% 정도입니다.

지출　사회생활 초반에는 월급 300만 원 중 100만 원 정도 썼습니다. 현재는 아내와 각자 100만 원 정도 씁니다. 특별한 지출은 없고, 관리비 내고, 식비 내고, 가끔 친구들에게 기프티콘 선물하고, 카페 가고, 경조사 챙기는 정도입니다.

투자 3000만 원이 20억 원이 되었으니 4년 만에 자산이 66배가 되었네요. 복리수익 185% 정도입니다. 최근에는 채굴로 월 8~10% 정도의 수익을 내고 있습니다. 비중은 암호화폐 18억 원, 전세금 2억 원, 올웨더 포트폴리오에 5천만 원, 개별주식에 1천만 원 정도 됩니다.

저는 주로 펀더멘털, 즉 코인의 스토리를 보고 투자하는 편입니다. BNB 코인 외에 클레이튼(Klaytn) 코인에도 투자를 하고 있습니다. 카카오가 발행한 코인인데 카카오의 경우 사용자 수를 확대하기 쉬운 기업이라, 코인 가격이 상승할 것을 기대했습니다. 조만간 한국은행이 CBDC(중앙은행이 발행하는 디지털 코인)를 개발할 예정인데 여기에도 다음과 네이버가 참여하고 있습니다. 또한 팬케이크 스왑(Pancake Swap)을 통해서도 정기적으로 수익을 내고 있습니다.

팬케이크 스왑(Pancake Swap)이란?

팬케이크 스왑은 다양한 코인을 다른 코인으로 바꿀 수 있는, 거래소에는 정식으로 상장되어 있지 않은 비상장코인까지 거래할 수 있는 시스템(거래소)이다.

투자자는 케이크 코인을 구입 후 예치함으로써 해당 거래소가 원활하게 돌아가게 만들어주는 역할을 하며, 이에 대한 대가로 케이크 코인을 받게 된다.

저는 조만간 인플레이션이 올 것으로 전망하고 있는데, 이때는 금이나 은이 좋습니다. 그런데 통상적으로 금과 은의 가격 차이는 1대 15 정도인데, 현재 가격 차이는 1대 80입니다. 따라서 은이 금보다 더 오를 가능성이 높다고 봅니다. 쉽게 은 투자를 할 수 있는 SLV라는 은 ETF가 있으니 참고하세요.

> **FIRE Tip.**
> 은이 상대적으로 저평가 되었다고 주장하는 파이어족들이 여러 명 있었다!

기여도　수입 20%, 지출 25%, 투자 55% 정도로 봅니다. 아무래도 제 부의 가장 큰 부분은 투자에서 발생했으니까요.

수입 늘리는 법) ──────────────────

정석대로 투자해도 파이어는 가능하다

저는 코인으로 빠른 시간 안에 부를 축적했지만 코인 투자를 추천하지는 못하겠습니다. 이 변동성을 버티기가 정말 어렵더라고요. 그 대신 그냥 월급 남는 것으로 S&P 500과 코스피 지수 ETF를 꾸준히 사 모을 것을 권장합니다. 가능하면 연금저축펀드를 활용해서 세액공제를 받으면 좋고요. 연금저축펀드(IRP) 계좌 안에서 ETF 구입이 가능합니다. 세제혜택도 있죠. 이렇게만 평생 월급의 일부를 모으고 투자해도 경제적 자유는 충분히 달성 가능합니다.

가족이 있으면 파이어가 어렵지 않냐고 생각하는 경우도 있는데, 부부가 함께 돈을 모아서 꾸준히 주가지수에만 투자해도 파이어는 가능하다고 봅니다. 자녀가 있으면 아무래도 좀 늦어지겠죠. 저는 아직 아이는 없지만, 생긴다면 사교육에 힘쓰기보다는 아이가 행복할 수 있게 사랑을 듬뿍 줄 생각입니다. 나중에 자녀가 필요해서 직접 요청할 때만 사교육을 시킬 생각이고, 그렇지 않으면 사교육에는 돈을 투자하지 않을 것입니다.

지출 줄이는 법) _____

명품 대신 주가지수를 사라

남 시선에 신경 쓰지 말고, 차 사지 말고, 명품을 사지 마세요. 명품은 열등감의 표현일 뿐이니 그 돈 가지고 주가지수를 매수하세요! 한국에서는 특히 남에게 인정받고자 하는 욕구가 큰 것 같습니다. 학창시절 동안 계속 경쟁을 하게 되고, 이 경쟁은 우월감과 열등감을 만듭니다. 그런데 이것도 아주 상대적인 거죠. 네이버 같은 대기업에 입사했으면 그렇지 못한 친구들 대비 우월감이 생길 수 있지만, 구글에 입사한 사람을 만나면 다시 열등감에 빠질 뿐입니다. 많은 사람들이 이런 상대적 열등감이 있어서 그걸 소비로 푸는 것 같습니다.

자기 자신을 사랑하면 남의 인정이 필요 없게 됩니다. 그런데 사실 이렇게 말하는 저도 우월감이나 열등감이 있습니다. 그러나 저는 그것을 멋진 차나 명품보다는 멋 진 집으로 보여주고 싶습니다.

또 가족이 사치를 좋아하면 안 됩니 다. 그러니 결혼하기 전에 상대방이 명

> **FIRE Tip.**
> **명품은 열등감의 표현**
> **일 뿐이다!**

품을 많이 사는지 보세요. 명품을 좋아하면 열등감이 있을 가능성 도 있고, 잘 보이고 싶고 인정받고 싶은 욕구가 많다는 거겠죠. 여 기 덧붙여 투자에 적극적이면 좋겠죠. 예금, 적금만 하는 사람이 면 많은 설득이 필요할 테니까요.

투자 잘하는 법) ─────────────────────────

다시 사고 싶지 않은 자산은 지금 당장 팔아라

자신만의 원칙을 세우고 그걸 무조건 지켜야 합니다. 투자하다 보면 당연히 어려운 순간이 오는데 그때 멘탈을 지키려면 공부를 많이 하는 수밖에 없습니다. 그래야 가격이 최저점에 도달했을 때 손절하는 불찰을 막을 수 있거든요. 퀀트 투자의 경우에는 백테스

계획을 세운다고 해서 무조건 투자에 성공하고
목표를 확실히 달성할 수 있는 것은 아니다.
그러나 투자 계획이 있는지 없는지는
하늘과 땅 차이다.

트를 많이 하는 것이 최선의 방법이겠죠.

또 하나의 좋은 방법은 '내가 지금 내 포트폴리오를 현금화한 다면 지금도 저 주식을 매수할 것인가?'를 고민해 보는 것입니다. 많은 경우 본전 심리나 관성 때문에 전망이 그다지 좋지 않은 자산을 계속 보유하게 됩니다. 지금 모든 자산이 현금화되었다고 가정해서 다시 한번 생각해 보고, 그 자산이 필요 없다고 판단하면 과감하게 매각하는 겁니다.

> **FIRE Tip.**
> 현재 기준으로 사고 싶지 않은 자산을 보유하고 있으면 당장 팔아라!

나만의 팁)

엑셀로 실제 계획을 세우고 그대로 지켜라

계획적으로 사는 것이 가장 중요합니다. "내 연봉이 5000만 원인데 10억 원짜리 집을 살 수 있을까요?"라는 질문이 있을 때, 대부분 사람은 막연히 '살 수 있다' 또는 '살 수 없다'라는 결론에 도달하게 되는데, 그렇게 막연히 생각하는 대신 투자 계획을 세워서 매해 얼마를 저축하고 어느 정도의 투자 수익을 달성하면 목표를 달성할 수 있는지 엑셀로 계산을 해봐야 합니다.

> **FIRE Tip.**
> 목표와 계획을 세워라!

그렇다면 답과 계획이 나올 테니 그 계획에 맞는 저축과 투자를 하면 됩니다. 그리고 그 원칙을 지키는 겁니다.

대부분 사람들이 투자 원칙을 세워도 못 지키는 경우가 많은 데, 본인이 하는 투자에 대해 공부를 많이 해야 멘탈이 덜 흔들립니다. 물론 투자 수익을 정확히 예측하는 것은 불가능하나 백테스트로 어느 정도는 예측이 가능합니다. 이 방법대로 실행한다고 해서 무조건 투자에 성공하고 목표를 확실히 달성할 수 있는 것은 아닙니다. 그러나 투자 계획이 있는지 없는지는 정말 하늘과 땅 차이입니다!

직장인들에게 전하는 말) ─────────────────

20년 후, 직장은 사라질 것이다

2040년쯤 직장은 없어지고, AI가 모든 일을 하면서 기본소득제가 도입될 것 같습니다. 아마 그때쯤 되면 예체능 말고는 인간이 딱히 할 일이 없어질 것 같습니다. 사람들의 가치관도 많이 변하겠죠. 더 이상 노동을 할 필요가 없어지면 뭘 할까요? 명상, 자기계발, 게임…… 어떤 쪽에 사람들이 많이 모일지 모르겠네요. 확실한 것은 투자를 하는 사람과 하지 않는 사람의 차이는 엄청나게 벌어질 것이라는 점입니다. 그러니 투자를 하는 것이 중요합니다.

일에 빠져 살던 커리어우먼에서
시간 부자의 삶으로

파이어맘

프리랜서, 파이어 카페 운영자

#직장인파이어 #밸런스캐 #디지털노마드 #두아이엄마

파이어맘은 네이버 카페 '파이어족(경제적 자유와 조기은퇴를 꿈꾸는 사람들, https://cafe.naver.com/retireearly)' 운영자이다. 닉네임에서도 알 수 있듯, 그녀는 흔치 않은 여성 파이어족인 동시에 두 아이의 엄마이기도 하다. 전문직이 아닌 인문계 출신으로 30대 중반에 연봉이 1억 원이 넘었다고 한다.

한때 회사에서 촉망받던 커리어우먼이었던 그녀는 왜 파이어족으로 변신하게 된 것일까? 또한 두 아이의 엄마로서 어떻게 자신의 기준을 세우고 파이어족으로 거듭날 수 있었을까?

가족과 시간을 보내야겠다고 결심하다

그녀는 외국계 제약 회사 브랜드 매니저로 탄탄한 커리어를 쌓아가고 있었다. 인문계 출신인데도 35세에 기본급 1억 원 이상을 받을 정도로 능력을 인정받고 있었다. 목표는 회사에서 임원급으로 올라가 사장이 되는 것이었다. 어린 나이에 관리자급으로 빠르게 승진한 덕에 임원들과 같이 일할 기회가 많았는데, 주위를 둘러보니 그들은 연봉도 높고 대우도 좋은데 삶이 즐거워 보이지 않았다. 24시간 내내 일하고, 개인 시간을 회사에 모두 바쳐 헌신하고 있었기 때문이다.

그녀의 아버지는 희귀병에 걸려 약 2년 반 전부터 투병을 하고 있었다. 그녀에게도 아이가 생겼다. 아이가 없을 때는 밤을 새서 일하기도 했지만 아이가 둘이 되니 일과 가정의 양립이 필요했다. 아픈 아버지와 어린 아이들을 바라보며 그녀는 시간에 대한 생각을 재정립하게 되었다. '돈뿐만 아니라 시간도 있어야 진정한 부자 아닌가?'라는 생각과 함께 '부'의 대한 관점이 바뀐 것이다. 이렇게 살다가는 가족들과 원할 때 시간을 보낼 수도 없다는 걸 깨닫게 되었다. 그러던 2019년 말쯤, 『파이어족이 온다』라는 책을 접하고 그녀는 파이어를 결심하게 되었다.

그녀의 현재 순자산은 20억 원 이상으로, 연 지출의 50배 이상이다. 한국에서는 부동산 비중이 커서 다들 집을 깔고 앉아 있지만, 그녀가 생각하는 경제적 자유에서는 순자산보다 현금흐름이 중요하다. 그녀의 기준은 연간 세후 현금흐름 4000만 원인데, 현재 미국 배당주로 약 월 200만 원, 사이드잡으로 월 100만 원 정도의 현금흐름이 발생하고 있다.

부모님 사업이 어려웠던 적이 있어서 그녀는 어릴 때부터 돈을 매우 중요하게 여겼다. 수입을 극대화하기 위해 회사에서 승진하고 인센티브도 많이 받으려 노력했으며 동종 업계에서 이직도 두 차례 했다. 사회 초년생일 때부터 항상 버는 것의 50% 이상을 모으자고 결심했고 이를 10년 넘게 계속했다. 결혼하고 아이가 생기자 내 집 마련을 위해 부동산에 관심을 갖게 되었으며, 아이가 둘이라 청약에서 가산점을 받을 수 있어 단순 매수보다는 청약을 시도했는데 운 좋게 당첨이 되었다. 그 집값이 올라서 지금 자산에 도달하게 된 것이다.

현재 그녀는 회사를 그만두고 다양한 일을 하고 있다. 지출통제와 재무관리 관련 강의, 상담, 온라인 스터디를 진행하며 온라인 카페도 운영한다. 지금은 가족들과 시간을 보내며 주로 좋아하는 것을 배우는 시간 부자의 삶을 살고 있다.

파이어를 달성하는 데 필요한 운과 노력의 비중은 운이 6, 노력이 4 정도라고 했다. 노력해도 투자는 결과를 알 수가 없으니 운의 요소가 분명 크다는 것이다.

"저는 절대 제 노력만으로 이만큼 이뤘다고 생각하지 않습니다."

마음이 안 맞는 사람과의 인간관계는 빨리 정리하라

그녀는 젊을 때 명품도 사보고 여행도 많이 다니고 일도 끝까지 해보고 싶을 만큼 해봐서 후회는 없다고 했다. 하지만 파이어 달성을 위해 포기한 것이 있는지 묻자 조금 망설이며 몇몇 친구들이라고 이야기했다. 그녀가 가는 길을 이해하지 못하는 친구들은 계속 직장을 다니면서 열심히 일해야 아이들을 강남에서 교육을 받게 할 수 있지 않냐며 일을 그만두는 그녀를 이해하기 어려워했다.

많은 한국의 부모들은 자녀들을 끝까지 책임져줘야 한다고 생각한다. 출발할 때 어느 정도를 보태줄 수 있는가에 따라 아이의 사회경제적 지위가 바뀐다고 생각하기 때문이다. 학업은 물론이고, 결혼할 때 집도 보태주고, 애들 맞벌이하면 손녀, 손자를 봐 줘야 '책임을 진다'고 생각하는 것이다. 이 때문에 본인이 가지 않은 길을 가는 것을 신기함 반, 한심함 반으로 바라보는 것 같다고 그녀는 말했다. 본인도 사실 몇 년 전만 해도 누가 파이어를 한다고 하면 이상하게 여겼다고 한다. 그래서 결국 '모든 인간관계를 다 유지할 수 없고, 마음이 맞지 않으면 굳이 이어가지 않는다'라고 다짐했다.

현재 한국의 파이어족은 맞벌이 딩크족 부부나 싱글이 많다. 그녀에게는 각각 7, 10살 자녀가 있다. 은퇴 전 그녀는 "내 아이가 나 때문에 불행해지거나 힘들지 않을까? 내가 이기적인 건 아닐까?"라는 고민을 하곤 했다. 아이가 있다는 건 부양가족이 많다는 뜻이다. 그녀는 가족 있는 사람이 파이어를 하려면 싱글이나 딩크족보다 경제적 대비가 더 되어 있어야 한다고 강조했다.

"싱글, 딩크족은 원금을 까먹고 죽어도 됩니다. 그래서 총 자산의 4% 정도를 매년 써도 무난해요. 그런데 자녀가 있는 파이어족은 원금을 훼손하지 않도록 준비를 해야 합니다. 그래서 연 4% 지출이 아니라 2~3% 정도만 지출하려고 노력을 해야 하죠. 확실하게 계산해서 원금 훼손을 하지 않을 정도의 자산이 있어야 파이어가 가능하다고 봅니다."

투자에 자신이 있는 사람들은 조금 덜 모으고도 파이어를 할 수 있겠지만, 본인은 투자 실력이 평범하고 시스템 수익이나 사업수익이 없으므로 은퇴 기준을 기존의 '4% 룰'보다 높여서 '3% 룰' 정도로 잡아야 한다는 것이 그녀의 생각이다.

그녀는 자녀 교육에 대해서도 다음과 같이 이야기했다. 한때는 사교육에 돈을 많이 써서 아이의 학벌이 높아지는 것이 중요하다고 생각했지만 생각이 달라졌다. 그게 행복하고 아이에게 좋은 삶인가에 대한 의문이 생긴 것이다. 그렇게 아이들에게 투자를 많이 해서 대기업에 입사한다고 쳐도 '가성비'가 떨어진다. 직장인이 버는 돈은 다 거기서 거기고, 요즘 세상이 변해서 다양한 직업과 다양한 삶의 방식이 있기에 학벌이 크게 중요하지 않다.

아이가 자기주도적으로 학습하고, 경제와 금융 교육을 빨리 시키고, 자기가 하고 싶은 걸 해보고 실패도 경험하게끔 교육시키는 것이 그녀의 목표이다. 그래서 그녀는 초등학교 저학년인 아이들에게 본인들이 원하는 것을 하게 해준다. 아이들은 요즘 미니어처 만드는 데 관심이 있다고 한다.

또한 아이들 교육에 어느 정도 금액을 투자할지 시뮬레이션해 본 결과, 초중고 12년 동안 한 아이당 각 1억 원씩, 총 2억 원을 투자하기로 결정했다. 사교육에 투자를 많이 할 생각은 없지만, 만약 아이들이 공부를 잘해서 세계적인 대학교에 갈 실력이 된다면 지원해줘야 하기 때문이다. 그래서 나중에 아이들 대학교 학자금을 마련하기 위해 지금부터 아이들 명의로 주식을 굴리는 중이다.

그녀는 퇴사했고, 남편은 2년 후쯤 퇴사할 예정이다. 둘 다 은퇴하면 그들은 부부의 버킷리스트를 하나씩 해볼 생각이다.

지출 통제, 수입 증대, 성공 투자
세 가지를 다 잘해야 한다

경제적 자유 달성 전과 후) _____

중요한 건 얼마나 버느냐가 아니라 얼마나 남느냐다

수입　　사회 초년생 때 월급은 270만 원이었는데 승진, 연봉 협상, 이직을 통해 연봉을 차차 올렸습니다. 따로 부업을 하지는 않았습니다. 물론 다른 사람들도 열심히 일을 하지만, 저는 회사 프로젝트를 제 일처럼 했습니다. 주말에도 출근해 고객을 만나는 등 임원으로 승진하고 싶어서 정말 열심히 일했습니다. 결국 회의감이 들며 파이어를 꿈꾸게 되었죠. 현재는 퇴사 후 사이드잡으로 월 100만 원 정도의 현금흐름이 발생하고 있습니다.

지출　　　사회 초년생 때는 월급에서 생활비 70만 원을 빼고 전부 저축했습니다. 요즘은 4인 가족이 200만 원 씁니다.

투자　　　부동산 비중이 약 65~70%이고, 주식 20%, 현금 10% 정도입니다. 주식 투자는 그다지 선호하지 않았는데 현금흐름을 확보하기 위해서 미국 배당주에 투자하고 있습니다. 부동산 전세금이 올라가면 그 돈을 주식에 넣어서 천천히 주식 비중을 높이려고 합니다. 주식 중 개별주(성장주) 투자는 10% 정도이고 나머지는 ETF를 포함한 미국 배당주에 투자하고 있습니다. 현재 월 200만 원 정도를 배당금으로 받고 있는데, 세후 월 300만 원을 배당금으로 받을 때까지 주식 비중을 올릴 겁니다.

기여도　　　투자 60%, 지출 30%, 수입 10% 정도가 아닌가 싶습니다. 순자산을 이루는 데 투자의 영향력이 절대적으로 컸고요. 지출통제가 안 되면 종잣돈을 못 모으죠. 회사 임원들이 엄청나게 높은 연봉을 받았는데, 아이들 사교육에 월 500~700만 원씩 쓰고 골프 치고 품위유지비에 돈을 쓰느라 그 많은 월급이 남아나지 않더라고요. 마이너스 생활을 하는 사람도 있었습니다. 많이 버는 것보다 얼마나 남느냐가 중요합니다.

> **FIRE Tip.**
> 버는 것보다 남는 것이
> 훨씬 더 중요하다!

중요한 것은 얼마를 버느냐가 아니라

얼마가 남느냐다.

수입 늘리는 법)

회사 밖에서 부캐를 키워라

현재 근로소득의 성장률이 아주 낮아졌습니다. 제일 좋은 건 연봉이 높은 업계나 전문직에서 종사하는 것이지만, 그게 어렵다면 '부캐'를 키우고 부업을 하는 것을 추천합니다. 투자도 올인하면 위험한 것처럼 회사에도 올인하지 말고 수입 파이프라인을 많이 창출해야 합니다. 사실 요즘은 이런 부업을 하기가 쉬운데도 하지 않는 사람들이 많습니다.

> **FIRE Tip.**
> 연봉이 높지 않다면, 부업에 도전해 보라!

물론 사회 초년생들은 회사에 적응하기에도 바쁩니다. 하지만 그걸 감안하더라도 경제적 자유가 우선순위가 아닌 경우가 많죠. 연애하고, 놀고, 젊음을 즐기는 데 시간을 쏟다 보면 부업을 하기가 힘듭니다. 사실 부업이라는 게 크게 재미있지는 않으니까요.

지출 줄이는 법)

내게 가장 중요한 한두 가지에만 돈을 써라

스스로 정말 중요하게 생각하는 것은 하되, 그 외의 것들은 최

302

대한 줄여서 저축하는 습관을 들이는 것이 좋습니다. 너무 짠돌이로만 살면 삶에 대한 만족감이 떨어져서 지속 가능하지 않습니다. 그러나 나에게 중요한 것 한두 가지는 하면서 저축한다면 생활 만족감은 80%로 지키면서 저축하는 습관을 오래도록 유지할 수 있습니다. 저는 여행을 정말 좋아해서 매년 최소 한 번씩은 여행을 다녔습니다. 그러나 여행도 하고 차도 사고 비싼 시계도 사는 건 안 됩니다. 진짜 원하는 것 이외의 나머지 소비는 줄이면서 종잣돈을 만드세요.

투자 잘하는 법)

본인의 성향에 잘 맞는 투자를 찾아라

차트를 보는 기술적 투자를 공부했던 적도 있지만 저와는 잘 맞지 않았고 재미도 별로 없었습니다. 그러니 본인과 결이 맞는 투자법을 찾아야 합니다. 어떤 투자를 하든 다 심장이 쫄깃(?)하지만 그나마 마음이 편한 분야에 투자하는 것을 추천하고 싶어요. 부동산은 안정적이고 우상향한다는 믿음이 있어 투자했고, 배당주는 매일 시장을 들여다보지 않아도 장기보유가 가능해서 지속 가능한 투자를 할 수 있다고 봤습니다.

삼박자가 모두 잘 맞아야 한다

20~30대인데 투자 경험이 적은 평범한 사람이라면 한 가지에만 올인하면 안 됩니다. 젊었을 때부터 치열하게 종잣돈을 모으고, 수입을 늘리려는 노력은 기본이고, 여기에 투자도 하루빨리 시작해야 합니다. 경제적 자유를 위해서는 지출 통제, 수입 극대화, 투자 세 가지를 다 잘해야 합니다.

직장인들에게 전하는 말)
변화하는 세상에 대비하라

코로나19 이후 사회가 많이 변할 거 같아요. 예전에는 정규직으로 하루 8시간 일하는 형태가 일반적이었는데, 지금은 프리랜서들이 많아졌죠. 제가 사장이라도 정규 인원을 줄일 것 같아요. 앞으로는 전문성을 바탕으로 자유롭게 일하는 사람들이 더 늘어날 것 같습니다. 학벌의 후광도 줄어들고, 일의 퀄리티에 의해 평가되는 세상이 올 거예요. 지금도 젊은 친구들이 유튜브나 브랜드 마케팅 등을 통해서 월 1000~2000만 원을 버는 세상이 되었죠. 그 세상에서 내가 어떻게 살아갈지에 대해 고민해 봐야 합니다.

돈이 없을 때부터
지식, 경험, 사람에 투자하라

김인기
코드스테이츠 대표
#창업파이어 #얼리어답터 #디지털자산 #인맥관리

김인기 대표는 이제 막 32세가 된 젊은 CEO이다. 그가 이렇게 젊은 나이에 부를 이룰 수 있던 비결은 어린 나이부터 새로운 분야에 대해 관심을 가지고 공부해 왔기 때문이다.

그가 회사를 창업한 나이는 25세. 그 회사는 이제 탄탄한 기반을 가진 기업으로 성장했고, 김인기 대표가 지닌 자산의 가치는 헤아릴 수 없을 정도로 크다.

일찍 성공했음에도 겸손한 자세를 지닌 그는 많은 부분이 주위 사람들 덕분이라고 이야기했다. 자신을 알리고, 도움을 요청하는 것이 큰 도움이 되었다는 것이다.

그는 평범한 한국식 교육을 받으며 성장했다. 대학교에 입학하기까지 과외나 학원, 온라인 강의를 이용했고 강남 대성학원에서 재수 준비를 했다. 그 과정을 거치며 지금껏 받아온 한국식 교육이 매우 비효율적이라는 사실을 깨닫게 되었다.

대학교에 다니면서도 원하는 부분을 배우지 못한다는 생각에 2학년까지 휴학 후 자퇴를 했다. 그 후 미국으로 건너간 그는 교육 관련 창업가들의 이야기를 듣고, IT 교육을 1년 내로 짧게 받아도 경쟁력이 생긴다는 것을 알게 되었다. 그는 그 방법을 적용해서 미국에서 돌아온 지 1년 만인 2015년, 25세의 나이로 코드스테이츠를 창업했다.

코드스테이츠는 수강생들에게 무료로 IT 교육을 제공하고 이후 수강생들이 취업에 성공하면 그들의 월급 일부를 돌려받는 구조의 회사다. 코드스테이츠를 거쳐간 수강생은 지금까지 약 5000명 정도이고 현재 취업률은 80%대이다.

회사가 어느 정도 안정 궤도에 오른 것은 다양한 구성원과 자금이 모인 2020년이다. 직원은 60명, 유치한 누적 투자금은 40억 원에 달했다. 그때 그의 나이 30세로 경제적 자유를 달성하게 되었다. 현재는 회사가 더 성장해서 직원 수는 195명, 자금 유치 금액은 59억 원이다. 2020년부터 회사 지분을 제외한 투자자산의 가치도 큰 폭으로 상승했다.

일반적으로 투자는 자금이 있어야 한다고 생각하지만, 그는 경험을 위해 투자를 했다. 미국에 간 것, 온라인 독학 등 자신의 역량을 쌓기 위한 투자, 즉 지적 자본(Intellectual Capital)을 쌓기 위한 투자를 20대 초반부터 했다. 또한 본인이 배우는 것을 온라인을 통해 지속적으로 알리고, 관심 있는 사람들과 관계를 쌓아 사회적 자본(Social Capital)을 만들었다. 이렇게 쌓은 네트워크를 통해 사업적, 개인적으로 도움을 받기도 했다. 그들의 이야기 속에서 실제적으로 자산을 투자하는 기회를 자연스럽게 발견한 것이다.

이후 자본이 쌓이면서 금융자산(주식, 디지털 자산)에 투자를 시작해 성과를 거두었다. 현재 그는 상장, 비상장주식, 디지털 자산(토큰, 코인)을 보유하고 있다.

계속 사람에게 투자하고 싶다

그 또한 다른 창업 파이어족과 마찬가지로 '많은 사람들에게 임팩트가 있는 일'을 하면 경제적 여건에 상관없이 경제적 자유에 도달할 수 있을 것이라고 생각했다. 그는 일 자체에서 동기부여를 받고, 일을 통해 자아실현을 한다. 지금 하는 일이 세상에 가치를 주고 있다고 생각하고, 이를 통해서 많은 사람들의 삶이 바뀌는 것을 보면서 보람도 느끼고 있다. 사람에게 직접 투자하는 것을

새로운 투자 상품으로 만들어가는 데 코드스테이츠가 선봉에 서 있다고 생각한다. 또한 장기적 비전을 가지고 10년 이상 바라보고 시작한 일이라 할 수 있는 일이 아직 많다.

만약 그가 코드스테이츠를 떠난다고 해도 투자라는 관점은 계속 가져가려고 한다. 엔젤 투자자처럼 새로운 도전을 하는 사람 옆에서 응원하고 같이 꿈을 꾸고 지원하는 것이다. 같은 맥락에서 사람들의 교육비와 생활비를 지원하는 펀드를 조성할 생각도 있다. 개개인에 대한 비용을 먼저 지원하고 취업 후 상환하는 시스템으로, 4년 주기로 연간 수익률 10% 정도를 예상하고 있다. 자금을 모아 개인의 삶에 임팩트를 끼치는 투자를 활성화하겠다는 생각이다. 미국에는 벌써 비슷한 펀드가 있고, 3800명 정도 투자를 했다고 한다. 한국에서 비슷한 모델을 적용하고 싶어서 다양한 기관들과 협업을 추진하고 있다.

믿음이 흔들리지 않으면 계속할 수 있다

그에게도 같이 일했던 직원들이 다 퇴사하고, 회사가 문을 닫을 뻔한 위기도 있었다. 그때 사업을 그만둘지 진지하게 고민했다. 그가 계속 일할 수 있었던 원동력은 회사의 서비스를 통해 가치를 얻은 고객들이 남아 있고, 이것이 여전히 필요한 서비스라는 믿음이 있었기 때문이다.

"내가 일을 잘하지 못한 것이지 서비스 자체는 옳다는 신념은 흔들리지 않았습니다. 함께할 수 있는 분들을 찾아가 설득해서 새로 두 분을 모셔왔습니다. 여기에 더해 주변 사람들의 도움 덕에 재기에 성공할 수 있었죠."

그는 운과 노력의 비중은 운 4, 노력 6 정도라고 말했다. 가만히 앉아서 운이 오길 기다린다고 오지 않는다, 운도 노력을 해야 온다고 생각하는 점이 다른 파이어족들과 비슷하다. 일단 노력을 하고 무언가 기회 있는 분야에서 시도를 했을 때 운을 맞이할 가능성이 높아지기 때문이다. 따라서 운도 중요하지만, 노력이 좀 더 중요하다고 한다.

경제적 자유를 실감한 때가 언제냐고 물으니 그는 이렇게 답했다.

"쓰고 먹고 노는 건 예나 지금이나 많이 하지만, 어느 순간에 '내가 좋아하는 사람과 하고 싶은 일을 계속하고, 하고 싶은 것에 충분히 소비해도 큰 걱정이 없구나'를 체감했습니다."

얼리 어답터에게
고수익의 기회가 온다

경제적 자유 달성 전과 후) _____

삶을 풍족하게 만드는 것도 일종의 투자다

수입　　　급여와 투자 자산에서 정기적으로 상당히 높은 수익
이 발생합니다.

지출　　　삶을 풍족하게 만드는 것도 투자라는 관점으로 접근
했습니다. 생활이 윤택해지는 것(거주 공간, 식사 등)도 저에게 많은
효용성을 줬기 때문이죠. 그래서 수백만 원의 급여를 받을 때도
수백만 원 지출을 했습니다. 요즘은 그 이상도 쓰는 것 같은데, 대

신 수입이 커져서 지출 비중은 상당히 작아졌습니다.

투자   회사 지분을 제외하고 디지털 자산이 가장 큰 비중을 차지하고 있고, 부동산도 그다음으로 비중이 큽니다. 거주용 부동산과 리조트 회원권에 자금이 들어가 있는데, 투자 수단보다는 효용성을 주는 수단으로 접근하고 있습니다. 그 외에는 비상장 주식과 일부 예금이 있습니다.

기여도   권장하는 바는 아니지만, 저는 지출을 많이 했습니다. 수익이 30%, 투자가 70%라고 생각합니다.

수입 늘리는 법) ───────────────────────
버는 돈은 모두 투자자산을 사는 데 써라

급여를 받으면 예금 같은 것은 하지 말고 투자자산을 취득하겠다고 생각하는 것이 도움이 됩니다. 창업자들 중에도 번 돈을 그냥 예금통장에만 넣어 놓는 경우가 있습니다. 저는 창업가도 자본 시장의 구조와 투자 구조를 알아야 투자자금 유치에 도움이 되고 비즈니스를 이해할 수 있다고 생각하기 때문에 사업과 투자의 관점을 함께 가져가야 한다고 생각합니다.

새로운 것이 나오면 먼저 시도해 본다

20대 초반 대학생 때도 주식 계좌를 만들어서 매매해본 적이 있습니다. 이후에 우연히 비트코인을 20만 원대에 사보기도 했고요. 저는 얼리 어답터(Early Adopter)라 새로운 것이 나오면 시도해 보는 편입니다. 미국에서 환전을 하려면 매번 수수료도 있고 시간도 걸려서 불편했는데 비트코인을 보며 원화에서 달러로 환전을 저렴하게 할 수 있는 방법을 찾게 되었고 그 후 비트코인에 관심을 가지게 되었습니다.

또한 가능성이 보이는 여러 기업이 성공하기 전에 빠르게 투자를 했습니다. 2015년에 처음 테슬라 모델 S를 타보고 테슬라 주식을 샀고, 앞으로 성장 가능성을 보고 토스와 마켓컬리 비상장주식에도 투자했습니다.

'왜 똑똑한 사람들이 계속 디지털 자산을 개발할까?'가 궁금해서 원리를 공부했는데, 앞으로 새로운 금융, 투자에서 활용 가능성을 믿어서 디지털 자산 투자도 했습니다. 디지털 자산 중에서 저는 NFT보다는 FT(Fungible Token), 토큰, 일명 코인으로 불리는 것들에 투자해 왔습니다. 아직은 사람들이 잘 모르지만 디지털 자산 관련해서 이미 진행하고 있는 일들이 많기 때문에 결국에는 사람들이 선택할 것이라는 믿음으로 투자 중입니다.

투자를 해서 몇 배에서 많게는 몇십 배를 버는 경우도 있지만, 실패한 경우도 많습니다. 트레이딩도 시도해 봤지만 스트레스만 엄청 받고 시간 투자 대비 효과가 떨어졌죠. 자세히 리서치하지 못했던 디지털 자산 중 수익률이 -99%가 된 경우도 있습니다. 투자한 비상장기업 중 매출액이 떨어진 곳도 있고요. 해외 거래소가 사라져서 제 코인이 아예 사라진 경우도 있습니다. 안정적인 회사의 서비스를 사용해야 하고, 지속 가능성을 보고 들어가야 합니다. 그렇지 않으면 돈을 모두 날릴 수도 있습니다. NFT, Defi 등 재밌는 서비스들이 많이 나와서 이것저것 실험하는 중입니다.

아직은 사람들이 반신반의하고 있으니 디지털 자산에 관심을 가져도 좋을 겁니다. 디지털 자산이 어떻게 변화할 것이고, 효용 가치는 뭔지 알아보고, Defi, 실생활 결제, 투자, 펀드, 대출 등의 영역에서 신뢰도가 있는 활용 사례가 나오고 있으니 공부해 보면 좋습니다. 예를 들면 해시드(Hashed Labs)가 투자한 곳만 찾아봐도 공부할 곳이 많습니다. 지금 투자해도 남들보다 훨씬 빠른 겁니다. 최근 Defi 참여 유저가 늘어났다고 해도 아직 몇 백만 명 정도입니다. Defi 이외에도 NFT, DAO 등 다양한 산업이 함께 커지고 있으니 앞으로 시장이 엄청나게 커질 것이라고 생각합니다.

> **FIRE Tip.**
> 디지털 자산에 관심을
> 가져보자!

사람들에게 가치를 줄 수 있는 사람이 되어라

20대 초반이 되자마자 경제적 자유를 얻겠다는 생각은 욕심이 크거나 비현실적이라고 생각합니다. 그때는 당장 돈이 없어도 내 지식, 경험, 역량에 투자하는 시기입니다. 관심 있는 분야를 탐구하고, 온라인을 통해 공유하고, 관련 사람들과 교류하고, 먼저 도움을 요청하고 관계를 맺는 것을 게을리하면 안 됩니다.

저는 예전에 평소 팔로우하던 회사 대표님이 "스타트업은 인원이 부족한데 채우기 힘들다"라고 SNS에 써놓은 글을 보고, 메시지로 대학생인데 일할 곳을 소개받을 수 있을지 물었습니다. 그분이 바로 2곳을 소개해주신 덕분에 면접 후 입사할 수 있었고요. 이런 관계로도 일자리가 생길 수 있습니다.

저는 투자를 받기 전에 수백 명의 투자자에게 거절을 당했는데, 그 힘든 과정에서 내 비전과 미션에 공감해 주는 사람들을 만나게 되었습니다. 또한 수천억 원 자산가들과 얘기하고 관점을 공유하다 보면 잡아야 할 기회가 자연스럽게 보입니다. 물론 그 이후에 투자는 직접 공부해야죠.

네트워크를 위한 네트워크는 필요가 없고, 내가 어떤 가치를 줄 수 있는

> **FIRE Tip.**
> 새로운 사람을 만날 때 내가 어떤 가치를 줄 수 있는지, 무엇을 배우고 싶은지 생각하라!

지, 내가 가고 싶은 방향은 어디인지, 무엇을 공부하고 싶은지 미리 알고 있어야 합니다. 아무 목적 없이 사람만 만나면 만나서 할 말도 없고, 그분들이 저를 만나줄 이유도 없죠. 제가 기술, IT, 테크, 스타트업, 미래산업 분야에서 공부하고 역량을 쌓고 일해온 것이 관계를 쌓는 데 도움이 되었습니다.

직장인들에게 전하는 말) ────────────────

취업도 투자다

주위 직장인들을 만나면 아파트 사고 싶다는 말을 많이 하는데, 현실적으로 월급만으로 아파트를 사는 건 매우 어렵다고 생각합니다. 직장을 다니면서 경험, 재능, 관계 역량을 쌓으면서 투자 자산을 늘려가고, 가능하면 스톡옵션을 주는 회사에 입사하는 게 좋겠죠. 당근마켓 같

> **FIRE Tip.**
> **취업도 투자의 관점에서 생각하라!**

은 경우도 투자를 받고 조 단위 회사가 되어서 스톡옵션을 가진 직원들이 기뻐하고 있는 것으로 알고 있습니다. 회사에 취업하는 것도 일종의 투자라고 생각하면 어느 곳에서 일해야 하는지 더욱 잘 보일 것입니다.

내가 가고 싶은 방향은 어디인지,
무엇을 하고 싶은지
알고 있어야 한다.

Part 3.
부자들의 공통점에서 찾은
파이어의 4단계 법칙

F   I   R   E

Step 1. 계획:

내 상황에 맞는 파이어 시나리오 만들기

낙원 계산기로 맞춤형 파이어 전략을 만들자[1]

지금까지 우리는 파이어 성공사례 20건을 살펴봤다. 이제 여러분이 파이어를 할 차례다. 간단히 요약하자면 파이어는 계획 수립, 지출, 수입, 투자의 4단계로 나눠진다.

앞서 살펴본 젊은 부자 20명의 이야기 중 "나도 이 정도는 할 수 있겠다"라고 공감이 가는 부자들도 있었을 것이며, "이건 나의 길은 아니다"라고 생각하게 되는 경우도 있었을 것이다. 그들 사이의 확실한 공통점은 단 하나다. 젊은 나이에 많은 돈을 모았다는 것! 그런데 도대체 어느 정도 저축하고, 어느 정도 투자 수익률을 달성했기에 이 정도 반열에 오를 수 있었던 것일까?

부자언니 나나, 쎄프리, 재테크는스크루지, 치비 등 여러 부자들은 '철저한 계획 수립'을 강조했다. 이 계획은 지출, 수입, 투자를 아우른다. 아쉽게도 그들은 '엑셀로 계산해 보라'라고는 했지만 정확히 어느 정도를 저축하고 어느 정도의 수익을 내야 하는지 자세히 알려주지는 않았다. 그래서 여기서 이야기해 보려고 한다.

구글에서 '낙원 계산기'라고 검색한 후 나오는 링크(https://keep-ones.me/#/paradise-calculator)를 클릭하면 아래와 같은 화면이 뜬다. 여기서 '낙원'이란 경제적 자유를 의미하는데, 이 사이트에서 이를 위한 금액을 알아보고 파이어 계획을 세울 수 있다.

낙원 계산기 첫 화면

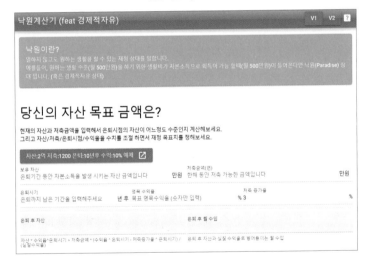

보유 자산(만 원) = 현재 보유하고 있는 자산

저축 금액(만 원) = 매년 수입 − 지출 금액

은퇴 시기(연) = 경제적 자유 달성까지 남은 기간. 예) 지금 31세인데 40세 파이어가 목표면 9를 입력

저축 증가율(%): 두 가지 의미가 있는데, 하나는 우리가 예측하는 장기 물가 상승률이고 나머지 하나는 우리의 '저축 금액'이 매년 물가 상승률과 동일하게 증가한다고 가정하는 것. 보통 3을 입력

예를 들어 지금 막 사회 생활을 시작해서 보유 자산이 0원이고, 월 100만 원(연 1200만 원) 저축이 가능한데 매년 투자 수익률 12% 정도를 달성할 수 있는 청년이 20년 후에 은퇴를 하고 싶다고 가정하자. 이 경우 보유 자산에 0, 저축 금액에 1200, 은퇴 시기에 20, 명목 수익률에 12, 저축 증가율에는 3이라는 수치를 각각 입력한다. 그러면 자동으로 계산이 되어 은퇴 후 자산에 10.45억, 은퇴 후 월 수입에 434만 원이라는 결과가 뜬다.

보유 자산		저축금액(연)	
0	만원	1,200	만원
은퇴시기	명목 수익률		저축 증가율
20	년 후 12	% 3	%
은퇴 후 자산		은퇴 후 월 수입	
10.45억		434 만원 / 9 % (명목:12%)	

이는 '지금 당장은 돈이 없으나 매월 100만 원씩 저축해서 복리 12%로 투자를 20년 동안 하는 계획이 있는 사람은 20년 후 약

10억 4500만 원을 보유할 것이며 이를 통해 매월 434만 원 정도를 소비할 수 있다'라는 의미이다. 참고로 이 434만 원은 현재, 즉 2022년 화폐 가치로 434만 원을 소비하고도 투자 원금이 줄지 않았다는 의미이다. 20년 후 434만 원의 가치는 지금보다 훨씬 적을 것이기 때문이다.

한번 여러분의 현재 자산, 저축 가능 금액, 파이어 희망 시기, 기대 투자 수익률 등을 입력해서 각자에게 맞는 재무 계획을 세워 보기 바란다. 나 또한 낙원 계산기를 통해서 수많은 시뮬레이션을 돌려보았다. 그중 가장 중요한 결과 몇 개를 여러분과 공유하려 한다. 일단 이 책을 읽는 사람들이 주로 20~30대이며, 10년 후 파이어를 이루고 싶다고 가정해 보겠다(앞으로 모든 시뮬레이션에서 물가 상승률과 연 저축 증가율은 3%로 가정).

시나리오 1. 가진 자산이 0원일 때

20대가 사회 생활을 시작하면서 돈이 한 푼도 없는 것은 지극히 당연하다. 그럼에도 10년 후 경제적 자유를 달성하는 것은 불가능한 목표는 아니다.

다음 페이지의 표 안에 있는 금액은 '10년 후 매월 지출할 수 있는 금액'을 나타낸다. 예를 들면 당장 자산이 없는 사람이 매년 월 100만 원 저축을 하고 10% 수익을 내면 10년 후 월 93만 원 정도를 지출할 수 있음을 의미한다.

가진 자산이 0원일 때 10년 후 월 지출 가능액(단위: 만 원)

수익률 \ 저축 금액	100만 원	200만 원	300만 원
4%	10	20	30
6%	33	67	100
8%	61	121	182
10%	93	186	279
12%	131	262	393
14%	176	352	528
16%	228	457	685
18%	289	579	868
20%	361	721	1,082

시각적 효과를 위해 쓸 수 있는 금액을 색깔별로 나누어보았다. 월 200만 원 이하를 빨간색, 월 200~500만 원을 주황색, 월 500~1000만 원을 초록색, 월 1000~3000만 원을 파란색, 월 3000만 원 이상을 검은색으로 표기하겠다.

오호! 이렇게 시각화하면 계획 수립이 쉬워진다. 현재 돈이 없고 10년 후에 은퇴하고 싶은데, 월 300만 원 정도의 생활 수준을 원한다면 다음 세 가지 선택지 중 하나를 선택하면 된다.

1. 월 100만 원 저축 + 복리 18% 정도의 수익률
2. 월 200만 원 저축 + 복리 13% 정도의 수익률
3. 월 300만 원 저축 + 복리 10~11% 정도의 수익률

월 지출액이 300만 원이 아니라 200만 원이면 충분하다고 생각하거나, 월 500만 원 또는 1000만 원이 필요하다면 목표 저축 금액 및 투자 수익을 수정하면 된다.

이렇게 내 꿈을 구체화하는 작업이 필요하다. 막연하게 '돈을 모아야지'라고 생각만 하면 성공하기 어렵다. 구체적으로 내가 얼마를 저축하고 어느 정도의 수익률을 내야 하는지 알아야 경제적 자유를 달성할 수 있는 성공 확률이 높아진다.

그럼 두 번째 시나리오로 넘어가서, 이미 모은 돈이 어느 정도 있을 경우의 상황을 가정해 보겠다.

시나리오 2. 가진 자산이 1억 원일 때

자산이 없는 것과 1억 원이 있는 것은 하늘과 땅 차이다. 1억 원을 모은 후에는 상황이 어떻게 달라질까? 무일푼이 10년 동안 매월 100만 원을 모아서 12%로 투자하면 월 131만 원을 소비할 수 있으나 이미 1억 원이 있는 사람은 똑같이 100만 원을 저축해도 304만 원을 쓸 수 있다.

그래서 나를 비롯해 원팀장, 부자언니 나나, 임도하 등이 '빨리 1억 원 모으기'를 강조하는 것이다. 이를 염두에 두고 다음 페이지의 표를 살펴보자.

가진 자산이 1억 원일 때 10년 후 월 지출 가능액(단위: 만 원)

저축 금액 수익률	0원	100만 원	200만 원	300만 원
4%	9	19	29	40
6%	33	67	100	133
8%	67	128	188	249
10%	113	206	299	392
12%	173	304	436	567
14%	253	429	605	780
16%	356	584	812	1,040
18%	487	776	1,066	1,355
20%	653	1,013	1,374	1,735

참고로 자산 1억 원이 있고 투자 수익률이 높다면 더 이상 저축을 하지 않아도 된다. 실제로 디피 같은 투자 고수는 투자금 1300만 원을 계속 불려 나갔고, 저축을 더 이상 하지 않았다. 알렉스 오나 삼성동라이언도 직장생활을 전혀 하지 않고 투자로만 부자의 반열에 올랐다. 1억 원을 연복리수익률 18%로 불리면 10년 후에는 약 월 500만 원 정도를 지출할 수 있다.

사회 초년생의 경우라면 입사 후 5년 만에 1억 원을 모으고, 그 후 10년 동안 지출 통제, 수입 증진, 투자 수익을 통해 경제적 자유를 달성하는 것이 가장 이상적인 시나리오라고 생각한다.

시나리오 3. 가진 자산이 각각 3, 5, 10억 원일 때

파이어를 10년 앞두고 있는데 자산이 벌써 3억 원 이상이라면, 축하한다! 사실상 저축을 더 안 해도 된다(물론 하면 자산 증진이 더 빨라진다). 두 자릿수의 연복리수익률만 달성해도 평생 먹고 사는 데는 별로 지장이 없을 것이다. 다음 표의 내용은 저축을 하지 않는 상황을 가정한 것이다.

가진 자산이 3, 5, 10억 원일 때 10년 후 월 지출 가능액(단위: 만 원)

수익률 \ 보유 자산	3억 원	5억 원	10억 원
4%	28	46	92
6%	100	167	333
8%	201	335	669
10%	338	563	1,126
12%	520	867	1,733
14%	759	1,264	2,529
16%	1,067	1,778	3,556
18%	1,460	2,434	4,868
20%	1,958	3,263	6,527

물론 여러분의 상황은 방금 설명한 보편적인 시나리오들과는 다를 것이다. 예를 들어 '가진 돈은 8000만 원이고 12년 후 은퇴를 하고 싶으며, 매월 160만 원(연 1920만 원)을 저축할 수 있다'일

때도 노 프로블럼! 낙원 계산기에 나의 조건을 적고, 투자 수익률을 다양화하면 다음과 같이 시뮬레이션할 수 있다.

예시 상황에 따른 수익률과 지출 금액 시뮬레이션

수익률(%)	월 지출 가능액(만 원)
4	27
6	94
8	181
10	295
12	441
14	628
16	867
18	1,169
20	1,549

지출 '월 삼백'을 위해서는 연복리수익률 10%, '월 오백'을 위해서는 연복리수익률 13%, '월 천'을 위해서는 연복리수익률 18% 정도를 내야 한다는 결론이 나온다.

이제 우리는 파이어 목표를 구체화하는 데 성공했다! 놀라운 점은, 대부분의 직장인은 8~14% 정도의 연복리수익률만 내도 10~20년 내에 경제적 자유에 도달할 수 있다는 것이다. 그저 먼 일이라고 생각했던 경제적 자유, 생각보다 가까이 있다.

100억 원을 모으는 3단계 비법

인터뷰를 할 때, 각 파이어 부자들이 생각하는 수입, 지출, 투자의 기여도를 물었다. 수치의 평균을 내 보니 경제적 자유를 달성하는 데 기여한 비중은 '수입 25%, 지출 25%, 투자 50%'라는 결론이 나왔다! 그런데 김동주 대표가 강조한 것과 같이 단계별로 중요한 부분이 다르다.

1. 돈이 별로 없는 사회생활 초기에는 지출을 줄여서 종잣돈을 모아야 한다.
2. 그 후에는 연봉을 늘리거나 부업을 통해 수익을 늘려야 한다.
3. 자산이 어느 정도 불어나면 투자로 인한 부의 증가가 지출과 수입을 압도한다.

강의를 할 때, 나는 자산이 없는 사람의 재무 목표로 '5년 만에 1억 원, 15년 만에 10억 원, 25년 만에 100억 원'을 현실적으로 보고 권장한다. 이 세 단계를 차례로 분석해 보면 왜 단계별 핵심이 다를 수밖에 없는지 알 수 있다.

1단계: 5년 만에 0원에서 1억 원까지 [2]

5년 만에 0원에서 1억 원 달성을 위한 저축 금액

연복리수익률(%)	연 필요 저축 금액(만 원)
0	2,000
5	1,710
10	1,560
15	1,410
20	1,280
25	1,170

이 단계는 투자는 큰 의미가 없고, 수입 증진도 중요하지만 지출 통제가 더 중요한 시기이다. 표를 보자. 5년 동안 투자를 하지 않고 1억 원을 모으려면 연 2000만 원, 월 167만 원을 저축해야 한다. 여기에서 포인트는 우리가 투자를 매우 잘해서 연복리수익률 20%를 낼 실력이 된다 하더라도 연 1280만 원, 월 107만 원을 저축해야 한다는 것이다! 즉, 투자를 잘해도 5년 만에 1억 원을 달성하기 위해 저축해야 하는 금액은 의외로 60만 원 정도밖에 차이가 나지 않는다. 초기 자본이 적어서 투자의 위력이 상대적으로 크지 않기 때문이다.

또한 아무리 투자를 잘해도 월 100만 원, 투자를 못 하면 월 160만 원 이상을 저축해야 5년 동안 1억 원을 모을 수 있다는 사실을 알 수 있다. 물론 수익을 늘리거나 지출을 줄이는 두 가지 방법도 있다. 하지만 사회 초년생 입장에서는 남들과 차별화를 두어서 수익 극대화를 하기가 어렵고, 그보다는 불필요한 지출을 줄여서 목표에 접근하는 것이 상대적으로 쉽다.

그렇다고 투자 공부를 소홀히 하라는 것은 아니다. 2~3단계에서는 투자가 매우 중요해지기 때문이다. 따라서 지출을 줄이면서 투자를 병행하되, 아직 이 단계에서는 투자를 통해 큰돈을 벌 수 없음을 유념해야 한다.

2단계: 10년 만에 1억 원에서 10억 원까지

10년 만에 1억 원에서 10억 원 달성을 위한 저축 금액

연복리수익률(%)	연 필요 저축 금액(만 원)
0	9,000
5	5,900
10	4,200
15	2,700
20	1,400
25	200

2단계에서는 지출 통제, 수입 증진, 투자 수익 모두가 다 중요하다. 일단 투자를 아예 안 하는 사람은 연 9000만 원을 모아야

10억 원에 도달할 수 있는데, 연봉이 최소 2~3억 대가 되지 않으면 불가능하다. 하지만 젊은 나이에 연봉 2~3억 원에 도달할 수 있는 사람은 많지 않다. 따라서 10년 만에 10억 원을 모으는 현실적인 방법은 연복리수익률 10~15% 정도를 낼 수 있는 투자 기법을 찾고, 연 2700만 원(월 225만 원)~연 4200만 원(월 350만 원)을 저축하는 것이다.

지금 연봉이 2000~3000만 원 정도라면 어떻게 매월 225~350만 원을 저축할 수 있을까? 연봉을 올리거나 부업을 해야 한다! 구체적으로 어떻게 하는지는 뒤에서 파이어 부자들의 팁을 정리해 보겠다. 여기까지는 대부분 직장인이 노력을 하면 도달할 수 있는 단계라고 생각한다.

3단계: 10년 만에 10억 원에서 100억 원까지

10년 만에 10억 원에서 100억 원 달성을 위한 저축 금액

연복리수익률(%)	연 필요 저축 금액(만 원)
0	90,000
5	59,000
10	42,000
15	27,000
20	14,000
25	2,000

3단계에서는 투자 수익의 중요성이 지출 통제와 수입 증대의 중요성을 압도한다. 10억 원에 도달했다면 지출 금액과 투자 수익에 따라 경제적 자유에 이미 도달했거나 근접한 단계이다. 그러나 왠지 이 정도 자산이면 좀 불안하다. "나 10억 벌었으니 이제 더 이상 부를 축적하지 않고 적당히 살 거야!"라고 하는 사람은 아직 많이 보지 못했다.

위 표를 보면 10억 원에서 10년 만에 100억 원으로 가는 길은 '투자의 영역'이라는 것을 알 수 있다. 아무리 연봉이 높아도 투자 수익률이 25%에 도달하지 못하면 100억 원은 하늘의 별 따기다. 바로 이렇기 때문에 10억 원에 도달하기 전부터 꾸준히 투자를 공부해야 하는 것이다.

디피나 삼성동라이언처럼 높은 수익률을 오랜 시간 동안 벌어들인 사람들도 있지만, 현실적으로 모든 사람이 이 정도 수준에 도달하기는 어렵다. 따라서 '10년 만에 10억 원을 100억 원으로 불리기'는 어려운 길이 맞다. 이 관문을 통과하려면 무조건 투자를 잘해야 한다! 그러나 투자의 소질이 적은 자들도 절망할 필요는 없다. Plan B가 있기 때문이다.

3단계 Plan B: 20년 만에 10억 원에서 100억 원까지

20년 만에 10억 원에서 100억 원 달성을 위한 저축 금액

연복리수익률(%)	연 필요 저축 금액(만 원)
0	45,000
5	17,400
10	4,650
13	0

10년 만이 어렵다면 조금 돌아가면 된다. 10억 원에서 100억 원까지 가는 기간을 20년으로 잡으면 일이 훨씬 더 쉬워진다. 물론 여기서도 수익률이 가장 중요하기는 하다. 20년 동안 꾸준히 연복리수익률 13%를 벌면 원금이 10배가 된다! 이게 바로 복리의 마법이다. 그리고 이 정도 수익률은 평범한 사람도 가능하다.

10년 내 파이어는 대단한 것을 필요로 하지 않는다

이제 우리는 전략적 목표 설정, 즉 매년 어느 정도를 모으고 어느 정도의 투자 수익을 내야 하는지 수치화하는 데 성공했다. 좌절하는 독자들도 있겠지만, "이 정도면 가능한 거였어? 10년 내 파이어는 대단한 것을 필요로 하지 않잖아!"라고 놀란 독자들도 꽤 있을 것이라고 생각한다.

회사에서도 매년 계량화된 명확한 MBO(Management by Objectives, 목표관리)가 주어져야 목표 달성을 위해 달려가기 쉽다. 파이어의 길도 마찬가지다. 그동안 파이어의 길을 걸어오면서 가장 안타깝게 생각하는 사람들은 다음 두 가지 유형이다.

첫 번째는 "나는 흙수저라서·학력이 낮아서·'빽'이 없어서 안 될 거야 + 나는 부와는 인연이 없어"라고 처음부터 포기하는 생각에 빠진 경우다. 의외로 언론과 정치권이 이 생각을 많이 부추긴다. '노오오오력' 해봤자 우리는 부를 이룰 수 없다는 메시지를 주입하는 것이다. 그런데 낙원 계산기를 몇 번만 두들겨 봐도 그것은 새빨간 거짓말이라는 것을 알 수 있다.

두 번째로는 회사에서 남이 주는 MBO는 달성하려고 그렇게 열심히 일하면서 그보다 훨씬 더 중요한, 본인의 재무 MBO는 아예 세우지 않는 경우다. 불가사의가 아닐 수 없다.

일단 계획은 세웠지만, 미래가 우리 계획대로 굴러갈까? 아마 그렇지는 않을 것이다. 그러나 인간의 두뇌는 참 신기한 존재이다. 우리가 접하는 모든 정보를 처리할 수 없기 때문에 정보의 대부분을 적당히 걸러내게 설계되어 있는데, 강력한 목표와 계획이 생기면 관련 정보, 노하우, 스킬을 아주 빨리 습득한다. 그래서 치비가 "부자가 되는 계획을 세워라! 계획이 있는지 없는지는 하늘과 땅 차이다!"라고 외친 것 같다.

Step 2. 지출:

지출을 줄이는 부자들의 특급 노하우▶³

월 200만 원 지출은 파이어 '국룰'인가?

이번 책을 위해 인터뷰를 진행하면서 놀랐던 점은 인터뷰이 모두 수억, 수십억 또는 수백억 원 규모의 부자인데도 불구하고 파이어하기 전은 물론이고 현재도 월 지출액이 200만 원 이하인 경우가 절반 이상이라는 것이다! 심지어 3인, 4인 가족 단위로 월 200만 원 이하로 지출하는 파이어 부자들도 여러 명 있었다. 디피, 김인기 등 예외도 있었으나, 그들은 사업을 잘하거나 투자 실력이 출중해서 지출 통제의 굴레(?)에서 해방될 수 있었다.

그렇다고 해서 200만 원 미만의 지출을 하는 그들이 허리띠를 졸라맸다고 생각하면 큰 오산이다. 나 또한 꽤 오랜 기간 동안 월 50만 원 이하로 지출하고 지냈는데, 삶의 질이 크게 떨어진다고 생각한 적은 별로 없었다. 태생적으로 파이어 부자들은 소비 또는 지출을 통한 기쁨을 크게 느끼는 것 같지 않다.

김동주 대표는 나에게 "돈 쓰는 거 귀찮잖아요? 그래서 안 쓰게 되더라고요"라고 했고, 3인 가족이 150만 원 미만으로 생활한다는 임가는 "아니, 우리는 부족한 게 아무것도 없거든요. 도대체 다른 사람들은 어디에 돈을 쓰는 거죠?"라고 질문했다. 나도 많은 지출을 하는 사람이 아니고 지출과 소비의 세계에 대한 지식이 빈곤해서 "왜 저에게 여쭤보십니까? 제가 어떻게 압니까?"라고 되물을 뻔하다가 참았다.

지출을 적게 하면 아무래도 종잣돈이 금방 모이고, 그 종잣돈을 투자하면 파이어에 도달하기 쉽다. 따라서 파이어 부자들 중에 유난히 지출을 잘 통제하는 사람들이 많이 몰려 있는 것 같다.

앞서 단계별 파이어 전략을 분석할 때 0원에서 1억 원으로 가는 길에서는 지출 통제가 절대적으로 중요하다고 했다. 대부분 파이어 부자들이 밟은 길은 이와 같았고, 그들은 지출을 줄일 수 있는 좋은 방법을 많이 공유했다. 어떤 팁들이 있었는지 정리해보자.

가계부를 작성하고 분석하라

일단 지출을 줄이기 전에 현재 내가 어디에 얼마를 지출하는지 아는 것이 중요하다. 나 또한 사회생활을 시작했던 2009년부터 더 이상 지출을 통제할 필요가 없어진 2017년 정도까지 가계부를 작성했다. 가계부를 작성하는 것 자체로도 지출 억제 효과가 발생한다. 가계부를 훑어보면 한눈에 "이걸 도대체 왜 샀지?" 또는 "이번 달은 식비에 돈을 너무 많이 썼네" 등의 생각이 들기 마련이다. 나의 경우, 2012년 전에는 월 30만 원, 2016년까지는 500유로(약 65만 원)라는 월 지출 목표가 있었기 때문에 가계부 작성이 필수였다.

부자언니 나나는 가계부 작성 자체로는 불충분하며 적극적인 분석도 필요하다고 강조했다. 그녀는 가계부 항목을 '먹기 · 놀기 · 사기 · 기타'의 4가지로 분류해서 매주 한도금액을 정해서 관리했다. 한 달이 지나면 항목별로 분석해서 줄일 수 있는 부분을 체크하고, 너무 적게 쓴 부분도 체크해서 조절해 나갔다고 한다.

한 단계 더 나아가면 '통장 쪼개기'를 이용할 수도 있다. 통장 쪼개기는 각 용도에 따라 통장을 여러 개 만들어 돈을 관리하는 방법으로, 재테크는스크루지는 이 방법을 강력 추천했다. 재테크는스크루지는 월급이 입금되면 각 목적의 통장으로 자동이체가 되고 월급통장에는 돈이 0원이 남는다고 했다. 그에게는 생활비

통장, 용돈 통장 등이 있고, 단기 목표, 중기 목표, 장기 목표로 나눈 통장도 있다고 한다.

지출을 줄인다고 많은 것을 포기할 필요는 없다

나를 비롯해서 파이어 부자들 대부분은 지출이 적은 편이었으나 그것 때문에 고통을 겪은 경우는 드물었다. 먹을 것을 못 먹고, 할 것을 못 하고, 살 것을 못 사고 5년, 10년, 15년 동안 경제적 자유라는 꿈만 바라보고 사는 것은 사실상 불가능에 가깝다. 그렇다면 그들이 보통 사람들보다 지출을 적게 한 이유는 무엇일까? 태생적, 유전적(?)으로 지출 욕구가 적었다는 것도 분명 한몫 했을 것이라고 추측한다. 그렇지만 그렇게 태어나지 못한 사람도 의식적으로 '지출의 우선순위'를 잘 정하면 지출을 많이 절감할 수 있다.

이충엽 대표는 아무 생각 없는 관성적인 소비가 굉장히 많으므로, 본인의 소비 패턴을 깊게 분석해서 무엇에 돈을 쓰는 것이 중요한지, 덜 중요한지, 안 중요한지 성찰이 필요하다고 했다. 개똥이에게는 여행이 매우 중요한데 소똥이에게는 전혀 그렇지 않을 수 있다. 이 경우 소똥이가 여행을 가는 데 거금을 투입했다면 이는 돈을 잘 썼다고 할 수 없다. 이런 식으로 내면을 바라보며 자신을 알아야 행복도 유지하면서 최대한 불필요한 지출은 덜 하는

'소비의 최적화'가 가능하다.

파이어맘도 자신이 정말 중요하게 생각하는 것은 하되, 그 외의 것들은 최대한 줄여서 저축하는 습관을 들이는 것이 좋다고 강조했다. 너무 아끼기만 하면 삶의 만족도가 떨어지지만, 본인에게 개인적으로 정말 중요한 것 한두 가지만 해도 생활 만족감은 80%로 유지하면서 저축하는 습관을 오래도록 유지할 수 있다고 한다. 본인에게 가장 중요한 것이 멋진 옷을 사는 것이라면 가끔씩 좋은 옷을 사면 된다. 그런데 옷을 사고, 시계도 사고, 여행도 가고, 차도 사면 파이어의 삶에서 멀어지게 된다. 우선순위를 두고 한두 가지에만 지출해야 한다.

나는 매일 지출 목표를 정하고 하루 지출 목표를 초과하면 다음 날에는 삼각김밥을 먹는 식으로 지출을 맞췄고, H는 3만 원 이상 지출할 일이 생기면 열 번 이상 고민을 했다고 한다. 그런데 돌이켜 보니 그렇게까지 힘들게 살지 않아도 대세에는 큰 지장은 미치지 않았을 것 같다.

타인의 시선을 덜 의식하면 지출이 적어진다

나를 비롯해 원팀장, 치비 등 꽤 많은 파이어 부자들은 명품 구매에 대해 부정적이었다. 여러 부자들은 아예 명품은 열등감의 표현이라고 주장했다. 원팀장은 자산이 일정 수준에 도달하니 언제

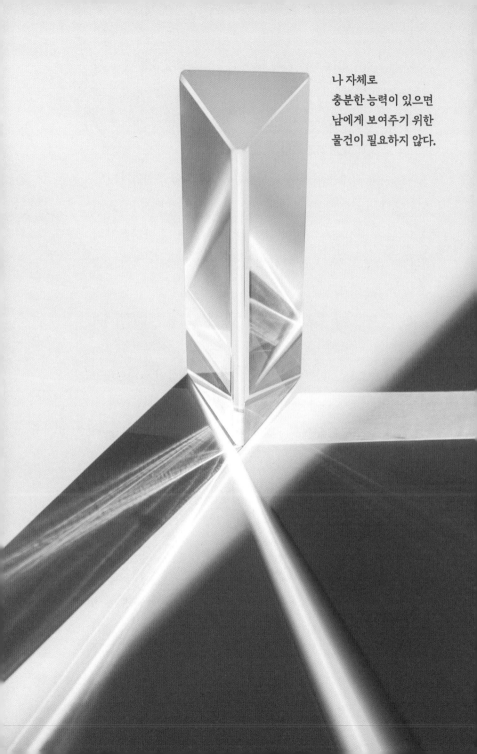

나 자체로
충분한 능력이 있으면
남에게 보여주기 위한
물건이 필요하지 않다.

든지 살 수 있는 명품이나 차에 대한 관심이 사라졌다고 했다. 치비도 본인이 명품을 사지 않는 것은 물론이고 배우자가 명품을 좋아하면 잘 보이고 싶고 인정받고 싶은 욕구가 많다는 것이므로 기피해야 할 상대라고 강조했다.

나도 차나 시계는 아예 없고 샤넬과 루이비통이 무엇인지는 알지만 아직 소유해보지는 못한 사람으로서 한 마디만 추가하고 싶다. "남들은 당신에게 관심이 별로 없습니다." 또 한 마디를 추가한다면 "남에게 지나치게 관심이 많은 사람은 피하는 것이 좋습니다." 여기까지 하겠다.

파이어 부자들은 명품을 예로 들면서 다른 사람들의 생각에서 자유로워져야 한다는 말을 하고 싶었던 것 같다. 이창민 대표는 자존감이 중요하고 타인의 시선을 신경 쓰면 지출이 늘어난다고 했다. 나 자체로 충분한 능력이 있다는 자존감이 있으면 타인 의식용 물품(?)이 필요 없어진다는 것이다. 최재우 대표도 SNS를 다 끊어버리고 남들 시선을 의식하지 말고 '나는 누구인가? 내가 뭘 원하는가?'에 더 집중하라고 했다.

재산과 권력이 자존감에 주는 영향은 매우 크다. 심지어 둘은 밀접한 관계가 있다. 돈이 있으면 남의 시간과 노동력을 사서 영향력을 행사할 수 있기 때문이다. 명품과 외제차 등을 사는 이유는 '있어 보이기 위해' 또는 '부족한 자존감을 채우기 위해' 이루어지는데 아이러니하게 이런 것들을 단기적으로 포기해야 재산 축적과 동시에 더 강한 자존감이 생긴다. 누군가는 나를 속물이라고 욕할 수도 있겠지만, 나 또한 재산이 늘어나면서 자존감이 훨씬 더 커졌다는 느낌을 확실히 받았다.

가족이 있어도 파이어는 가능한가[▶4]

나는 싱글이다. 그런데 아무리 고민해 봐도 아이가 있으면 파이어 도달이 너무 어려울 것 같았다. 그런 말을 조선일보 인터뷰에서 했더니 「'애 · 차 · 개' OUT… 우리는 30대에 은퇴한다」라는 제목으로 기사가 나왔던 기억이 있다.

그런데 실제로 인터뷰를 해보니 결혼을 하고 아이도 있는데도 불구하고 파이어에 도달한 사례가 꽤 많았다. 어떻게 가능했는지 상당히 궁금해서 가족이 있어도 파이어가 가능한지 물었더니 대부분 답변은 '싱글보다는 어렵지만 가능은 하다'였다. 실제로 파이어를 이룬 사람들이 한 말이니 믿게 되었다.

이때 포인트는 파트너도 경제적 자유가 중요하다는 가치를 나눈다는 점이었다. 치비는 "파트너가 사치하면 안 된다"라고 했다. 쎄프리 부부도 함께 돈을 모아 경제적 자유를 달성했다. 또한 아이들에게 너무 많은 돈을 투자하면 안 된다고 강조한 부자들도 많았다. 쎄프리는 아이들에게 사교육도 철저히 해주고 집까지 해줄 생각으로 살면 평생 파이어에 도달하게 어렵다고 답했다. 치비도 사교육의 가성비는 매우 떨어진다고 했다.

그러나 아이가 생기면 지출이 증가한다는 것은 누구나 부정할 수 없는 기정 사실이며, 그 지출을 고려해서 파이어 계획을 전면 수정해야 한다고(더 타이트한 지출 통제, 추가 수입 확보, 투자 수익 향상 등으로) 쎄프리, 파이어맘 등 여러 명이 답했다. 파이어맘은 자식이 있는 경우에는 더 보수적인 기준을 잡아서 '4%의 룰'이 불충분하고 '3%의 룰', 즉 연 지출의 33배 정도가 있어야 비로소 은퇴가 가능하다고 이야기하기도 했다.

꼭 한국에 살아야 할까?

인터뷰한 파이어 부자들 중 원팀장, 부자언니 나나, 임가는 해외에서 살고 있다. 원팀장과 부자언니 나나는 일 때문에 해외로 나갔는데, 임가가 터키로 이민을 간 이유는 상당히 흥미로웠다. 내가 2020년 8월에 「경제적 자유, 10년은 앞당기는 방법!」[5]이라는 영상을 업로드했는데, 여기서 Numbeo(www.numbeo.com)라는 사이트를 통해서 전 세계 도시들을 비교분석했다. 여기서는 각 도시의 물가, 부동산 가격, 치안, 보건, 날씨, 교통체증, 환경오염 등을 종합 분석해서 도시의 삶의 질 및 '가성비'를 평가하는데, 당시 터키 안탈리아 지역이 가장 가성비가 높다고 평가했다. 그런데 임가는 그 영상을 보고 정말 터키로 이민을 갔다! 안탈리아는 아니고

거기서 조금 떨어진 바닷가 휴양 도시인 페티예(Fethiye)로. [▶6]

도대체 저 사람은 어떤 사람인지 너무 궁금해서 나는 퇴사 전 마지막 휴가를 쓰고 터키에 방문했다. 근처 리조트에서 2주간 지내며 임가를 여러 번 만났다. 실제로 페티예는 물가가 싸고, 집값도 싸고, 치안도 좋고, 날씨도 좋고, 미세먼지도 없고, 도시도 꽤 깨끗하고 교통체증도 별로 없었다. 정말 가성비 최고의 땅이었다! 물론 강남과 터키 휴양지를 비교하는 것은 무리이지만, 페티예의 평당 부동산 가격은 강남의 5% 수준이다! 50%가 아니라 무려 5%! 임가에게는 어린 자녀도 있었는데, 영어를 하는 베이비시터가 하루 8시간 열심히 아이를 돌보는 일당이 2만 원이었다.

앞으로 생각이 어떻게 바뀔지는 확신할 수 없지만, 만약 한국에서 더 이상 활동을 하지 않게 될 때가 오면 페티예로 넘어가 1~2억 원을 주고 큰 집을 사고, 바닷가에서 저렴하고 품질 좋은 음식을 먹으면서 신나게 놀 것 같다. 물론 이 세상에는 페티예 말고도 지출은 줄고 삶의 품질은 떨어지지 않는 숨은 진주 같은 곳들이 은근히 많다. Numbeo 사이트를 잘 찾아본 후 직접 탐방을 가보자.

특히 코로나19 때문에 디지털 노동이 보편화되면서 꼭 한국에서 살아야 할 이유가 점점 적어지고 있다. 게다가 파이어 후에는 해외 이민을 통해서 생활비를 크게 절감할 수 있는 여지가 있다는 점도 유념해 두자.

부모님 집에서 살기 사회 초년생이라면 부모님 댁에서 최대한 오래 버티자. 월세는 물론이고 식비, 세탁비, 통신비 등 수많은 비용이 절감되므로 특히 종잣돈을 모으는 초기에는 가장 쉽게 지출을 줄일 수 있는 방법이다.

자동차는 돈 먹는 하마 차량 구입비용, 금융비용, 기회비용, 차량유지비, 소모품비, 수리비, 보험비, 벌금, 주차비 등 차는 정말 돈을 먹는 하마다. 차량 한 달 유지비는 할부금을 포함하면 100만 원이 넘을 수도 있다. 차 대신 대중교통을 이용하면 몸을 움직이게 되어 운동도 되고, 정말 필요할 때는 택시를 타거나 렌터카를 빌리는 것이 지출이 훨씬 적다고 확신한다.

참고로 독일에서 학교에 다닐 때 백만장자나 천만장자 친구들을 꽤 많이 만났으나 그들과 그들의 부모가 새 차를 구입했다는 소리는 들어본 적이 없다.[8] 독일에서 대기업 임원까지 올라 연봉이 한화로 수십억 원에 달했던 친구 아버지도 "새 차는 감가상각이 심해"라면서 사지 않으셨다. 그럼 도대체 누가 새 차를 사냐고 했더니 "리스 회사들 아니겠어?"라고 하셨던 기억이 난다.

할인 사이트 이용 H는 생필품을 싸게 살 수 있는 뽐뿌라는 사이트에 상주를 한다고 한다. 가끔 생필품이 매우 싸게 판매되는 경우가 있어서다. 알렉스 오도 할인 사이트를 방문해서 지출을 줄인다고 이야기했다.

중고물품 거래 새로운 상품의 가격은 대부분 매우 고평가되어 있다. 나는 독일에 살 때 거의 모든 생필품을 벼룩시장에서 구입했다. 5000원짜리 구두, 5만 원짜리 자전거! 벼룩시장에서만 이런 희열을 느낄 수 있었다. 이와 비슷하게 한국에는 중고나라와 당근마켓이 있다.

금융상품 차단 한국에서는 사회생활을 시작하면 연금상품, 청약통장을 만들고 보험 상품에 가입하는 것을 정석으로 생각하는 경향이 있다. 나는 이런 상품에는 절대로 가입하지 말고, 있는 상품도 싹 해지하고, 그 돈으로 제대로 투자하는 것을 권한다. 적절한 청약 전략이 있다면 청약통장은 만들어도 된다. 보험은 실비보험 하나 정도 가입해 두는 것을 권한다(참고로 나는 둘 다 없다).

30일 운동 무언가(의류, 악세사리, 취미용품, 전자기기 등) 갖고 싶으면 그 자리에서 당장 사지 않고 한 달을 기다려 보는 것도 매우 괜찮은 방법이다. 그 물건은 평생 없었는데 한 달 정도 더 없다고 세상이 무너지지 않는다. 한 달 후에도 그 물건이 계속 사고 싶으면 그때 사면 된다. 그런데 나의 경우는 저 방법을 사용했더니 충동구매할 뻔한 물건의 80% 이상이 한 달 후에는 떠오르지 않았다.

자녀교육비　　정말 아이를 위한 지출인지, 부모를 위한 지출인지는 냉정히 분석할 필요가 있다. 아이를 영어유치원에 보내거나 비싼 육아용품을 사는 것은 누구를 위한 지출일까? 아이의 사교육도 아이가 꼭 필요한 맞춤형 사교육이 아니라 그냥 '남들이 하니까' 따라하는 것은 아닌가?

취미생활　　디지털 세상에는 돈 한 푼 안 드는 재미있는 취미들이 넘쳐 흐른다는 것을 강조하고 싶다. 심지어 투자 연구, 유튜브 영상 제작 등 돈 되는 취미도 꽤 많다. 삼성동라이언도 "10분 동안 최고의 즐거움을 느끼려면 오락실 가서 한 게임 하면 된다"라고 했다.

Step 3. 수입:

어떻게 그들은 젊은 나이에 많이 벌게 되었을까?

파이어 부자들 중에서는 억대 연봉자들이 많다!▶9

지금까지는 목표를 세우고 불필요한 지출을 줄이는 방법을 분석했다. 이제부터는 수입을 늘리는 방법을 살펴보자. 일단 불편한 진실부터 하나 알아보겠다. 파이어 부자들이 경제적 자유에 도달했을 때 연봉을 확인해 보니 1억 원 정도였던 경우가 가장 많았다. 그 이상이었던 경우도 많았고, 창업과 투자로 수익이 수십억 원이었던 사례도 있었다.

여기서 "그러면 그렇지! 엄청난 고소득자들이니까 쉽게 파이어에 도달한 거야!"라고 단념할 수도 있다. 물론 그 말이 틀린 말은 아니다. 그런데 그들이 어떻게 고액 연봉자가 되었는지 궁금하지 않은가? 그 실마리를 같이 따라가 보자.

파이어에 도달한 젊은 부자들은 다양한 방법으로 부를 축적했다. 창업을 한 부자들부터 부동산, 주식, 코인으로 부자가 된 경우도 있고 포커 등 독특한 방법으로 돈을 번 경우도 있었다. 그래도 그들에게는 비슷한 점이 있다. 대부분의 경우 사회생활을 '직장'에서 시작했다는 점이다! 처음부터 창업이나 전업투자로만 부를 축적한 부자는 소수였다. 아무래도 학업이 끝나고 당장 자기만의 일을 하기에는 능력과 경험이 부족해서였을 것이다. 그렇다면 그들은 어떻게 직장 생활을 했을까? 평범한 직장인은 그들에게 무엇을 배울 수 있을까?

성장하는 산업에 속한 기업에 입사하라

항상 시작이 중요하듯, 사회 생활의 처음이자 커리어를 시작하는 첫 직장은 매우 중요하다. 대부분의 파이어 부자들은 성장성이 높은 산업에 있는 기업에 입사하라고 권했다. 다른 분야에서 근무하다가 성장성이 높은 산업으로 일부러 이직을 한 부자들도 여러 명 있었다. 산업의 성장성이 중요한 이유는 다음과 같이 여러 가지가 있다.

연봉　　연봉 자체가 차이가 많이 난다. 이충엽 대표는 "옛날에는 웬만한 대기업에 입사하면 안정성과 높은 급여를 같이 누릴 수 있었는데, 요즘은 성장하는 산업과 그렇지 않은 산업과의 괴리가 매우 커졌다"라고 밝혔다.

승진　　호랑이 담배 피우던 시절에는 6~7년간 근무하고 부장을 달았던 때가 있었다고 한다. 당시 한국 경제가 엄청나게 성장하면서 회사도 같이 성장했기 때문이다. 지금은 입사 15년 후에도 부장이 되기가 힘들다. 그런데 성장이 빠른 산업에 있는 회사들은 매출이 많이 증가하고 회사 규모도 커지면서 승진 기회도 빨리 주어지는 경우가 많다.

투자 기회　　성장성이 높은 산업에는 커리어 자체의 기회뿐 아니라 모은 돈을 투자할 좋은 기회가 생긴다. 나서진은 블록체인 기술이 미래에 각광을 받을 것 같아서 다니던 회사를 그만두고 관련 스타트업에 입사했다. 여기서 자연스럽게 업무적으로 블록체인 및 암호화폐를 접하고 연구했고, 이때 배운 지식이 1년만에 코인 2억 원을 40억 원으로 불리는 데 큰 도움이 되었다고 한다.

　한국에서는 대기업 입사를 중소기업 입사보다 높게 쳐주는 정서가 있다. 당연히 대기업이 상대적으로 연봉과 복지가 좋으므로 그럴 만도 하다. 그런데 젊은 부자들은 돈을 버는 관점에서는 대기업도 나쁘지 않지만 중소기업이나 스타트업을 더 추천하는 경우가 많았다.

원팀장은 "대기업은 직원이 활동할 수 있는 범위가 한정되어 있는데, 중소기업이나 스타트업은 본인 담당 분야 외의 다양한 업무를 할 수 있는 기회가 주어지기 때문에 역량을 키우기 좋다"라고 했고, 이창민 대표도 창업하기 전 당시 업계 최고 스타트업에 입사해서 업무를 배운 적이 있다.

좋은 중소기업 또는 스타트업을 찾는 방법

많은 사람들이 대기업을 선호하는 데는 물론 이유가 있다. 대기업에 입사하면 어느 정도 수준의 연봉과 복지 및 사회적 인정을 기대할 수 있는 반면 중소기업과 스타트업은 회사별로 천차만별이기 때문이다. 규모는 작아도 남부럽지 않은 스타트업이 있는 반면, 월급도 제대로 못 받고 노예처럼 혹사당하는 'X소기업'도 분명히 존재한다. 유튜브 채널 「이과장」을 보면 아직도 대표의 개를 대신 기르고 먹이를 줘야 하는 '개 같은 기업'도 있다고 한다. 이런 기업에서 인생을 허비하지 않고 처음부터 좋은 회사를 찾아가는 것이 중요하다.

일단 생긴 지 어느 정도 되는 기업이면 재무제표를 한번 읽고

가는 것이 좋다. 재무제표만 봐도 이 기업이 돈을 잘 버는지, 매출은 성장하는지, 빚이 많아서 혹시 파산할 위험은 없는지 등을 파악할 수 있기 때문이다.

스타트업은 초창기에는 매출도 별로 없고 적자 경영을 하면서 투자자 또는 벤처캐피털 자금으로 버티는 경우가 대부분이다. 따라서 재무제표는 별 의미가 없는데, 대신 스타트업 종사자들은 입을 모아 대표가 어떤 사람인지가 가장 중요하다고 강조했다.

대표가 직원들을 어떻게 생각하는지는 그 기업에서 10년 이상 일한 사람들을 보면 답이 나온다. 원팀장은 그들의 연봉이 얼마인지, 어떤 대우를 받는지 보면 나의 10년 후 미래가 보인다고 말했다. 김동주 대표는 IT 기반 스타트업이라면 대표가 개발자 출신이면 좋다고 했다. 업무에 대한 이해력이 높고 유능한 개발자를 회사에 데려오기 수월하기 때문이다.

대표를 볼 때 가장 중요한 점은 스타트업 창업 및 엑시트 경험 여부다. 한번 직접 스타트업을 수년간 운영해 보고 사업을 성공적으로 수행해서 M&A 또는 상장에 성공한 대표는 그렇지 않은 대표와는 차원이 다를 수밖에 없다.

하이 라이프냐 로우 라이프냐, 빨리 정해라!

파이어의 길은 천차만별이다. 그러나 직장을 계속 다니는 경우에는 연봉을 올리거나 투자 수익을 통해 부자가 되는 경우가 가장 많았다. 포커 하이로우(High-Low, 가장 높은 패를 가진 플레이어와 가장 낮은 패를 가진 플레이어가 동시에 이기는 게임) 게임에서 높은 패로 갈지, 낮은 패로 갈지 결정이 필요한 것처럼 직장 생활도 선택이 필요하다. 회사에서 인정을 받고 커리어를 쌓아서 임원을 바라볼 수 있는 '하이 라이프(High Life)'를 살 것인지, 회사에서는 커리어를 포기하고 꼭 필요한 일만 하고 칼퇴해서 부업 또는 투자에 집중하는 '로우 라이프(Low Life)'를 살 것인지 선택해야 한다.

하이 라이프는 한국 직장인들이 걷는 전형적인 길이라고 할 수 있다. 회사와 상사에 충성하고, 본업에 충실하고, 야근도 열심히 하고, 처세술 및 사내정치도 빠질 수 없다. 이 길을 착실하게 걸으면 임원이 될 수도 있고, 유능한 업무 능력을 인정받아 다른 곳으로 이직해 그곳에서 임원 또는 사장을 바라볼 수 있다. 성공한다면 높은 연봉은 물론이고 권력, 사회적 존중, 회사가 임원에게 주는 각종의 혜택을 누릴 수 있다.

단점은 임원 승진에 실패하고 정리해고를 당하면 회사에 '올인'했기 때문에 이렇다 할 자산을 쌓지 못했거나 다른 일을 할 수 있는 능력이 없는 경우가 많다는 것이다. 베스트셀러 『서울 자가에 대기업 다니는 김 부장 이야기』가 바로 이런 하이 라이프를 걷다가 실패한 50대의 삶을 그리고 있다.

로우 라이프는 회사 업무를 통해 월급을 받음과 동시에 투자나 부업을 통해서 추가 수익을 노리는 방식이다. 단점은 매일 최소한의 일만 하고 '칼퇴'하는 사람을 회사에서 곱게 볼 일이 없으니 그 회사에서 승진을 하거나 중책을 맡길 가능성이 별로 없고, 사기업의 경우 구조조정 대상이 되기 때문에 최대한 빨리, 젊을 때 부를 축적해야 한다는 부담감이 있다는 점이다. 그래서 로우 라이프는 일을 열심히 하지 않아도 열심히 일하는 직원과 보수가 큰 차이 없고, 해고당할 가능성도 거의 없는 공무원이나 공기업 조직에 가장 적합하다.

둘 중 어떤 것이 좋은지는 본인의 취향에 달렸다. 김동주 대표는 최대한 빨리 기로를 선택하라고 조언했다. 처음에는 하이 라이프의 길을 달리다가 10여 년 후 본인이 임원이 되기는 어렵다는 것을 깨닫고 그제서야 부업과 투자에 눈을 돌린다면 시간과 기회비용이 아깝기 때문이다.

사실 로우 라이프와 높은 연봉을 엮을 수 있는 방법이 하나 있다. 해외 주재원이 되는 것이다. 해외 주재원의 장점으로는 기본 월급과 보너스 외에도 추가 수당, 거주 공간, 의료보험, 자녀 국제학교 보조금 등이 주어진다는 것이다. 그런데도 불구하고 업무는 대부분 국내에서보다 덜 하게 된다. 그래서 나는 이 주재원 혜택을 받으면서 월급의 대부분을 저축하고 남는 시간에는 투자를 연구할 수 있었다.

대부분의 사기업은 하이 라이프를 밟아 인정을 받은 사람을 보상 차원에서 해외 주재원으로 파견하는 경우가 많다. 그래서 로우라이프와 해외 주재원 생활을 병행하려면 외교부, 코트라, 각종 무역상사 등 해외 지사가 많고 따라서 해외 주재원의 기회가 잦은 기업을 노려야 한다.

연봉을 올리는 방법

종잣돈이 쌓이기 전에는 일단 많이 벌고 최대한 아끼는 것이 중요하다. 많이 벌기 위해서는 아무래도 연봉이 높아야 하는데, 여기서도 젊은 부자들이 다양한 의견을 제시했다.

공통적으로는 성장성이 높은 산업에 종사하라는 것이다. 이에 대해서는 앞에서 자세히 다루었다. 고용주에게 필요한 스킬을 구비한 사람이 연봉을 높게 받는 것이 당연한데, 이때 제너럴리스트가 되는 것이 좋을지, 스페셜리스트가 되는 것이 좋을지는 업계와 본인 성격에 따라 다르다.

원팀장의 경우 "한 분야에 정통한 스페셜리스트보다는 여러 분야의 지식이 있는 스펙트럼이 넓은 사람이 경제적 자유 달성에 유리하다"라고 했다. 그 이유는 한 분야에 정통한 전문가, 즉 100점짜리 능력이 있는 사람이 되려면 10년이 넘는 시간이 필요할 수 있지만 60점짜리 스킬 3개를 보유하는 건 각 1~2년이면 가능하기 때문에 가성비가 뛰어나다는 것이다. 게다가 100점 수준의 능력은 평생 노력해도 도달하지 못할 수도 있으나, 60점 정도 수준에는 누구나 도달할 수 있다는 장점도 있다. 외국어, 영업 능력, 개발 능력이 모두 어느 정도 있는 사람이 개발 능력만 뛰어난 사람보다 시장에서 더 높은 몸값을 받는 경우가 많다. 반대로 스페셜리스트로서 연봉을 올린 사례도 있다. H는 건설, 해외 투자, 인프라 투자 등에 전문가가 되어서 연봉을 올렸다.

이때 본인이 소속된 직종 또는 업무를 분석할 필요가 있다. 이충엽 대표는 "어떤 직종은 1년 차와 10년 차가 하는 일이 거의 비슷하고 생산성 차이가 거의 없다. 반대로 어떤 직종은 근무연속이 늘면서 생산성이 기하급수적으로 증가한다"라며 후자의 직종에서 일하는 것이 유리하다고 강조했다. 만약 내가 속한 분야가 전자라면 이직을 하거나 회사 내에서 업무를 바꾸려는 시도를 할 필요가 있다.

연봉을 올리고 싶다면 이직을 적극적으로 고려하는 것도 좋다. 사실 동일한 회사에서는 직원이 능력과 전문성이 늘었다고 해서 동기들보다 훨씬 더 많은 연봉을 주지는 않는다. 따라서 본인의 능력을 인정받으려면 고용주를 바꿔야 하는 경우가 많다. 나서진은 빠르게 성장하는 블록체인 관련 기업으로 이직을 했고, H는 본인 분야의 전문가가 되면서 이 능력을 알아봐 주는 기업으로 이직했다.

임도하는 이직 비법으로 외국어 습득과 '글로벌화'를 추천했다. 전 세계를 무대로 하면 아무래도 취업 기회도 많아지고, 동일한 업무를 하면서 더 많은 급여를 받을 수 있는 기회도 늘어난다는 것이다. 나 또한 코트라 독일 무역관에서 한때 한국 청년의 취업 지원 업무를 한 사람으로서, 한국에서 취업하기 어려운 경우라면 빨리 독일로 와서 독일어를 어느 정도 배우고 현지 취업에 도전할 것을 추천한다. 물론 독일어를 몇 개월 배워서 바로 다임러, 지멘스 등 대기업에 곧바로 입사하기는 어렵지만, 독일에 주재하는 한국 기업에 입사해서 경력을 쌓는 것은 한국보다 훨씬 쉽다.[10]

왜 그들은 파이어 달성 후에도 직장을 다니는가?

이번 책을 쓰기 전 가장 궁금했던 질문 중 하나였다. 도대체 FI(Financially Independent, 경제적 자유)를 이룬 사람이 왜 RE(Retire Early, 조기 은퇴)를 안 하는 것일까? 인터뷰한 파이어 부자들 중 노동 활동을 완전 접고 바닷가에 누워서 휴식만 취하는 경우는 많지 않았다. 어떤 방법이든 경제 활동을 이어 나가고 있었다.

나는 관심 없는 업무를 많이 해야 했던 전 직장에서 퇴사하고 내가 흥미롭다고 생각하는 투자 강의, 유튜브, 집필 활동에 더 많은 시간을 투자하고 있다. 이런 활동도 남이 보기에는 일로 보일 수 있으나 나에게는 재미있는 취미생활이라 일처럼 느껴지지 않는다. 거기다 이런 활동을 통해 돈까지 버니까 정말 행복하다.

나와 비슷한 답변을 했던 부자도 있다. 구독자가 30만 명이 넘는 「내일은 투자왕 - 김단테」 유튜브 채널을 운영하는 김동주 대표는 "투자 공부가 취미라서 일이라고 느껴지지는 않는다"라고 답했다.

또한 창업을 통해 부자가 된 파이어족은 대부분 경제적 자유 자체가 목표가 아니고 하고 싶은 일을 하다 보니 경제적 자유를 달성한 것이라 경제적 자유 달성 후에도 계속 일을 한다고 밝혔다. 이충엽, 이창민, 김인기 대표 등 창업자들은 본인 사업체 운영에 사명감과 보람을 느끼고 있어서 계속 일을 했다. 기업체를 본인의 자식, 분신으로 생각하는 창업자들이 상당히 많다고 한다. 재미있는 것은 창업을 하고 성공적으로 엑시트한 후에 다시 창업을 하는 경우가 많다는 점이다. 김동주, 이충엽 대표가 여기 속하고, 비슷한 스타트업 대표들이 매우 많다.

그런데 의외로 앞서 제시한 파이어 기준, 즉 순자산 20억 원 또는 연 지출의 25배 이상을 달성했는데도 불구하고 "나는 아직 파이어에 도달하지 않았다"라고 생각하는 젊은 부자들도 상당히 많았다. 50억 원 또는 100억 원 정도가 있어야 안정권에 들 수 있을 것이라고 말한 부자들도 있었다. H, 재테크는스크루지, 부자언니나나 같은 경우는 대부분 자산이 부동산에 묶여 있어서 자산은 많지만 현금흐름이 적다며, 완전한 파이어의 반열에 오르지 못했다고 답했다. 부동산을 팔 수 있으면 팔아서 금융자산으로 전환해 충분한 현금흐름을 확보한 후 은퇴를 하겠다는 답변을 준 경우도 많았다.

부를 축적한 후 '회사를 취미로 다니는' 경우도 있었다. 직장인이 가장 두려워하는 시나리오는 직장에서 해고를 당하는 것인데, 그 경우에도 부를 축적한 직장인은 생활에 전혀 지장이 없기 때문에 당당한 직장생활을 할 수 있어서 스트레스가 훨씬 적을 수밖에 없다. 상사나 동료가 못되게 굴어도 웃어넘길 수 있는 여유로움도 생기고, 이건 아니다 싶으면 거절할 수도 있는 배짱 및 당당함도 생긴다. 그런데 오히려 이런 사람들이 회사에서 승진도 잘하고 인정을 받는 경우도 많다는 것은 직장인이라면 공감할 것이다.

부업에 기회가 있다[11]

직장생활을 하면서 부업을 하는 것에 대해서는 젊은 부자들의 생각이 엇갈렸다. 부업은 리스크가 크지 않은 상태로 그 분야를 체험하고 실제로 내가 그 분야에서 돈을 벌 수 있는지 테스트해볼 수 있는 좋은 기회다. 나는 집필, 강의 활동을 부업으로 하다가 스스로 경쟁력이 있고 충분히 수입을 만들어낼 수 있는 판단이 서서 직장을 그만두고 집필, 강의, 유튜브 활동을 하고 있다. 부업이 본업이 된 것이다. 나는 직장 업무 외에 관심 있는 분야가 있으면 회사를 계속 다니면서 실제로 수입을 낼 수 있는지 입증한 후에 퇴사하는 것을 권한다.

이와 비슷한 관점을 가진 부자들도 있었다. 재테크는스크루지도 스마트폰 앱, 운동 블로그 등을 운영하며 부수입을 벌어들였다. 그는 "자본을 거의 투자하지 않고 시간을 투자해서 돈을 벌 수 있는 방법을 적극적으로 찾아라"라고 했는데, 전적으로 동의하는 바다. 하루 8시간 근무를 하면 평일 저녁과 주말에는 시간이 있는데 그때 쉬는 것보다는 생산적인 활동을 하는 것이다. 김동주 대표도 로우 라이프를 걷기로 결정했다면 빨리 부업 또는 투자 기회를 알아보는 것이 좋다고 말했다.

부업의 종류와 장단점

구글에서 일하며 경제적 자유를 달성한 개발자이자 저자 바호(이형욱)는 그의 저서 『대한민국 파이어족 시나리오』에서 7대 부업의 유형을 잘 설명했는데, 그 내용이 어떤 부업을 할지 고민할 때 도움이 될 수 있을 것 같아서 아래와 같이 요약해 보았다.

노동형 부업 　　대리운전, 주말 편의점 알바, 배민 커넥트·쿠팡 플렉스 등 택배 또는 배달업무. 누구나 할 수 있고, 시간과 노력의 투자가 즉각적으로 반영되지만 누구나 할 수 있으니 단가가 낮고, 계속 노동시간을 투입해야 수입을 유지할 수 있다.

재능형 부업   본인의 특별한 재능을 통해 프리랜서 활동을 하는 것. 개인 과외, 디자인, 프로그래밍 외주 등. 요즘은 탈잉, 숨고, 크몽 등의 온라인 사이트에서 수입을 창출할 수 있다. 재능의 희소성이 높으면 단가가 높지만 전문 지식이나 재능이 필요하며, 노동형 부업처럼 노동시간을 투입해야만 수입을 유지할 수 있다.

창작형 부업   주로 핸드메이드 제작과 디자인이 결합된 창작물을 만들어 판매한다. 액세서리, 주문 의류나 가구 등이 포함된다. 재능형 부업처럼 재능이 뛰어나면 단가가 높지만 제작 시간이 많이 필요하고 몰품 배송 등에도 신경 써야 한다.

지식 생산형 부업   지식 생산물을 판매할 수 있는 형태로 제작해서 판매하는 사업으로, 종이책 판매, 강의, 강연 등이 해당되며, 최근에는 클래스 101, 크몽, 리디북스 등에서 이런 제작물을 온라인으로 판매할 수 있다. 한번 만들면 추가 노동 없이 창작품을 복제해서 지속적으로 수익 창출이 가능하지만 독창성, 전문성이 필요하며, 지속적인 마케팅도 필수다.

사업형 부업   장사를 하는 1인 사업체로, 네이버 스마트스토어 등이 있다. 다른 온라인 판매 사이트의 상품을 재판매하는 '리셀러(Re-Seller)'도 여기에 포함된다. 유통과 판매에 대한 이해가 있으면 전문 지식 없이도 시작 가능하고, 잘 운영이 되면 확장을 통해 크게 성공할 수 있지만 자본금과 창고 공간이 필요하고, 밤낮 없이 상품 판매에 신경 써야 한다.

개인 브랜드형 부업　　유튜브, 인스타그램, 페이스북, 블로그 등 SNS 플랫폼의 인플루언서가 되는 방법. 인기가 생기면 직간접적인 광고가 들어와 수익을 낼 수 있으며, 열성적인 구독자가 생기면 '구독형 부업'을 통해 수익을 추가로 창출할 수 있다. 구독자가 많아지면 기하급수적으로 수익을 창출할 수 있다. 다른 부업과 연계해서 비용을 들이지 않고 마케팅을 할 수 있지만 성공 확률이 낮은 편이며, 구독자가 어느 정도 확보될 때 까지는 수입이 거의 없다.

구독형 부업　　개인 브랜드형, 지식 생산형 부업에서 파생된 부업. 구독료를 받고 지속적인 서비스를 제공(온라인 뉴스레터, 비공개 유료 채널 등)하는 부업이며, 개인 브랜드형과 연계가 가능하다. 잘 하는 일을 하면서 병행할 수 있으며, 구독자가 많으면 규모의 경제 효과도 누릴 수 있다. 하지만 투자와 같이 지속적인 업데이트가 필요한 분야의 인플루언서만 활용 가능하다.

위 7대 부업 중에서 나는 노동형 부업은 그다지 추천하지 않는다. 자기계발 기회, 업무 시간 투입 대비 보수, 크게 성장할 가능성이 모두 적은 편이기 때문이다.

부업 선택의 핵심은 '내게 돈이 되는 특별한 재능이 있는가?'이다. 그런 재능이 없다면 사업형 부업을 추천한다. 요즘은 스마트스토어 등을 차리는데 큰 자본이 필요하지 않다. 신사임당의 스마트스토어 노하우가 담긴 유튜브 시리즈 「창업 다마고치」 등을 보면서 노하우를 터득할 것을 추천한다.

또는 사회생활을 시작하자마자 나만의 특별한 재능을 발휘할 수 있는 분야를 선정하고 깊게 파보는 것을 추천한다. 아마 대부분의 분야에서는 3~5년 정도면 웬만한 사람보다 크게 앞서나갈 수 있고, 노하우를 전수하는 대신 비용 지불을 요구할 수 있는 수준에 도달할 것이다.

특별한 재능이 있다면 개인 브랜드형 부업, 즉 인플루언서가 되는 것을 강력히 추천한다. 사실 SNS를 통해 얻는 직접적인 광고 수입은 별로 크지 않다. 그러나 개인 브랜드가 형성되면 마케팅 효과가 압도적으로 높기 때문에 지식 생산형 부업, 즉 책이나 강의를 만들자는 제안이 가만히 앉아 있어도 알아서 들어온다. 또한 많은 구독자 중 몇십 명만 확보해도 '구독형 부업'을 통해 상당한 수익을 확보할 수 있다. 왜 나를 포함한 유튜버들이 기를 쓰고 구독자 수와 조회 수를 늘리려 하는지 이해가 되는가?

그러나 쎄프리나 나서진처럼 젊을 때는 부업보다는 본업에 충실해서 연봉을 높이라고 주장하는 부자들도 있었다. 특히 성장하는 산업에 있는 기업에서 일할 경우, 또는 본인의 업무가 근속연수가 쌓이면서 생산성이 증가할 수 있는 업무일 경우 더더욱 그렇다. 반대로 공기업이나 공무원 또는 승진해도 큰 부를 바라볼 수 없는 업종, 연차가 늘어도 하는 일이 거의 비슷한 반복적 단순업무의 경우 부업을 해야 할 동기부여가 높다.

결론적으로 디피가 말한 것처럼 회사에서는 회사 일을 충실히, 퇴근 후에는 파이어에 필요한 일(부업, 투자)을 하는 것이 최선이 아닐까 싶다.

부자는 투자로 완성된다 ① 투자 마인드

투자를 안 하는 선택지는 없다 [12]

이 책에 나온 젊은 부자들은 다양한 방법으로 부자가 되었다. 창업이나 사업을 통해서, 직장을 다니다가 사놓은 부동산이 올라서, 주식이나 코인으로, 카지노에서 포커를 쳐서 경제적 자유를 이루었다. 그런데 그들에게는 확실한 공통점이 있었다. 투자를 했다는 것이다! 또한 지금도 투자를 하고 있다. 단 한 명의 예외도 없었다. 그냥 연봉을 아끼고 아껴서 20억 원을 모은 사례는 단 하나도 없었고 모은 돈을 현금으로 들고 있거나 은행에 예금만 한 부자도 없었다. 모두 어딘가에 투자를 했다.

투자 대상은 다채로웠다. 부동산도 아파트, 주택, 상가 등 여러 종류가 있었고, 해외 부동산을 매수한 경우도 있었다. 주식도 대상과 방법이 다양했고, 비상장 기업에 투자해서 돈을 번 사례도 있었다. 채권, 금, 은에 투자한 젊은 부자도 있었고, 코인이나 대중적으로 덜 알려진 Defi에 투자한 부자들도 있었다.

구체적인 투자 노하우는 뒤에서 좀 더 자세히 다루겠으나, 여기서는 두 가지 포인트를 짚고 넘어가겠다. 첫째는 '앞으로도 연봉 상승률이 자산의 상승을 따라가지 못할 것이다'라고 내다본 젊은 부자들이 대부분이었다는 점이다. 그래서 특히 중년이 넘어갈수록 투자를 한 직장인과 그렇지 않은 직장인의 차이는 커질 것이라는 전망이다.

나 또한 2018년 전에는 투자를 '선택'이라고 생각했다. 하고 싶은 사람은 하고, 관심 없는 사람은 안 해도 되는 것으로 여겼다. 그러던 2018년 말, 대기업을 다니다 50대 초에 은퇴하고 MBA를 목표로 하면서 제 2의 인생을 준비하는 노신사를 만나게 되었다. 그는 MBA에서 최대의 화두가 'Longevity(장수)', 즉 100세 시대 진입이라고 이야기했다. 그 말을 듣고 생각해 보니 우리는 아무리 길어야 기껏 30~40년밖에 일을 하지 못하는데, 100세까지 살아야 할 경우 노동시장에서 퇴출당한 후에도 30~40년을 더 살아야 한다는 결론에 도달했다. 직장에서 은퇴한 후에도 자영업 등을 통해 당분간은 노동을 계속할 수 있겠지만, 이것도 어느 정도 나이가 들면 체력이 받쳐주지 않고 경쟁에서 도태되어 그만둘 시기가 올 것이다.

그런데 인구 구조상 국가가 국민연금 등을 통해 더 이상 일을 할 수 없는 노인들을 먹여 살릴 수 있는 방법은 존재하지 않는다.▶13 따라서 우리 모두는 노동을 할 수 있는 시기에 종잣돈을 모으고 투자를 해서 자산을 축적한 후 그 자산을 투자해서 먹고사는 '전업 투자자'가 될 운명에 처해 있다. 100세 시대를 맞이해서 '투자를 통한 각자도생'이 21세기 핵심 키워드가 될 것이다. 파이어 부자들은 이를 깨닫고 투자를 빨리 시작한 것이다.

자산 시장에 참여하는 것 자체가 중요하다

그렇다면 두 번째로는 '어떻게 투자를 해야 하는가? 무엇에 투자해야 하는가?' 등의 질문이 생길 것이다. 그런데 명확한 답은 없다. 이 책만 봐도 파이어 부자들의 투자 방법은 완전히 달랐다. 부동산만 봐도 쎄프리나 재테크는스크루지처럼 정석적으로(?) 서울에 아파트를 사서 부자가 된 사례가 있는 반면 H, 최재우, 임가 등은 월세가 나오는 상가나 오피스텔을 보유하고 있고, 부자언니 나나, 이충엽 대표처럼 레버리지를 많이 활용한 사례도 있고, 나처럼 아예 부동산을 보유하지 않는 사람도 있다. 또는 부동산은 거주용으로 보유하고 있되 주식, 코인 등으로 부자가 된 경우도 있다.

사실 "부동산은 투자고 주식, 코인은 투기다" 등의 편견을 가진 경우도 많은데, 그건 "대기업에 다니면서 임원이 된 인생은 성공한 인생이고 자영업을 하거나 공무원이 되는 건 비루한 인생이다"처럼 편협한 말이다. 어떤 투자든 고수의 경지에 오르면 높은 수익률을 거둘 수 있다.

직장인의 경우에는 '어디에 투자하느냐'보다는 '투자를 하느냐, 안 하느냐'가 더 중요한 것 같다. 일단 뭐가 뭔지 잘 모를 때는 이충엽 대표의 말을 빌려 '큰 노력 없이 시장에 참여할 수 있는 방법'을 찾아야 한다. 최근 부동산으로 돈을 번 사람들이 매우 많은데, 그들이 엄청난 능력이 있다기보다는 그냥 부동산 시장에 참여했다는 점이 가장 큰 요소로 작용했다. 부동산을 살 정도의 자금이 없다면 자산배분 전략 등 쉽게 시장에 참여가 가능한 방법을 모색해야 한다. 나서진도 '자산 시장에 참여하는 것 자체'를 강조했으며, 이게 경제적 자유의 핵심이라고 했다.

Part 2에서 자산배분 전략인 '영구 포트폴리오'와 '올웨더 포트폴리오'를 소개한 바 있다. 특히 올웨더 포트폴리오는 김동주 대표의 책 『절대수익 투자법칙』에 상세히 소개되어 있다. 참고로 김동주 대표는 본인의 투자회사 '이루다투자일임'에서 수수료 없이 (!) 올웨더 포트폴리오를 운용하는 서비스를 제공하고 있다. 나 또한 책 『거인의 포트폴리오』를 통해 초보자들도 손쉽게 따라 할 수 있는 자산배분 전략을 소개한 바 있다.

아무래도 나이가 젊고 모은 돈이나 버는 돈이 적으면 투자에 관심을 덜 갖고 '욜로'를 즐기고 싶은 유혹에 빠지게 되는데, 투자 계획 세우기 부분에서 본 것과 같이 최대한 빨리 자산시장에 참여해서 복리 효과를 누리는 것은 매우 중요하다. 다시 한번 강조하지만, 연복리수익률 8~14% 정도만 내도 대부분의 직장인은 파이어를 바라볼 수 있다.

부자들은 얼리 어답터이자 틈새시장 헌터

암호화폐에 빨리 투자해서 큰돈을 번 사람이 이렇게 많았다는 것을 이 책을 쓰면서 알게 되었다. 나도 코인으로 돈을 벌었고, 나서진, 치비 등은 자산의 대부분을 암호화폐로 축적했으며, 이충엽 대표는 암호화폐 관련 스타트업을 창업하기도 했다. 알렉스 오, 김동주, 이창민, 김인기 대표도 적극적으로 코인에 투자했다. 사람들이 암호화폐를 아예 모를 때, 또는 "코인은 투기야"라면서 무시할 때 파이어 부자들은 이미 시장에 진입해 큰 수익을 낸 것이다.

전반적으로 얼리 어답터 성향을 취한 적극적인 젊은 부자들이 많았다. 김인기 대표는 본인을 스스로 얼리 어답터라고 표현하며 벌써 수년 전에 비트코인을 구매했다고 말했고, 이를 통해 암호화폐뿐만 아니라 NFT, Defi 등에도 관심을 가졌다고 했다.

소문난 잔치에는 먹을 게 없다. 아무도 거들떠보지 않던 땅에서 수익이 생기기 마련이다. 그런데 사실 이렇게 아무도 모르는 새로운 자산에 투자하는 것은 두려운 일일 수 있다. 그래서 팁이 있다. 잘 모르겠으면 총 자산의 1%로 시작해 보라는 것이다.

아무도 모르는 새로운 투자처이기 때문에 정보도 없고 파악하기 어려운 것이 어떻게 보면 당연하다. 그런데 이 새로운 자산이 아쉽게 망해서 전체 투자액을 다 날려도 자산의 1%일 뿐이라면? 일상생활에는 전혀 타격을 미치지 않는다. 그런데 이게 갑자기 대박이 나서 급상승할 수도 있다. 아무도 모르는 자산이기 때문에 완전히 망할 수도 있지만 반대로 수백 배, 수천 배 오를 수도 있다. 알렉스 오가 말하는 '손실은 제한되고, 수익은 제한되지 않은 투자처'에 적합하다. 만약 이 신규 투자처가 잘 풀리면 그 파도를 타거나 오히려 추가매매(전문용어로 피라미딩)를 할 수도 있다.

나는 이 원칙을 명심하고 최대한 많은 새로운 자산에 투자하는 것을 적극적으로 권한다. 그중 한 건만 잘되어도 당신의 인생은 완전히 바뀔 수 있다. 그래서 알렉스 오도 "전혀 말이 안 되고, 마치 사기처럼 보이는 곳에도 항상 작은 돈을 투입해 봤다"라고 했던 것이다. 그는 암호화폐뿐만 아니라 달의 땅에도 투자를 하고 가상 부동산에도 투자를 했다. 그리고 그중 암호화폐와 가상 부동산에서는 심지어 수익을 냈다. 나 같은 경우도 작은 금액을 잃는 셈치고 스타트업에 투자했는데 이 기업이 갑자기 미친 듯이 성장해서 큰 수익을 내게 되었다.

나서진은 부동산, 주식(상장·비상장, 퀀트 투자 등), P2P 등 안 해본 투자가 없었다가 암호화폐로 큰 수익을 내서 파이어의 경지에 올랐다. 이창민 대표도 "새로운 기술, 자산이 나오면 공부하고 테스트하는 편이다. 돈을 벌기 위해서는 사람이 깨어 있어야 한다고 생각한다"라고 이야기했다.

나름대로 18년 전부터 주식 투자를 했고 부동산, 코인 등 이런저런 투자를 해봐서 투자에 대해 좀 안다고 생각했는데 웬걸! 세상은 넓고 투자의 기회는 많다는 것을 이 책을 쓰면서 알게 되었다. 나는 치비, 나서진, 김인기 대표 등과 2021년 4월 인터뷰를 하기 전에는 Defi, NFT가 무엇인지도 몰랐으며, 달의 땅이나 가상부동산은 알렉스 오를 통해 새로 들었다. 또한 청약 전략을 잘 짜면 당첨될 가능성이 높다는 것은 바호의 『대한민국 파이어족 시나리오』에서 처음 봤고, 상가 노하우는 H를 통해 배웠다. 스스로 나름대로 고수라고 착각하고 있는 금융 분야에서도 ELW·옵션 차익거래가 가능했다는 것이나, 주식매수선택권이라는 제도로 땅 짚고 헤엄치는 것처럼 돈을 벌 수 있었다는 사실도 디피를 통해 알게 되었다. 알렉스 오가 없었다면 평생 미국 고정배당우선주가 무엇인지 몰랐을 수도 있다.

손쉬운 수익은 이렇게 사람들이 잘 들여다보지 않는 '틈새시장'에 있을 가능성이 매우 높다. 그리고 평소에 투자에 관심을 갖소문난 잔치에는 먹을 게 없다.
아무도 거들떠보지 않던 땅에서
수익이 생기기 마련이다.

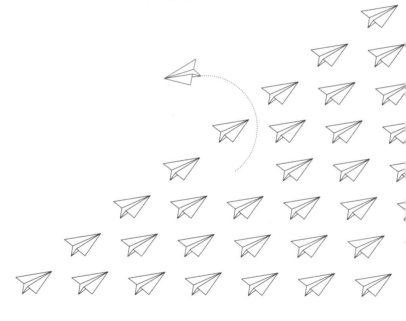

고 공부를 꾸준히 한 사람만이 이런 기회를 발견할 수 있다.

그들은 어디에 투자했나?

이제 본격적으로 자산군별 분석을 해보겠다. 사례가 20명에 불과해 통계적으로 유의미한 데이터는 아니지만, 나름대로 그들의 자산배분을 분석해 봤다. 단순 평균을 내보니 부동산 37%, 상장주식 22%, 암호화폐 20%, 현금 8%, 자산배분 7%, 비상장주식 6% 정도라는 흥미로운 결과가 나왔다. 창업자의 경우 본인 회사의 지분은 제외했다.

이것은 파이어 부자들을 대표할 수 있는 데이터가 아니고, 정확히 밝히지 않은 몇몇 부자들의 자산배분은 어느 정도 추정해 낸 값이다. 어쨌든 이 책에 나오는 파이어 부자들의 3대 자산은 부동산, 주식, 코인이기 때문에 이에 대한 분석은 필요하다.

우선 미리 이야기해두고 싶은 것은 본인에게 맞는 투자 방법을 찾아야 한다는 것이다. 물론 부동산, 주식, 코인에 모두 능통한 투자자가 있을 수도 있지만 대부분의 경우 본인의 전문 분야가 있기 마련이다. 한국에서는 수백만 명이 부동산을 사서 장기보유해서 부자가 된 것 같은데 아쉽게도 나는 큰 재미를 보지 못했다. 반대로 주식과 코인에 투자해서 망한 사람은 굉장히 많다던데 나는 희한하게 이 두 수단으로 부를 축적했다. 주식 투자 내에서도 가치

투자로 크게 성공한 사람도 있으며, 기술적 투자로 돈을 번 사람도 있다.

어떤 투자가 당신에게 맞을까? 그건 아무도 모른다. 작은 금액을 직접 투자해 보면서 알아가는 수밖에 없다. 일단 최대한 많은 투자자산에 대해 공부하고 소액을 직접 투자해보는 것이 중요하다. 그렇게 하다 보면 나에게 맞는 방법을 찾을 수 있기 마련이다. 그러면 이어서 파이어 부자들이 어떤 방식으로 부동산, 주식, 암호화폐에 투자했는지 설명하겠다.

Step 4. 투자:

부자는 투자로 완성된다 ②부동산

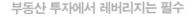

부동산 투자에서 레버리지는 필수

한국 시장에서 부동산을 빼놓을 수는 없다. 나도 부동산을 사고팔아본 적은 있지만 고수는 아니다. 또한 부동산은 샀는데 실거주용으로, 심리적 평화와 안정감 때문에 샀다는 파이어 부자도 여러 명 있었다. 이 책에 등장하는 부동산 고수들의 의견 중 인상 깊은 내용을 정리해 봤다.

우리나라에는 특히 빚을 지는 것에 대한 반감이 있는 사람들이 의외로 많다. 그런데 좋은 부채와 나쁜 부채는 구분해야 한다. 아주 쉽게 말하면 가치가 상승하는 자산에 투자하기 위한 부채는 좋은 부채, 소비나 가치가 떨어지는 자산을 사기 위한 부채는 나쁜 부채라고 보면 된다. 부동산은 대부분의 경우 가치가 상승하기 때문에 감당할 수 있는 선에서 부채를 활용해 매입하는 것이 바람직하다. 반대로 차를 사거나 명품백을 사기 위해 부채를 활용하는 것은 현명한 행동이 아니다.

아주 간단한 사례를 들어보겠다. 사례를 심플하게 하기 위해 세금이나 거래비용은 없다고 가정하겠다. 대출 이자는 연 5%, 원금 상환 없는 조건이라고 하자. 10억 원짜리 부동산을 사서 10년 후 20억 원을 받고 팔면 내 돈 10억 원을 모두 주고 산 사람은 10억 원의 수익이 나서 본인 투자금 대비 2배의 수익이 났다. 1억 원을 내 돈 주고 9억 원을 빌려서 부동산을 산 사람은 10년간 연 4500만 원(9억 원×5%), 즉 총 4억 5000만 원을 이자로 지불했으나 5억 5000만 원(10억 원-4억 5000만 원), 즉 투자금 대비 5.5배의 수익이 났다.

부자언니 나나는 "대출은 사실 이자만 갚으면 되고, 대출 자체는 집이 갚아주는 겁니다"라는 명언을 남겼다. 전세가가 오르기 때문에 전세금 상승분으로 자연스럽게 대출을 갚을 수 있다는 것이다. 또한 과감한 투자 결정을 내리지 못하고 레버리지를 빨리 일으키지 않은 점이 후회된다는 말도 남겼다. 이충엽 대표도 "부동산담보대출은 아주 좋은 빚"이라며 이자 및 원리금 상환 때문에 강제저축 효과도 있고, 사놓은 부동산도 장기적으로는 값이 오를 가능성이 높다고 이야기했다.

이를 보면 부동산 투자를 위해 레버리지를 활용하는 것은 전반적으로 현명하다. 다만 한국의 경우 부동산 대출 관련 규제가 수시로 바뀌므로 대출을 신청할 때 이를 잘 고려해야 한다.

부동산 투자, 입지가 최고인가?

부동산 투자에서 제일 중요한 것을 뽑으라면 "첫째도 입지, 둘째도 입지, 셋째도 입지"라고 하는 사람들이 꽤 많다. 부자언니 나나도 입지를 매우 중요시 여기는데, 거창하게 볼 필요 없이 잘 아는 동네 위주로 투자하고 본인이 사는 동네, 친구가 사는 동네, 놀러 갔을 때 발견한 괜찮은 동네의 부동산 중개사무소에 방문해 문의를 하는 식으로 생활 속에서 좋은 입지를 찾는 편이라고 한다. "내가 살고 싶은 곳이 남들도 살고 싶어하는 곳이고, 그런 곳이 오릅니다"라는 말도 남겼다.

부동산 책을 보면 입지에 영향을 미치는 여러 요소가 나온다. 학군, 역세권 여부, 편의시설, 쇼핑시설, 교통 편리성, 강남과의 근접 여부 등등. 그런데 내게는 늘 이런 의문이 있었다. '물론 학군이 좋고 역세권인 아파트가 그렇지 않은 아파트보다 비싼 건 당연한데, 이건 이미 가격에 반영되지 않았나? 혹시 미래 가격 상승에 미치는 다른 요인이 있지 않을까?'라는 것이었다. 그래서

2003~2019년 전국에서 1000세대 넘는 대형단지 아파트들의 월별 매매, 전세가격을 분석해 보았다.

1. 최근 3개월 동안 많이 오른 아파트

2. 전세가율(전세가/매매가)**이 높은 아파트**

이때 위와 같은 조건의 아파트를 사면 투자금 대비 평균 연 30% 이상을 벌 수 있었다. 2번처럼 전세를 끼고 전세가율이 높은 아파트를 사는 것을 '갭 투자'라고 한다. 그런데 단순하게 갭만 높은 아파트는 평균적으로는 수익이 높지만, 아파트 가격이 떨어져서 투자금 대비 큰 손실을 보는 경우도 적지 않았다. 예를 들어 10억 원짜리 아파트를 9억 원의 전세금을 끼고 사면 전세가율이 90%(9억 원/10억 원×100)인데, 이 아파트가 9억 5000만 원으로 가격이 하락하면 아파트 자체는 5% 떨어진 것이지만 투자금 1억 원 대비로는 50% 손실이 난 것이다.

그래서 그냥 갭만 높고 비전이 보이지 않는 아파트를 피하기 위해 전세가율이 높은 아파트 중에서도 최근 3개월 동안 많이 오른 아파트를 매수하는 것이 리스크를 줄이고 수익도 늘리는 방법이었다.▶14

또 하나의 중요한 포인트는 부동산은 경제뿐만 아니라 정치와도 밀접한 관계가 있다는 것이다. H는 부동산에 투자하려면 정치도 같이 알아야 한다고 강조했다. 물론 정부 정책이 부동산 시장에 큰 영향을 미친다는 것은 상식이다. 그런데 그는 조금 더 깊이 공부했다. 과거를 공부해 보니 좌파 정부가 집권하면 부동산이 많이 오른다는 사실을 발견했으며, 박근혜 정부는 GTX 사업에 별로 관심이 없었으나 정치 흐름상 새로운 민주당 정부는 GTX 사업에 힘을 실어줄 것이라고 확신하고 수혜 지역인 청량리에 부동산을 매수해 큰 수익을 거두게 된다.

상가 투자는 사업처럼 해라

보통 거주 부동산은 실수요 또는 시세차익 목적으로 사고, 상가는 월세 수익 목적으로 사는 경우가 많다. 또한 거주 부동산의 경우 강한 규제의 대상이 될 수 있는데 상가는 규제에서 조금 더 자유롭고 대출도 잘되는 편이다. 따라서 거주 부동산과 상가를 사는 것은 훌륭한 분산 투자 방법이 될 수 있다. H는 거주 부동산은 과열이 되거나 규제가 심하면 매수를 피해야 하는 타이밍도 분명 있는데, 상가의 경우 월세수익률이 인근 건물보다 높으면 저평가되어 있다는 의미이므로 그런 물건에는 언제든지 투자해도 된다고 주장했다.

그는 상가 투자는 사업처럼 해야 한다고 말했다. 세입자를 받을 때도 부동산에만 맡겨놓지 않고 자영업자 커뮤니티 등에 들어가서 직접 적극적으로 건물을 영업했더니 공실도 금방 채워졌다고. 이 외에도 리모델링 등을 통해 건물 가치를 올리는 동시에 세입자에게 더 매력적인 공간을 제공하여 수익을 극대화하는 방법도 있을 것이다.

청약에도 전략이 필요하다

앞서 언급했던 책 『대한민국 파이어족 시나리오』의 저자 바호는 그의 책에서 청약 전략에 대해 상세히 설명했다. 대부분 20~30대는 청약에서 불리하지만, 청약 제도에도 30대의 내 집 마련 수요를 배려하는 특별 물량이 존재하는데 많은 사람들이 이런 특별 물량을 그다지 고려하지 않고 지나친다는 것이다.

첫 번째는 특별 공급으로 무주택자 중 생애 최초, 신혼부부, 다자녀, 노부모 부양자, 공공 기관 추천 등 특정 조건을 갖춘 사람이 대상이 된다. 참고로 자녀가 두 명 이상이면 신혼부부 당첨 확률이 높아지고, 배 속 태아도 공공 분양에서는 청약 가점으로 인정받는다. 두 번째는 신도시 사전 청약인데, 수도권 3기 신도시의 경우 사전 청약이 가능해서 이 중 특별 공급이 85%였다.

특별 공급이 잘 맞지 않는다면 틈새 청약 기회를 노리는 방법도 있다. 민간 분양은 84m² 이하 청약은 100% 가점제 청약이지만 85m² 이상 평수에 대해서는 예외적으로 50% 추첨제 청약으로 운영된다. 이 밖에도 분양권을 포기하거나, 재개발 분양권 활용, 분양권 구입, 청약통장 증여 등의 방법이 있는데 확률이 낮고 투기과열지구로 지정된 대부분의 수도권에서는 불가능한 경우도 있다.

주거용 부동산은 현금흐름이 좋은 자산은 아니다

주거용 부동산은 많은 장점이 있지만 치명적인 단점도 있다. 큰 금액이 필요하고, 부대비용도 크고, 이런저런 규제에 걸려서 매매가 자유롭지 않은 시기가 있다는 점이다. 부자언니 나나, H, 재테크는스크루지 등은 파이어를 할 수 있는 자산을 확보했는데도 불구하고 아직도 회사를 다니고 있는데, 이는 주거용 부동산에서 현금흐름이 거의 창출되지 않기 때문이다. 이것이 나를 포함해 주식, 코인, 창업 등으로 돈을 번 사람들이 부동산 투자를 꺼려하거나 돈을 많이 벌어놓은 후 자금의 일부만 투자해서 실거주용으로 한 채만 사는 이유이다.

그들의 부동산은 아직 건설 중인 경우도 있으며, 과다한 세금 때문에 판매가 어려운 경우도 있어서 몇 년이 지나야 부동산을 현금화하고 본격적인 파이어 인생을 즐길 수 있을 것이다. 그러나 이것은 결국 시간 문제이기 때문에 그들은 이미 파이어에 도달했다고 가정했다.

Step 4. 투자:

부자는 투자로 완성된다 ③ 주식과 코인

주식 투자의 다양한 방법

주식은 패가망신의 지름길이라는 말도 있지만 이 책에 등장하는 대부분의 부자들은 성공적으로 주식 투자를 했다. 가치투자를 해서 돈을 번 디피가 있는 반면, 기술적 투자 기법을 활용해 성공한 삼성동라이언, 임도하 같은 사례도 있다. 주로 퀀트 투자를 하는 나와 원팀장 같은 부류도 있으며, 자산배분의 일환으로 주식에 일부 자금을 배분하는 김동주 대표 같은 사람도 있고, 미국 배당주를 선호하는 쎄프리, 파이어맘 같은 투자자도 있었다. 또한 나름대로 성장 가능성이 높다고 생각하는 개별 기업이나 산업에 베

팅하는 부자들도 있었고, 상장주식과 비상장주식을 가리지 않고
투자하는 파이어 부자들도 여럿 있었다. 이를 통해 주식 투자는
상당히 다양한 방법으로 성공할 수 있다는 점을 알 수 있다. 이제
부터 주식 투자의 방법을 하나씩 알아보자.

개별종목인가, ETF인가?[15]

주식 투자를 할 때는 '개별종목인가, ETF인가?'부터 결정해야
한다. 삼성전자, 현대차, 테슬라 등 개별종목을 살 수도 있지만 요

즘은 특정 자산군에 속하는 모든 종목을 통으로 사버리는 ETF들도 많다. 예를 들어 KODEX 200이라는 ETF를 사면 한국에서 시가총액이 가장 높은 200개 기업을 동시에 보유하는 것과 동일한 수익을 달성할 수 있다. 쉽게 말하면 주식 ETF의 경우 ETF가 추종하는 주가지수와 동일한 수익을 낸다고 보면 된다.

모든 기업을 사면 그 안에 괜찮은 기업도 있고 그다지 좋지 않은 기업도 있기 때문에 이 중 좋은 기업만 골라서 사면 더 높은 수익을 낼 수 있을 것 같지만, 이는 생각만큼 쉽지 않다. SKY나 아이비리그를 졸업하고 고연봉을 받는 펀드매니저들 중에서도 주가지수보다 더 높은 수익을 낸 사람은 극소수에 불과하며, 주가지수를 능가하는 수익을 내는 일반 투자자들은 훨씬 더 드물다. 여러분도 주변에서 주식으로 얼마 잃었다는 사례는 많이 들었지만 엄청난 부자가 되었다는 말은 별로 못 들었지 않은가?

개별 종목을 매수할 경우에는 무언가 뚜렷한 '엣지(edge)'가 있어야 한다. 내게 그런 엣지가 있는지 고민이 필요하다. 나는 한국 주식에 한해서 퀀트 투자 기법을 통해 초과수익을 낼 수 있다고 믿고 실제로 초과수익을 달성했다. 디피는 글로벌 주식에서 '가치 투자'라는 본인만의 엣지를 사용해서 장기간 엄청난 성과를 이뤘다. 삼성동라이언은 데이트레이딩에서 본인만의 엣지를 발견했다. 그런데 나 같은 경우는 미국 주식, 글로벌 주식, 채권, 금, 원자재 등에서는 별다른 엣지가 없다. 그래서 여기에 투자하고 싶을 때는 시장 전체를 추종하는 ETF를 사는 것이 합리적이다.

이 책을 읽는 여러분은 다른 엣지가 있을 수 있다. 예를 들어 화학 산업에 종사하고 있는데 최근 몇 년 동안 매출이 별로였다가 갑자기 두 달 전부터 수요가 폭발하고 있는 상황이라면 애널리스트나 펀드매니저보다 훨씬 빨리 트렌드를 감지하고 화학 주식에 베팅할 수 있다. IT계열에 종사하고 있다면 최신 게임, 블록체인, 최신기술 트렌드를 접할 기회가 많으므로 훌륭하지만 아직 저평가된 투자 기회를 얼마든지 발굴해 낼 수 있다. 나서진도 블록체인 관련 기업으로 이직한 후 코인으로 대박을 터뜨렸다. 또한 꼭 그 분야에 종사하지 않더라도 트렌드에 민감하고 쇼핑에 도가 터서 금융 전문가보다 훨씬 빨리 어떤 회사의 신상품이 조만간 유행할지 아는 사람들도 있다.

그런데 여러 개 분야에서 진정한 엣지를 갖기는 매우 어렵다. 내가 정말 엣지가 있다고 판단하는 분야에서는 개별 종목에 투자하고 그렇지 않은 분야는 깨끗이 인정하고 ETF에 투자하는 것을 강력히 추천한다. 또한 엣지가 있다고 해도 너무 큰 비중, 즉 총 자산의 10% 이상을 하나의 개별 종목에 투자하는 것은 권하지 않는다. 사람은 보통 본인의 판단을 과신하게 되기 때문이다. 스스로 특정 분야에서 엣지가 있다고 착각했는데 나중에 보면 아니었다는 사실을 뼈아프게 깨닫는 경우도 많다. 또는 투자할 때는 분명 엣지가 존재했는데 경제 상황이 악화되거나 전혀 예상치 못했던 경쟁기업이 나타나거나 기업이 잘못된 결정을 연발해서 엣지가 사라지는 경우도 많다.

ETF도 잘 투자하는 방법이 있고 덜 스마트하게 투자하는 방법이 있다. 나는 많은 투자자들이 선호하는 '특정 주가지수 매수 + 보유' 전략을 추천하지는 않는다. '정적자산배분(우리가 이미 본 영구 포트폴리오, 올웨더 포트폴리오 같은 전략)' 또는 동적자산배분(최근 많이 오른 자산 비중을 높이고 부진한 자산을 파는, 자산배분에 마켓타이밍을 섞은 전략)'을 추천하는데, 구체적인 내용은 자산배분에 대해 전반적으로 다룬 책『거인의 포트폴리오』에 상세히 기술되어 있다.

파이어족의 구세주, 미국 배당주?[16]

파이어에 도달해 퇴사를 하게 되면 현금흐름이 필요하다. 파이어 달성 후에도 돈이 되는 활동을 계속하면 큰 문제가 없지만, 경제 활동에 뜻이 적고 여행, 취미생활, 의미 있는 일, 봉사 활동 등을 추구하면 어디선가 생활비를 조달해야 한다. 그래서 쎄프리, 최재우, 파이어맘 등 상당히 많은 파이어족들과 파이어 준비생들이 찾은 결론이 '미국 배당주'였다. 그 이유가 무엇일까?

일단 미국 주식은 보통 연 1회 배당을 하는 한국 주식과 달리 연 4회 배당을 한다. 그리고 한국 주식의 배당은 거의 대부분 3,

4월에 들어오는 것과 달리 미국 주식은 1, 4, 7, 10월에 배당하는 주식도 있고, 2, 5, 8, 11월 또는 3, 6, 9, 12월에 배당하는 주식도 있다. 따라서 월급처럼 매월 배당을 받을 수 있다.

또한 한국 사람 대부분은 급여·사업 소득이 한국에서 발생하고 한국에 부동산 자산도 있는 경우가 많다. 따라서 한국 경제·정치에 대한 노출이 매우 높다. 이는 한국 경제가 어려워지거나 정치 환경이 변하면 우리도 크게 흔들릴 수 있다는 말과 같다. 따라서 늘 전체 자산을 한국 정부가 통제할 수 있는 곳에 두면 안 된다. 한국 상황과 자유로운 미국 기업에서 달러화를 받는 것은 리스크 관리 차원에서 상당히 훌륭한 방법이다.

미국에는 수십 년간 배당을 매년 꾸준히 올려준 기업들이 존재하는데, 이들을 '배당 귀족(Dividend Aristocrats)'이라고 부른다. 예를 들어 2021년 12월 기준 미국에는 25년 이상 매년 배당을 인상한 기업이 65개 존재한다. 표는 그중 상위 20개 기업의 목록이다.

여기서 배당수익률은 최근 1년간 1주당 배당/주가를 의미한다. 예를 들면 AT&T의 2021년 12월 22일 주가는 24.19달러였는데, 최근 1년 배당은 2.08달러(24.19 달러 × 8.6%)였다. AT&T가 주주에게 이 배당을 줘야 할 의무는 없다. 그런데 AT&T는 36년 동안 매년 배당을 올린 기록이 있다. 하필 내가 AT&T를 산 다음 해 갑자기 이런 기나긴 전통을 없애고 배당을 없애거나 줄일 가능성은 그

미국 배당 귀족주 Top 20(2021년 12월 기준)

기업명	배당수익률	연속 배당을 인상한 해 수
AT&T, Inc.	8.6%	36
Exxon Mobil Corp.	5.9%	39
International Business Machines Corp.	5.2%	26
Chevron Corp.	4.7%	34
Leggett & Platt, Inc.	4.4%	48
People`s United Financial Inc	4.4%	29
Realty Income Corp.	4.4%	26
Abbvie Inc	4.3%	50
Cardinal Health, Inc.	4.0%	34
Walgreens Boots Alliance Inc	3.9%	46
Consolidated Edison, Inc.	3.7%	47
Franklin Resources, Inc.	3.6%	42
3M Co.	3.4%	63
Federal Realty Investment Trust	3.4%	54
Kimberly-Clark Corp.	3.2%	49
VF Corp.	2.9%	49
Coca-Cola Co	2.9%	59
Aflac Inc.	2.9%	40
Atmos Energy Corp.	2.7%	38
Sysco Corp.	2.6%	51

출처: Sure Dividend(2021)

다지 높지 않을 것이다. 배당을 지속적으로 올린 기업 중에서는 엑손, IBM, 3M, 코카콜라, 프록터앤드갬블, 맥도날드, 월마트 등 아주 잘 알려진 기업들도 많다. 배당을 받는다는 것은 일을 하지 않고 글로벌 기업을 통해서 월급을 받는 것과 같다.

1990년부터 2021년 8월까지 배당귀족주와 S&P 500 투자 성과를 분석한 결과도 있다. S&P 500은 1990년부터 2021년까지의 연복리수익률이 10.6%였던 반면 배당귀족주의 연복리수익률은 12.3%였다. 그러니 미국 배당주에 투자하면 시세차익과 현금흐름이라는 두 가지 토끼를 동시에 잡을 수 있다는 결론에 도달한다.

단점은 없을까? 배당을 많이 주는 기업의 주가는 하락장이 와도 그다지 떨어지지 않는다는 설이 있는데 이는 사실이 아니다. 미국 배당주들의 가격도 2008년 금융위기 때 최대 44%까지 하락한 바 있다. 하지만 시세차익보다는 현금흐름 목적으로 배당주를 산다면 일시적인 하락장은 버틸 수 있을 것이다.

또 하나의 단점은 위에서도 언급했지만 30년, 40년 연속 배당을 인상한 기업도 계속 배당 인상을 지속한다는 보장은 없다는 점이다. 기업이 갑자기 망할 가능성도 분명 존재한다. 그러나 아직은 65개 기업이 남아 있으니 한두 개 기업이 배당 인상을 중단해도 다른 기업으로 갈아탈 수 있을 것이다. 나는 배당주 한 곳에 '몰빵'하는 것보다는 20여 개 기업에 분산 투자하는 것을 강력하게 추천한다. 만약 나라면 65개 기업 중 배당수익률이 가장 높은

20개 기업에 투자할 것이다.

가치투자의 원칙[17]

디피는 가치투자를 통해 1300만 원을 50억 원 이상으로 불린 전설적인 투자자이다. 한국에서는 가치투자가 어렵다는 말도 있지만 디피 외에도 신진오, 최준철, 이채원, 박성진, 남산주성, 김철광 등 장기적으로 가치투자로 돈을 많이 번 투자자들은 상당히 많다. 나도 한때는 벤저민 그레이엄, 워런 버핏 등을 연구하며 넥스트 버핏을 꿈꾸었지만 퀀트 투자로 방향을 바꾸었다. 디피가 주장하는 가치투자의 원칙을 살펴보자.

직원처럼 잘 아는 기업에만 투자한다 디피는 10년 넘게 좋은 기업을 찾는 것이 취미이자 돈벌이였다. 회사에서 일하지 않는 시간에는 거의 기업 발굴만 했다고 한다. 그는 흥미 있는 기업은 매우 깊게 분석한다. '잘 아는 기업에만' 투자하기 때문이다. 관련 산업, 경영진, 비즈니스 모델, 재무제표, 신상품 분석 정도로 끝나지 않고 언론에 보도되지 않는 부분, 현직자만 알 수 있는 정보까지 모두 파고들어서 정말 스토커(?) 수준으로 기업에 관련한 모든 것을 분석한다. 그는 "그 회사 직원처럼 회사를 알아야 한다"라고 주장한다.

물론 그렇다고 해서 그가 모든 산업에 대해 이렇게 잘 알 수 있는 것은 아니다. 디피는 주로 IT나 소비재 산업에만 투자했다. 워런 버핏도 "자신의 능력범위(Circle of Competence) 안에서만 투자하라"라고 말한 적이 있으며, 본인이 잘 아는 기업과 잘 모르는 기업을 정확히 구분하고 잘 아는 기업에만 투자할 것을 강조했다.

집중 투자한다　　아무래도 많은 기업에 대해 이렇게 자세히 알기는 어렵기 때문에 적은 수의 기업을 깊게 파고들어서 투자할 종목을 확보하고 집중 투자를 하게 된다. 디피는 5~10개 종목에 투자하고 보통 절반은 미국 주식, 10~20%는 한국 주식, 나머지는 다른 나라 주식에 투자한다고 밝혔다.

오래 보유하고 잘 안 판다　　디피는 기업을 매수한 후 주가가 30~50% 떨어진 경우는 비일비재하다고 했다. 그때 잘 버텨야 한다. 주가가 다시 올라갈 때도 여전히 훌륭한 기업이라고 판단되면 팔지 않고 버틴다. 디피는 다른 사람들은 빨리 부자가 되고 싶은 욕심에 너무 많이 거래를 하고 훌륭한 기업을 빨리 판다고 한탄했다. 그의 주식 보유기간은 최소 3~5년이고 그 이상 보유한 경우도 많다.

경고　　워런 버핏이나 디피는 투자하는 기업에 대해 정말 잘 안다! 그 기업 임직원 수준으로 기업을 잘 아는 경우에는 집중 투자, 장기투자를 해도 좋다. 그런데 '기업을 매우 잘 안다고 생각 하지만 사실 다른 사람들 정도만 아는' 집중 투자 · 장기투자는 골 로 가는 지름길이다. 가치투자의 길에 접어들기 전, "진짜 내가 이 기업에 대해 도사 수준에 도달했는가?"를 점검하자.

추세를 활용하는 기술적 투자[18]

디피가 전설적인 가치투자자이자 장기투자자라면 삼성동라이 언은 최상위급 기술적 투자자이자 데이트레이더이다. 기술적 투 자자는 투자에 임하는 자세가 가치투자자와 완전히 다르다. 그들 은 기업에 대한 정보는 이미 주가에 반영이 되었다고 믿는다. 따 라서 그 기업이 어떤 사업을 하는지 모르고 주식을 사고파는 경우 도 많다.

그렇다면 기술적 투자자는 무엇을 보고 투자할까? 인간의 본 성과 심리가 반영된 주식의 차트와 가격, 거래량을 본다. 기술적 투자자들은 인간의 심리는 시간이 아무리 흘러도 크게 변하지 않 기 때문에 차트에는 비슷한 패턴이 계속 반복되고, 이 패턴을 활 용해서 주가의 흐름을 어느 정도 예측할 수 있다고 믿는다. 특히 '가격의 추세'라는 것이 존재한다고 주장하는데, 최근 많이 올랐 던 자산은 계속 오르고 최근 많이 떨어졌던 자산은 계속 떨어질 것이라고 생각한다.

　삼성동라이언도 "오르는 주식이 계속 오르고 내리는 주식이
계속 내린다"라고 하면서 '추세를 추종'하는 거래를 한다. 본인은
주로 '지지선 매매'와 '돌파 매매'를 한다고 했는데, 이는 기술적
투자의 기본 전략 중 일부라고 볼 수 있다.

지지선 매매와 돌파 매매

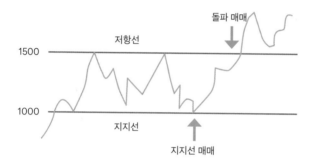

　그림을 보면 주가가 주로 1000원과 1500원 사이에서 움직이
는 것을 볼 수 있다. 보통 주가가 저항선, 즉 1500원까지 상승하면
강한 저항에 부딪쳐서 상승세를 이어가기 어렵고 갑자기 매도 물
량이 쏟아질 확률이 높다. 1500원 근처에서 매수해서 물린 투자
자들이 본전 만회가 가능하니 재빠르게 주식을 파는 것이다. 반대
로 주가가 지지선, 즉 1000원까지 하락하면 매수 세력이 몰려서

주가 하락세가 멈출 가능성이 높다. 주가가 이 정도까지 떨어지면 주식이 매우 싸 보이기 때문이다. 그렇다면 주가가 1000원 근처로 떨어지면 매수하는 '지지선 매매'가 돈을 벌 확률이 높은 매수라고 볼 수 있다.

그런데 주가가 1500원보다 더 오르면? 보통 1500원에서 많은 매도 물량이 쏟아지는데도 가격이 더 오른다는 것은 그만큼의 강력한 호재가 있다는 뜻이다. 그러므로 가격이 상당히 크게 오를 수도 있다. 특히 중요한 것은 1000~1500원 사이에 산 모든 투자자들이 전부 이득을 보고 있기 때문에 본전 만회 때문에 나오는 매도 물량이 사라졌다는 점이다. 강력한 호재가 있고 매도 물량이 적으면 주가가 계속 오를 수 있다. 그래서 가격이 1500원을 상승 돌파할 때 매수하는 '돌파 매매'도 성공 확률이 높은 매수라고 볼 수 있다.

물론 위 방법이 무조건 통하는 것은 아니다. 1000원에 지지선 매수를 했는데 가격이 950원으로 떨어진다면? 지지선 매수의 논리가 통하지 않았기 때문에 재빨리 손절해야 한다. 1510원에 돌파 매수를 했는데 가격이 계속 오르지 않고 1450원으로 떨어진다면? 이때도 돌파 매수의 논리가 통하지 않았기 때문에 재빨리 손절해야 한다.

기술적 투자에는 지지선 매매와 돌파 매매 외에도 수많은 다른 기법들이 있지만 이 책에서는 여기까지만 설명하겠다. 재미있는 것은 삼성동라이언도 처음에는 가격과 거래량만 고려하는 기술적 투자만 하다가 최근에 기업의 펀더멘털과 가격의 추세를 고려하는 매매를 시작했는데 이 방법으로도 큰 수익을 내고 있다는 것이다. 이런 식으로 가치투자와 기술적 투자의 장점을 섞어서 투자하는 방법도 있다.

직장인에게 적합한 퀀트 투자[19]

나는 이 책을 쓰기 전에 퀀트 투자 관련 책을 4권 썼다. 『할 수 있다! 퀀트 투자』와 『하면 된다! 퀀트 투자』는 한국 개별주에 투자하는 방법을, 『가상화폐 투자 마법공식』은 암호화폐에 투자하는 전략을, 『거인의 포트폴리오』는 글로벌 ETF를 통해 정적·동적 자산배분을 하는 방법을 기술하고 있다. 그리고 실제로 내 주식 비중의 절반은 국내 개별종목에 투자하는 '울트라 전략', 나머지 절반은 동적자산배분 전략인 VAA, LAA, 듀얼 모멘텀 전략에 분산투자하고 있다.

구체적인 퀀트 투자 기법은 책이나 유튜브 「할 수 있다! 알고 투자」에 자세히 소개했으니 여기서는 퀀트 투자가 무엇이고 왜 퀀트 투자가 특히 직장인들에게 적합하다고 생각하는지 밝히겠다.

퀀트 투자는 규칙 기반(rule-based)투자인데, 여기서 말하는 규칙은 계량화가 가능해야 한다. 예를 들면 "싸게 사서 비싸게 팔아라"라는 말은 규칙이라고 할 수는 있지만 계량화가 전혀 안 된다. 그런데 "PBR이 1 이하이고 PER이 10 이하인 기업을 PER 낮은 순위대로 20개 사서, 6개월 보유하고 교체하라"라는 것은 퀀트 투자 전략이라고 할 수 있다.

퀀트 투자의 장점들

가성비가 좋다　　퀀트 투자는 구체적이고 명확한 규칙을 따른다. 식당 주방에 있는 레시피와 같다. 그래서 투자 경험이 별로 없는 초보 투자자도 우수한 전략을 곧바로 따라 하고 이 전략에 맞는 종목이나 ETF를 살 수 있다. 또한 이렇게 전략에 맞는 종목을 찾는 것도 몇 분 걸리지 않는다. 그 후 짧으면 한 달, 길면 일 년 동안 아무것도 안 해도 된다. 이렇게만 해도 대부분의 퀀트 투자 전략의 경우 주가지수를 능가하는 수익, 훨씬 더 작은 MDD라는 성과를 낼 수 있다. 따라서 시간 대비 성과가 매우 출중하기 때문에 가성비가 매우 좋다.

검증이 가능하다　　명확한 규칙이 있기 때문에 이 전략대로 과거에 투자했다면 어느 정도의 수익률을 얻을 수 있었는지, 최악의 순간에는 어느 정도 잃었는지, 그 손실을 만회하는 데 시간이 어느 정도 걸렸는지 등에 대한 질문에 답을 할 수 있다. 이렇게 과거에 투자했다면 어땠을지 시뮬레이션을 돌리는 것을 '백테스트'라고 한다. 물론 과거 실적은 과거일 뿐이지만 이를 통해 미래에 어느 정도의 성과를 기대할 수 있을지 어느 정도는 가늠할 수 있다.

심리적 결함에서 비교적 자유롭다[20]   사람의 두뇌는 투자를 하면 망하도록 최적화되어 있다. 우리의 두뇌는 온갖 심리적 편향에 사로잡혀 있는데, 이 편향은 거의 대부분 투자에 안 좋은 방향으로 작용한다. 그래서 대부분 투자자의 경우 투자를 할 때 주관적인 생각을 최대한 배제한 채 검증된 전략대로 기계적으로 투자하는 것이 성과 면에서 훨씬 나을 수 있다.

심리적 편향의 예시를 하나만 들어보자. 투자에서 불변의 진리는 '수익은 길게, 손실은 짧게'이다. 그런데 우리 두뇌에는 '손실 회피 편향'이라는 것이 존재한다. 우리는 주식을 100원에 사서 80원에 팔면, 즉 손실을 확정하면 매우 큰 심리적인 고통을 느끼게 되는데 이 고통의 정도는 동일한 금액을 버는 것보다 약 3배 더 심하다고 한다. 돈을 잃는 것도 괴롭지만, 스스로 바보짓을 한 것 같아서 자존심에 스크래치가 나기 때문에 고통은 더욱 커진다. 그래서 대부분 사람들은 주식을 산 후 가격이 흘러내려도 손절매를 못 한다. 이 기업이 별 볼 일 없다는 것을 잘 알아도 자기합리화를 하면서 팔지 않고 계속 가지고 있는 것이다. 따라서 투자자 대부분은 손실을 길게 가져간다.

반대로 오르는 주식은 빨리 팔아버린다. "내가 옛날 IMF 때 삼성전자를 500원에 산 사람이야!", "어르신, 그럼 많이 버셨겠네요! 지금 8만 원인데요!", "아 근데 570원일때 팔았어!" 이런 얘기를 수십 번은 들은 것 같다. 이것 또한 심리 편향인 '처분 효과' 때문인데, 앞서 설명한 손실 회피 편향과 밀접한 연관이 있다. 주가가 조금 오르면 다시 가격이 떨어져서 손실을 볼까 봐 잽싸게 파는 것이다. 주식을 100원에 샀는데 80원으로 쭉 내려가는 것보다 120원까지 올랐다가 90원으로 빠지는 것이 훨씬 기분 나쁘다. 그래서 투자자 대부분은 삼성전자를 너무 빨리 판 어르신처럼 조금 오른 주식을 너무 빨리 파는 경향이 있다. 수익을 짧게 가져가는 것이다.

이 내용을 종합해 보면, 투자자 대부분은 손실은 길게 가져가고 수익은 짧게 가져가는 경향이 있다. 그런데 정답은 '수익은 길게, 손실은 짧게'이다. 정답과 정확히 반대로 투자하니 대부분 투자자들이 돈을 잃는 것은 너무 당연한 일이다. 이런 식으로 우리의 투자를 망치는 편향은 무려 40개나 존재한다.

이쯤이면 여러분은 깊은 혼란에 빠졌을 것이다. 주식 투자를 하면 패가망신하는 줄 알았는데 주식을 통해 꽤 큰돈을 번 부자들도 있다. 그리고 주식 투자를 하면 우량주를 사서 장기보유하라고 들은 것 같은데, 기술적 투자자들은 기업 분석도 안 하고 주식을 사고파는데 이렇게도 돈을 벌 수 있는 것 같다. ETF 투자를 통해서도 돈을 벌 수 있는 것 같고 규칙을 만들어서 무조건 따른다는 퀀트 투자도 있다. 미국 배당주에 투자를 하는 사람도 많다. 결론적으로, 도대체 어떻게 하라는 건지 감이 안 잡힌다.

이 책만 봐도 파이어로 가는 길은 창업, 부동산, 주식, 코인 등 다양하다. 이는 주식 투자 안에서도 마찬가지다. 성공할 수 있는 방법이 매우 다양하다. 헷갈리는 독자 여러분을 위해 마지막으로 교통정리를 하겠다.

ETF 자산배분   영구 포트폴리오, 올웨더 포트폴리오 등 투자에 큰 관심이 없고 투자로 인해 시간을 많이 뺏기고 싶지 않은 사람에게 적합하다. 참고로 자산배분의 일부(채권, 금, 원자재)는 ETF로 하되, 주식 비중을 미국 배당주, 가치투자, 기술적 투자, 퀀트 투자 등으로 투자하는 방법도 상당히 유력하다.

미국 배당주　　　이미 파이어에 도달했거나 조만간 도달해서 노동 수익이 없거나 적어질 사람에게 유용하다. 거의 매월 미국 기업을 통해 생활비를 받을 수 있기 때문이다.

가치투자　　　투자할 기업을 깊게 분석할 뿐만 아니라 관련 산업, 경영진, 비즈니스 모델, 경쟁사, 사회 트렌드까지 분석할 줄 알아야 한다. 이런 작업에 흥미를 느끼는 사람에게, 그리고 장기 투자라는 기나긴 여정을 인내심 있게 버틸 수 있는 사람에게 추천한다.

기술적 투자　　　잦은 거래를 즐긴다면 기술적 투자를 하는 편이 좋다. 기술적 투자자는 가격과 거래량 패턴 분석에 초점을 기울이며, 특히 모든 금융자산에는 '추세'라는 것이 존재해서 추세가 생기면 이 추세를 따라 투자하면 장기적으로 돈을 벌 수 있다고 믿는다. 이렇게 생각한다면 기술적 투자가 당신의 길이다.

퀀트 투자　　　투자를 직접 해보면 왠지 계속 뭔가 안되고 수렁에 빠지는 느낌에 들 수 있다. 그런데 이는 당연하다! 우리 두뇌에는 투자를 망치는 편향이 굉장히 많기 때문이다. 따라서 직접 사고파는 것을 고민하기보다는 좋은 규칙을 기계처럼 따르는 편이 나을 수 있다. 이런 사람들에게는 퀀트 투자가 적합하다.

암호화폐의 펀더멘털

이 책에 등장하는 20명 중 암호화폐에 투자한 젊은 부자들이 절반이 넘었다는 점은 매우 놀라웠다. 나를 비롯해 수억 원 규모 이상의 돈을 번 사람도 여러 명이고 나서진, 치비는 주로 암호화폐로 부를 축적했다. 그리고 단순 암호화폐 투자를 넘어서 Defi, NFT 등에 투자하는 부자들도 많았다.

인터뷰를 진행하며 상당히 많은 부자들이 암호화폐의 스토리, 또는 펀더멘털을 보고 투자한다는 것을 보고 또 한번 놀랐다. 치비의 경우 BNB라는 코인에 투자했는데, 바이낸스라는 세계 최대 거래소에서 발행한 코인이라 수요가 늘어날 것을 전망한 것이다. 또 카카오가 사용자 수를 극대화하기 쉬운 위치에 있다는 점을 이유로 카카오가 발행한 클레이튼(Klaytn)에도 투자했다. 나서진도 비슷한 이유로 라인에서 발행한 링크(Link)라는 코인을 추천했다. 라인과 네이버도 거대한 플랫폼이라 사용자와 거래량을 늘리기 쉽다고 판단한 것이다.

나서진은 암호화폐에도 주식처럼 펀더멘털 지표가 있고, 시장 사이클을 어느 정도 예측할 수 있는 마켓타이밍 지표도 있다고 주장했다. 따라서 주식과 비슷하게 '저평가된' 코인을 '상승장'에 살 수 있다는 것이다. 온체인 지표, 거래소 잔량, 장기보유자 포지션 변화 지표 등이 마켓타이밍에 참고하는 지표라고 했다. 알렉스 오도 온체인 지표를 강조했다. 암호화폐의 저평가를 평가하는 펀더멘털 지표로는 거래(transaction) 수, 사용자 수 등이 있다고 한다.

김인기 대표는 똑똑한 사람들이 디지털 자산을 개발한다는 점 때문에 디지털 자산을 공부하며 앞으로의 활용 가능성을 믿게 되었다고 한다. 아직 대중화되지 않았으니 잠재력이 높으며, 앞으로 디지털 자산이 어떻게 변화할 것인지, 효용가치는 무엇인지 알아보고, DeFi(투자, 펀드, 대출, 결제 등), NFT, DAO, P2E 등의 다양한 영역에서 활용 사례를 공부해 보면 좋을 것이라고 추천했다.

암호화폐 트레이딩의 기술 [21]

나는 블록체인 기술이나 암호화폐에 대한 이해력이 적고 Defi나 NFT는 아예 무엇인지 설명할 수도 없다. 그러나 놀랍게도 나와 비슷한 무식한 사람들(?) 중 암호화폐 시장에서 큰돈을 번 사람들이 의외로 많다. 이런 사람들은 암호화폐의 가격과 거래량만 보고 기술적 투자 또는 퀀트 투자만 하는 것이다. 암호화폐 시장은 변동성이 큰 편인데 이는 트레이딩에 확실히 유리하다.

나는 책『가상화폐 투자 마법공식』에서 '변동성 돌파 전략'을 소개한 적이 있다. 변동성 돌파 전략은 최근에 급등한 암호화폐를 사서 그 모멘텀을 따라간 후 24시간 내로 다시 매도하는 단기 전략이다. 이충엽 대표는 그 전략을 자동으로 거래할 수 있는 앱을 만드는 스타트업을 창업했으며, 최근에는 그보다 더 상위 전략을 개발해서 운영 중이다. 그래서 나 또한 상위 전략을 사용하고 있다.

최근에는 뉴지스탁이라는 회사에서 '코인 젠포트'라는 프로그램을 만들어서 유저들이 직접 이런 퀀트 투자 전략을 백테스트하고 그 전략을 자동으로 거래해 주는 서비스를 제공하고 있기도 하다. 암호화폐 역시 주식과 크게 다르지 않다. 펀더멘털 투자도 성공할 수 있고, 기술적 투자도 성공할 수 있는 것이다.

파이어에 도달한 방법은 달라도, 그들의 사고방식은 비슷하다[22]

너 자신을 알라

이제 파이어 부자들이 어떻게 지출을 줄이고, 수입을 극대화하고 종잣돈을 만들어서 투자를 하는지 살펴봤다. 이게 전부일까? 아니, 가장 중요한 것이 남았다. 나는 인터뷰를 하면서 그들에게서 상당히 많은 것을 배웠다. 진심으로 감동을 받은 적도 수 차례 있었다. 젊은 나이에 상당한 부를 쌓았다는 것은 뭔가 남다른 행동을 했다는 것을 했다는 의미이다. 여기서 얻어갈 수 있는 교훈이 많다. 특히 가장 인상 깊었던 몇 가지를 정리해보려고 한다.

이 책의 주인공들이 가장 많이 강조한 핵심은 '너 자신을 알라'

였다. 누구에게나 맞는 '파이어 필승법'은 존재하지 않지만, 각 개인에게 맞는 성공 방식은 존재한다는 것이다. 이것을 빨리 찾아야 한다는 것이 모든 부자들이 공통적으로 주장하는 바였다. 이것이 직장생활, 지출, 투자 등 파이어가 되는 모든 과정에서 가장 핵심이 되기 때문이다.

일단 나 자신을 알아야 내가 정말 중요하게 생각하는 것을 알 수 있고, 이에 맞춰서 우선순위를 만들 수 있다. 여러 부자들은 우선순위가 없으면 급한 순서대로 결정을 내리게 되고, 다른 사람들의 결정에 휘둘리게 될 가능성이 높다고 했다. 김동주 대표는 "돈을 버는 방법은 수만 가지가 있으나, 그 분야에서 최소 전국 1000위 안에는 들어야 돈을 벌 수 있지 않겠습니까?"라고 하면서 자신만이 상대적으로 잘하는, 자신이 비교우위가 있는 분야를 빨리 찾으라고 강조했다.

30대에 100억 대 부자가 되는 지름길은 창업을 해서 엑시트하는 것이라는 사실은 많은 사람들이 알고 있다. 김동주 대표도 창업을 해서 부자가 된 경우지만 "김동주는 창업해서 큰 돈을 벌었으니 나도 해야지!"라며 본인의 상황, 재능과 주변 환경을 고려하지 않고 창업에 뛰어드는 것은 좋지 않다고 밝혔다. 이 책에서도 알 수 있다시피 직장인으로 시작해서 부자가 된 사람들도 꽤 많다. 직장인이 된 후에도 '그 회사에서 승진해서 임원이 될까? 이직을 할까? 부업을 할까? 투자에 집중할까?' 등 본인만의 길, 본인에게 조금 더 잘 맞는 길이 존재한다.

초창기에는 지출을 통제하는 기술이 중요한데, 이것도 '나에게 중요한 지출'이 무엇인지 알아야 지출의 효율을 극대화할 수 있다. 그래서 이충엽 대표는 본인의 소비패턴을 깊게 분석해서 무엇에 돈을 쓰는 것이 중요한지 성찰이 필요하다고 했고, 최재우 대표도 이 지출이 허영심이나 체면을 위한 지출인지, 진짜 필요한 지출인지 고민해 보라고 이야기했다.

투자의 경우, 바로 앞에서 말했듯 매우 다양한 경우의 수가 있다. 그러니 결국 본인과 결이 맞는 투자를 해야 대성할 수 있다. 나서진이 말한 것처럼 "일단 돈 되는 건 다 해 보고 나에게 맞는 시장 또는 전략에 집중하라"가 진리에 가까운 것 같다.

자기 자신을 아는 것이 중요한 이유는 또 있다. 파이어의 길을 걷다 보면 이 길이 틀렸다고 주장하는 사람들이 필연적으로 등장하기 때문이다. 특히 한국은 남의 시선을 많이 의식하고 눈치를 많이 보는 문화라 더욱더 그렇다. 김동주 대표는 컴퓨터공학을 전공할 때, 창업을 할 때 주변 사람들이 다 뜯어 말렸다고 했다. 파이어맘도 커리어를 포기하고 파이어의 길을 걷겠다고 하니 이해하지 못하는 친구들이 많았다고 했다.

지출을 강요하는 압박도 있을 수 있다. 이럴 때는 '뻔뻔해질 수 있는 용기'가 필요하다. 그 용기도 나를 잘 알고, 내가 이 길을 걸어야 한다는 확신에서 나오는 것이다.

나 자신을 잘 알지 못하고 본인의 강점, 약점과 성향을 잘 모르면 주변 사람들에게 휘둘릴 수밖에 없다. 본인의 길을 걷지 못하고 '세상 사람들'이 추천하는 길을 가서 부자가 될 기회를 놓친 사람들이 얼마나 많을까? 이 생각을 하면 늘 안타깝다.

수익은 길게, 손실은 짧게

투자 격언 중 불변의 진리는 '수익은 길게, 손실은 짧게'이다. 잘 안되는 투자는 빨리 손절하고, 잘되는 투자는 팔지 말고 끝까지 가져가서 큰돈을 벌어야 한다는 이야기이다. 이 내용은 인생 전반적으로도 유효하다. 일을 하거나, 사람을 만나거나, 투자를 할 때 나름대로의 노력을 할 수 있으나 무엇이 대박이 되고 어떤 기회가 불발될지는 아무도 알 수 없다. 그래서 여러 가지를 시도해보되, 잘되면 계속 하고 안되면 빨리 접으라는 조언을 한 고수들이 매우 많았다.

나서진은 부동산, 주식, P2P, 암호화폐 등 안 해본 투자가 없다고 하는데, 그중 암호화폐가 잘되어서 부자가 되었다. 특히 암호화폐를 끝까지 팔지 않고 20배 이상 오를 때까지 버틴 것이 인생을 바꿨다(수익은 길게!).

김경호 대표도 호기심이 많아서 궁금하면 다양한 것을 시도해 보고, 대신 잘 안되면 빨리 접는다고 밝혔다(손실은 짧게!). 여러 일을 시도해 보되 재미있고 잘된다면 그때부터 목표를 설정해서 그 일을 계속 하는 것이다.

삼성동라이언도 "투자든 인생이든 오르는 놈이 계속 오르고, 내리는 놈은 계속 내린다"라고 했다. 오르는 놈에는 시간, 돈, 에너지를 투자하고(수익은 길게), 내리는 놈은 지금 당장 팔라(손실은 짧게)는 것이 그의 조언이다. 알렉스 오 또한 "손실은 제한되고, 수익은 열려 있는 투자처를 찾으라"고 강조했다.

전반적으로 '초기 단계 비상장 투자'가 손실은 제한되고 수익은 열려 있는 투자처이다. 물론 원금을 날릴 수도 있으나 반대로 기업 가치가 수백 배, 수천 배 올라서 유니콘이 될 수 있다는 잠재력이 있다. 당장 성공 가능성이 높지 않아 보여도 총 자산의 1% 안에서 투자가 가능하다면, 유능한 지인이 창업을 할 때 투자를 해보라. 그것이 당신의 인생을 바꿀 수도 있다.

'수익은 길게, 손실은 짧게'라는 격언은 인간관계에도 적용된다. 다른 사람의 도움을 받지 않고는 큰 부를 축적하는 것이 어려운데, 살다 보면 도움이 많이 되는 소수가 있고 별로 도움이 되지 않는 다수의 인연이 있기 마련이다. 아무래도 도움이 되는 네트워크에 더 많은 시간, 돈과 에너지를 투입하고 그렇지 않은 네트워크에 리소스를 덜 투입하면 큰 차이를 만들 수 있다.

김인기 대표는 그런 핵심 네트워크를 유지하는 방법으로 내가 어떤 가치를 줄 수 있는지, 내가 가고 싶은 방향은 어디인지, 무엇을 공부하고 싶은지 미리 알고 있어야 한다고 말했다. 지속적인 네트워크를 유지하려면 나도 무엇인가 도움을 줄 수 있어야 오래 유지될 가능성이 높다.

참고로 투자에서도 인생에서도 저 '수익은 길게, 손실은 짧게' 법칙으로 성공한 사람의 책이 있다. 래리 하이트(Larry Hite)의 『부의 원칙』이다. 이 책을 강력히 추천한다.▶[23]

자산 투자도 좋지만, 나 자신의 발전에 투자하라!

젊은 나이에 파이어에 도달하려면 자산에 무조건 투자해야 한다. 그런데 그보다 더 남는 장사(?)는 내 자신에게 투자하는 것일 수 있다! 내 몸값을 10배 올릴 수 있다면, 투자 수익률을 연 5~10% 올리는 것보다 더 남는 장사일 수도 있기 때문이다(물론 두 가지를 동시에 하면 더 좋다).

김인기 대표는 "경험을 위해 투자를 했다"라며 20대 초반부터 온라인으로 독학을 하면서 역량을 쌓기 위한 투자, 즉 '지식자본(Intellectual Capital)'을 쌓기 위한 투자를 했다. 그 후에는 온라인에서 배운 내용을 지속적으로 알리고, 관심 있는 사람들과 관계를 쌓으면서 '사회적 자본(Social Capital)'을 축적했다. 이렇게 네트워크를 쌓으며 사업적, 개인적으로 도움을 많이 받았다고 한다. 나서진도 "내 자신에 대해 투자를 많이 한다"라며 이는 공부일 수도 있고 네트워크 기회일 수도 있다고 강조했다.

H와 나서진은 한 회사에 머물기보다는 이직을 통해서 연봉을 높였는데, 그 이직에 필요한 능력을 빨리 연마하는 것도 방법이 될 수 있다. 임도하는 '글로벌 역량'을 중요시 여겼으며, 여기에는 외국어 능력이 포함된다. 동일한 일을 해외에서 하면 더 높은 연봉을 받을 수 있다는 것을 강조했다.

나의 경우는 관심 있는 분야가 있으면 주로 독학을 했다. 그렇지만 그 분야의 고수에게 수업료를 내면서 '엑기스'를 배우는 것이 시간을 아끼면서도 처음부터 좋은 습관을 배울 수 있는 훌륭한 방법이 될 수 있다.

기존 인간관계는 일부 포기해야 할 수도 있다

인터뷰이들에게 '파이어에 도달하기 위해 포기한 것이 있나요?'라고 질문하면 없다는 답변이 제일 많았다. 그런데 그다음으로 많던 답변이 "이전 친구들과 소원해졌다"라는 것이다. 파이어맘은 본인이 가는 길을 이해하지 못하거나 비난하는 친구들과는 아무래도 멀어졌다고 밝히면서 "모든 인간관계를 내가 다 가져갈 수 없고, 마음이 맞지 않으면 굳이 시간 투자를 하지 않는다"

라고 결심했다고 했다.

김경호 대표도 부를 축적하고 사업을 하는 과정에서 동업자와 트러블이 있었고 인간관계에서 배신을 경험했다고 밝혔고, 김동주 대표도 옛 친구들과 소원해져서 아쉽다고 했다. 아무래도 놓인 상황이 비슷해야 친하게 지낼 수 있는데, 직장인과 창업자의 공통분모가 적은 게 사실이라 할 말이 별로 없다 보니 자연스럽게 멀어지게 되었다는 것이다. 김인기 대표도 회사의 성장에 모든 시간을 투자했기 때문에 학창시절 친구들과의 관계에는 조금 소홀해졌다고 했다.

"유유상종, 끼리끼리 논다"가 명언인 이유가 있다. 놓인 처지가 다르면 의도하지 않았지만 열등감이나 질투, 시기 등이 생길 수도 있고, 그걸 상대방도 느끼기 때문에 서로가 불편해서 자연스럽게 멀어질 수 있다. 직장을 떠나거나 거주지를 옮기게 될 경우에는 지리적 거리 때문에 옛 친구나 동료들과 자연스럽게 멀어지기도 한다. 그러나 경험상 보통 새로운 인연들이 그 자리를 채우게 되어 있다!

인생은 운칠기삼인가?

나는 파이어를 하는 데 운과 노력의 비중은 어느 정도인지에 대해서도 질문했다. '운칠기삼'이라는 말이 있기도 해서 나는 운

70%, 노력 30%이라고 생각하는데, 20명의 평균을 내보니 정확히 50대 50이라는 결론이 나왔다!

그들의 답변은 거의 한결같았다. 부자가 되는 데 운은 당연히 필요하나, 노력하는 자에게만 그 운을 만날 자격이 주어진다는 것이다. H는 상가 부동산을 통해서 돈을 벌었는데, "6개월 동안 건물을 찾아서 돌아다닌 것은 노력이었지만 그 건물이 결국 나타난 것은 운이었다"라고 밝혔다. 김인기 대표는 운의 비중을 40%, 노력의 비중을 60%라고 주장하면서 운도 노력을 해야 오기 때문에 일단 노력을 하고 무엇인가 기회가 있는 분야에서 시도를 했을 때 운을 맞이할 가능성이 높아진다고 이야기했다.

그래도 운의 비중을 무시할 수 없는 것은, 열심히 노력했는데도 불구하고 별다른 성과가 없는 사람도 분명 존재한다는 사실 때문이다. 이는 거의 모든 부자들이 인정하는 바이다. 어떻게 보면 '인생이 잘 풀리면 운이 좋아서, 잘 안 풀리면 내가 부족해서'라고 생각하는 것이 가장 건설적인 마인드가 아닐까 싶다.

파이어 후 생활에 대해 생각해 보라 [24]

지금 이 책을 읽고 있는 여러분은 아마 빨리 경제적 자유에 도달하고 싶을 것이다. 그런데 그 후에 무엇을 하고 살 것인지 깊이 생각해 본 적이 있는가?

돈에 더 이상 구애받지 않는 생활을 한번 최대한 구체적으로 생각해 봐야 한다. 어디서 살 것인지, 어떤 주거형태에 살 것인지, 어떤 물건을 소유할 것인지, 하루 종일 무엇을 할 것인지, 나에게 진정한 행복과 보람을 주는 것은 무엇인지 등등. 그리고 이것들을 구체적으로 적어보자.

그러면 파이어를 하고 싶다는 동기부여가 크게 될 것이다! '내가 꿈꾸는 인생'을 구체화하면, 그냥 막연히 '돈이 많았으면 좋겠다'보다 훨씬 동기부여가 된다. 최재우 대표의 말을 빌리면 '왜' 무엇을 해야 하는지가 '어떻게'보다 훨씬 더 중요한 것이기 때문이다.

이렇게 파이어 후 인생을 그려보는 두 번째 이유가 있다. 일만 하다가 갑자기 큰 부를 이루고 은퇴한 부자들 중 공허함을 호소하는 경우가 꽤 있기 때문이다. 김동주 대표는 퇴사를 한 후 아무목표도 없었고, 열정도 없어서 공허함의 끝을 맛보게 되었다고 했다. 김경호 대표의 말도 호소력이 있었다. 그는 경제적 자유 달성후 우울해지고, 비관적이고, 매너리즘에 빠졌다며 행복하지 않았다고 말했다. 또한 일이 재미가 있으면 계속 하라며, 경제적 자유는 좋지만 조기 은퇴는 권하지 않는다고 했다. 경제적 자유를 이룬 후의 생활에 대해 꼭 생각해보라는 것이 그의 의견이다.

나는 2018년 두 번째 독일 근무를 나가면서 마음을 굳혔다. 3년 근무가 끝나면 회사를 그만두기로! 그 후 3년 동안 '퇴사 후 무엇을 할 것인가?'에 대해 열심히 고민했다. 그리고 약 10~15년은 아래와 같이 살 수 있다는 결론에 도달했다.

무엇이 나를 행복하게 만드는가?　　내가 만나고 싶은 사람만 만나고, 내가 하고 싶은 일만 하기.

내가 하고 싶은 일이 무엇인데?　　자산을 투자하는 일은 매우 중요하다. 하지만 이는 많은 시간을 필요로 하지 않는다. 그러면 일상생활에서 할 일을 찾아야 하는데, 나는 다른 사람들이 복잡하게 생각하는 투자(특히 퀀트 투자)와 재테크 내용을 잘 이해하고, 이를 다른 사람들에게 쉽고 재밌게 설명하는 재능이 있으니 이 일을 하고 싶었다. 게다가 이 일은 명성과 돈도 주고, 시간도 크게 투입하지 않음과 동시에 보람도 있어서 매우 매력적으로 보였다.

구체적으로 어떻게?　　2017년에 투자 책도 쓰고 강의도 시작했는데 일단 이것을 계속해야겠다고 생각해서 퇴사 전에 책 2권의 원고와 온오프라인 강의 내용을 만들었다. 또한 유튜브가 새로운 트렌드였기 때문에 이 분야에서도 입지를 구축하고 싶어서 2018년 말 채널을 만들었다.

그 외에 무엇이 중요한가?　　출퇴근을 하지 않고, 일어나고 싶을 때까지 자고, 한 달에 한 번은 국내 여행, 분기에 한 번 정도는 해외 여행을 가는 것. 이래도 시간이 남으면 독서, 체스 등으로 흥미로운 시간을 보낼 수 있을 것이라고 생각했다.

파이어 부자들의 자녀교육 철학

앞서 인터뷰한 부자들 중에는 싱글도 많았으나 자녀를 둔 부모들도 많았다. 아무래도 대부분 부자들이 30대라 자녀의 나이가 어린 경우가 대부분이었기 때문에 실제로 그들이 아이들의 고등교육을 어떻게 신행할지는 알 수 없다. 그런데 그들의 교육 철학은 의외로 매우 비슷했다.

파이어맘, 치비, H, 쎄프리 등 대부분 파이어 부자들은 이구동성으로 사교육은 가성비가 떨어지고 사교육에 과다한 금액을 투자하면 파이어라는 목표와 멀어질 수 있다고 강조했다.

이창민, 김인기 대표의 경우 교육은 매우 중요하나 현재 한국 교육 시스템이 매우 비효율적이라고 생각해서 아예 스타트업을 차려서 창업하기도 했다. 이렇게 '한국식' 사교육을 시키는 것보다는 아이가 관심 있는 분야, 배우고 싶은 분야가 있으면 그걸 물심양면으로 지원하겠다는 부자들이 대부분이었다. 디피는 "물론하고 싶은 공부가 있거나 다른 활동이 있다면 무조건 지원할 겁니다. 그러나 억지로 시키지는 않을 겁니다"라고 밝혔다.

파이어 부자들이 자녀들이 필수적으로 배워야 한다고 생각하는 분야는 금융(파이어맘, 최재우), 외국어(H, 임도하), 코딩(최재우) 등이 있었다.

아이는 없지만 여기에 한마디 덧붙이고 싶다. 우리는 자본주의 체제에서 살고 있으며, 이 자본주의 체제의 룰을 잘 아는 사람이 더 많은 영향력을 행사하고 자산을 축적할 수 있다. 그런데 왜 학교에서 자본주의 규칙에 해당되는 경제, 금융, 회계, 투자, 법률에 대해 학생들에게 가르치지 않는지 이해가 안 된다. 이는 마치 바둑 프로기사를 목표로 하는 어린이에게 이런저런 교양을 가르치고 정작 바둑 룰과 전략은 가르치지 않고 애가 열심히만 하면(?) 바둑의 세계에서 살아남을 수 있다고 생각하는 것과 똑같은 모순이다.

파이어족에 대한 오해와 편견이 깨지다

파이어족 프로젝트에 참여했던 어시스턴트를 기억하는가? 모든 인터뷰를 마치고 그가 파이어족이나 부자들에 대해 갖고 있었던 생각과 편견이 어떻게 변했는지 살펴보자. 여러분은 이 책을 보면서 어떤 변화가 있었나?

부자는 한 방이 아니라
천천히 되어가는 것이다.

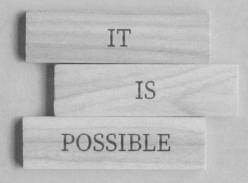

부자가 된 후에도
꾸준히 노력해야 한다.

어시스턴트의 파이어 인터뷰 후 변화
— Before & After —

Before	After
부자에 대한 전반적인 생각	
개천에서 용 나는 시대는 지 났다. 부모님이 부자가 아니니 난 안 될 것이다.	아직 한국에 자수성가 부자가 아주 많다. 내 주변에 없던 것뿐이다.
자수성가를 하려면 사업이 대박 나거나, 리스크 높은 투자를 해야 한다.	덜 쓰고, 더 벌고, 남는 돈 잘 투자하면 어느 상황에서든 부를 쌓을 수 있다. 처음엔 지출 관리, 그 후 수입 증대, 나중에 투자를 잘하면 가능하다.
한 방이 없으면 부자가 되기는 힘들 것이다.	부자는 한 방이 아니라 천천히 되어가는 것이다. 부자가 된 후에도 꾸준히 시장을 보며 투자하고, 더 벌기 위해 백방으로 노력해야 한다.
부자들은 나와 다른 세계 사람인 것 같다. 주변에 부자라고는 없다.	생각보다 평범한 부자들도 많다. 다만 그들은 생각하는 방식이 다르니 참고해야 한다. 지금 주위에 부자가 없더라도 상대의 발전을 진솔하게 칭찬해 주는 사람들과 친해지자. 먼저 도움을 요청하고 관계를 맺으면 된다.
막연하지만 언젠가 부자가 되고 싶다는 마음은 있다.	부자가 될 계획을 세우고, 내 강점에 집중해서 능력을 길러야 한다.
경제적 자유에 도달하면 아무것도 안 하고 매일 놀 것이다.	수능 치고 대학 들어간다고 끝이 아니듯, 파이어를 달성한 이후도 그려봐야 한다. 목표 의식이 없으면 쉽게 슬럼프에 빠지게 된다. 부자가 되는 건 종착점이 아니다.
직장생활, 커리어	
월급쟁이는 부자가 될 수 없으니 전문직을 해야 한다.	회사원으로서 경제적 자유를 얻은 경우가 많다. 전문직이라도 수입을 늘리는 데는 한계가 있고, 돈은 많이 벌지만 '시간 거지'가 된 경우도 많다.
특별한 능력이 있어야만 한다.	60점 정도의 스킬 여러 개만 있어도 인정받을 수 있다. 출세를 하고 연봉을 올리는 하이 라이프로 부자가 될 수도 있으나, 재테크와 부업에 집중하는 로우 라이프로도 경제적 자유에 도달 가능하다.

열심히 일해도 매달 받는 월급은 쥐꼬리만 하다.	종잣돈을 만들 수 있는 초기의 노동수익은 매우 중요하다. 입사 시에는 회사의 성장성을 꼭 확인하자.
사업가는 폼 나게 돈 버는 것 같다.	사업가의 스트레스는 상상 초월이다. 보이는 것과 다르다. 성장하는 산업에서는 늘 사고가 터진다.
지출	
부자들은 돈이 많아서 흥청망청 쓴다.	부자들 대부분은 생각보다 검소하고, 오히려 물욕이 덜하다.
나름대로 돈 관리를 잘하는 편이다. 스스로 내가 어디에 돈을 쓰는지 안다.	막상 실제로 가계부를 적어보니 새는 돈이 꽤 많았다.
투자	
부모님 말씀대로 열심히, 성실하게 일하면 적당히 누리고 살 수 있다.	그런 시대는 부모님 대에 끝났다. 이제는 금융 지식 없으면 '벼락거지' 된다.
투자는 위험하다.	투자를 하지 않고, 돈에 대해서도 잘 모르는 것이 훨씬 위험하다.
사람들이 많이 가는 길을 따라 안전하게 투자해야 한다.	부자가 아닌 사람의 돈 관련 조언은 듣지 마라. 열심히 공부해서 스스로 판단하고 투자해야 한다. 돈 버는 방법은 각양각색이다.
돈 버는 건 머리 아프다. 수학적 사고가 필요해 보인다.	용어가 낯설어서 어렵게 느껴질 뿐이다. 수학 실력과 별개로 투자 잘하는 사람이 많고, 자기에게 맞는 재테크를 하는 사람들은 재밌게 투자한다.

오늘부터 파이어로 한 걸음씩

이 정도면 나도 할 수 있을 것 같다!

이제 이 책의 끝에 도달했다. 20명의 파이어 부자들의 스토리를 보면서 어떤 마음이 들었나? 그들이 이룬 업적이 불가능해 보이는가, 아니면 "이 정도면 나도 할 수 있을 것 같아!"라고 생각했나? 후자이기를 진심으로 바란다.

물론 여러분의 현실과 매우 동떨어진 부자들이 있을 것이다. 누구나 이충엽, 김인기 대표처럼 창업을 할 수는 없고, 가치투자로 1300만 원을 50억 원 이상으로 불릴 수 있는 사람은 디피 말고는 그다지 많지 않을 것이다. 그렇다고 해서 경제적 자유를 달성하는 것이 불가능하지는 않다. 특히 이 책에 등장하는 직장인들의 모습은 여러분의 모습이 될 수도 있다.

남의 인생을 복사할 수는 없다. 그렇게 할 필요도 전혀 없다. 그들에게 배울 만한 부분만, 내 인생에 맞는 부분만 배우고, 살면서 천천히 적용해 보면 된다. 그게 파이어로 가는 지름길이다.

이 일을 도와준 어시스턴트는 프로젝트 전 '개천에서 용 나는 시대는 지났고, 부모님을 잘 만나야 부자가 될 수 있으며, 한 방 아니면 부자가 되기 어렵다'고 생각했다. 다행히도 이런 편견은 이번 프로젝트에 관여하면서 모두 깨졌다. 여러분의 편견도 산산조각 깨졌기를 바란다.

개인적으로 요즘 대한민국 사회에 비관적인 분위기가 만연하다고 느낀다. "흙수저는 절대 부자가 될 수 없어!", "직장인은 티끌 모아 봤자 티끌" 등의 생각이 팽배하다. 정치권과 언론이 젊은 이들의 도전정신을 독려하지 않고 이런 무력감을 오히려 부추기기도 한다.

그러나 낙원 계산기를 한번만 돌려봐도 거의 누구나 경제적 자유에 도달할 수 있음을 알 수 있다. 누구나 좀 더 아끼고, 조금 더 벌 궁리를 하고, 투자를 꾸준히 하면 젊은 나이에 경제적 자유에 도달할 수 있다. 이 책에 나오는 파이어 부자들이 증명했다. 이제는 여러분의 차례다.

Part 1. 39세에 '신의 직장' 그만둔 강환국의 파이어 스토리

▶1

569. 강환국 FIRE 스토리(1)

571. 강환국 FIRE 스토리(2) – 7년 만에 1억 원에서 10억 원까지

577. 강환국 FIRE 스토리(3)

595. FIRE 달성 3개월 후, 삶이 어떻게 변했나

656. 1996~2022년 코스피 종목별 시가총액 변화 해설!

▶2

127. 김동주 퀀트팀장, 헤이비트의 투자전략 공개!

465. 비트코인 3천만 원 기념 영상 완성본!

565. (홍보) 디지털 자산 예치상품으로 연 9% 고정수입!?

▶3

560. 강환국 퇴사 영상! FIRE!

▶4

650. 돈 많이 모아서 뭐할 거냐고?

Part 2. 그들은 어떻게 남들보다 빨리 경제적 자유를 이뤘을까?

▶1

 348. (왕초보 1억) - 초보자 투자는 이렇게 - 영구 포트폴리오의 모든 것!

 477. (투자 입문) 투자는 쉽다! 무난하게 복리 8% 버는 방법!

▶2

 281. [왕초보] 40세 은퇴, 가능한가? (2)

▶3

 353. (왕초보 1억) 4계절 포트폴리오(올웨더) 초간단 설명!

Part 3. 부자들의 공통점에서 찾은 파이어의 4단계 법칙

▶1

 138. [왕초보] 얼마를 모아야 은퇴가 가능한가?

 419. (왕초보) 당신의 퇴직금 계산기 - 이거 모으면 사표 낼 수 있다!

▶2

 345. (왕초보) 5년 만에 무에서 1억 만들기 - 돈의 노예에서 벗어나자!

 618. (왕초보) 25년 만에 0원에서 100억 - 로드맵 3단계

▶3

 64. [왕초보] 재테크의 기본 중 기본 - 종잣돈 모으기

 289. [왕초보] 40세 은퇴, 가능한가? (4)

 373. (왕초보 1억) 사회초년생, 이것만은 무조건 하자!

 507. (입문) FIRE를 이룬 젊은 부자들의 공통점(1)

▶4

316. 40세 은퇴 + 부의 추월
차선 시리즈 결론 및 맞춤
형 응용!

▶5

398. 경제적 자유, 10년은
앞당기는 방법!

▶6

562. 강환국, 러키 부동산
11개 탐방!

▶7

64. [왕초보] 재테크의 기본
중 기본 – 종잣돈 모으기

289. [왕초보] 40세 은퇴, 가
능한가? (4)

▶8

351. (왕초보 1억)–강환국이
경험한 독일 부자와 금수저
들!

▶9

517. FIRE를 이룬 부자들이
말하는 직장생활 노하우!

657. 신의 직장에서 퇴사한
사나이가 말하는 신의 직
장!

▶10

87. [독일] 독일 취업 노하우
A to Z

582. 전 KOTRA 인재채용
담당, 독일 취업 성공하는
법 천기누설!

▶11

603. (입문) 파이어 인생을
위한 7대 부업 소개!

▶12

 35. [초보] 투자는 선택이 아니라 생존이다! (1)

 36. [초보] 투자는 선택이 아니라 생존이다! (2)

▶13

 480. (왕초보) 국민연금, 폰지사기인가?

▶14

 88. 벌 수 있다! 아파트로 복리 30%!

▶15

 588. (왕초보) 개별종목을 살까, ETF를 살까!

▶16

 530. FIRE 부자들은 은퇴 후 무엇을 먹고 사는가?

▶17

 668. (한국사람 #5) 1300만 원으로 경제적 자유를 이룬 가치투자의 방법! 그 근간의 가르침을 여러분께 공유합니다! (feat. 가치투자자 디피)

673. (한국사람 #7) 가장 위대한 투자자 워런 버핏의 투자법 대해부 (feat. 디피의 꿀팁 공개)

▶18

 607. 주식 투자의 지혜란 무엇인가(1)

610. 주식에서 매수, 매도 타이밍보다 훨씬 중요한 3가지!

▶19

 539. (입문) 30분 만에 투자 초보에서 고수 되기!

▶20

 622. 성균관대 EMBA 특강! 투자심리, 1시간 만에 마스터하기!

123. 코인이 오른다! 책 '가상화폐 투자 마법공식' 셀프 독후감

342. 강환국 가상화폐 전략, 18~19년 하락장에 먹혔나!

473. 10년에 2만 배 번다는 비트코인 전략? 죄송합니다, 5.8만 배였네요

533. (충격) 가상화폐 폭락 이유 대공개!

620. 위대한 개미 트레이더 (I) – 암호화폐 시스템 트레이딩, 연수익 300%

312. (초보) 부자들이 모두 추천하는 그 책, 부의 추월차선 (4)

315. (초보) 부자들이 가장 중요시 여기는 것은 무엇일까 – 부의 추월차선 (5)

316. 40세 은퇴 + 부의 추월차선 시리즈 결론 및 맞춤형 응용!

430. (독후감) 장애인+난독증 래리 화이트, 1억불을 벌다!

646. FIRE 생활 6개월 근황!

파이어

초판 1쇄 발행 2022년 4월 8일
초판 5쇄 발행 2023년 9월 18일

지은이 강환국
펴낸이 김선준

책임편집 오시정
편집팀 최한솔, 최구영, 오시정
마케팅팀 권두리, 이진규, 신동빈
홍보팀 한보라, 유준상, 이은정, 유채원, 권희, 박지훈
디자인 김혜림
경영관리팀 송현주, 권송이

펴낸곳 페이지2북스 **출판등록** 2019년 4월 25일 제 2019-000129호
주소 서울시 영등포구 여의대로 108 파크원타워1, 28층
전화 070) 7730-5880 **팩스** 070) 4170-4865
이메일 page2books@naver.com
종이 월드페이퍼 **인쇄·제본** 한영문화사

ISBN 979-11-90977-61-6 (03320)